€1,50

D1723815

Probst/Büchel · Organisationales Lernen

Gilbert J. B. Probst / Bettina S. T. Büchel

Organisationales Lernen

Wettbewerbsvorteil der Zukunft

2., aktualisierte Auflage

Die Deutsche Bibliothek – CIP-Einheitsaufnahme

Probst, Gilbert J. B. :
Organisationales Lernen : Wettbewerbsvorteil der Zukunft /
Gilbert J. B. Probst ; Bettina S. T. Büchel. [Schweizerische Gesellschaft
für Organisation]. – 2., aktualisierte Aufl. – Wiesbaden : Gabler, 1998
    ISBN 3-409-23024-6

1. Auflage 1994
2. Auflage 1998

Alle Rechte vorbehalten
© Betriebswirtschaftlicher Verlag Dr. Th. Gabler GmbH, Wiesbaden 1998
Lektorat: Ulrike Lörcher

Der Gabler Verlag ist ein Unternehmen der Bertelsmann Fachinformation GmbH.

Das Werk einschließlich aller seiner Teile ist urheberrechtlich ge-
schützt. Jede Verwertung außerhalb der engen Grenzen des Urheber-
rechtsgesetzes ist ohne Zustimmung des Verlags unzulässig und straf-
bar. Das gilt insbesondere für Vervielfältigungen, Übersetzungen,
Mikroverfilmungen und die Einspeicherung und Verarbeitung in elek-
tronischen Systemen.

http://www.gabler-online.de

Höchste inhaltliche und technische Qualität unserer Produkte ist unser Ziel. Bei der Produktion und Verbreitung unserer Bücher wollen wir die Umwelt schonen: Dieses Buch ist auf
säurefreiem und chlorfrei gebleichtem Papier gedruckt. Die Einschweißfolie besteht aus
Polyäthylen und damit aus organischen Grundstoffen, die weder bei der Herstellung noch bei
der Verbrennung Schadstoffe freisetzen.

Die Wiedergabe von Gebrauchsnamen, Handelsnamen, Warenbezeichnungen usw. in diesem
Werk berechtigt auch ohne besondere Kennzeichnung nicht zu der Annahme, daß solche
Namen im Sinne der Warenzeichen- und Markenschutz-Gesetzgebung als frei zu betrachten
wären und daher von jedermann benutzt werden dürften.

Umschlagrealisation: Schrimpf und Partner, Wiesbaden
Bildvorlage: RDW R. Riedener, CH-Bachenbülach
Satz: FROMM MediaDesign GmbH, Selters/Ts.
Druck: Wilhelm & Adam, Heusenstamm
Buchbinderische Verarbeitung: Osswald & Co., Neustadt/Weinstraße
Printed in Germany

ISBN 3-409-23024-6

Einleitung

Unter den Konzepten und Begriffen, welche die gegenwärtigen Diskussion in der Managementlehre prägen, hat sich das *organisationale Lernen* in jüngster Zeit beharrlich seinen Weg gebahnt. Auch wenn das Etikett eines „Modebegriffes" abwertend erscheinen mag, läßt sich nicht übersehen, daß sowohl Theoretiker als auch Praktiker Fragen des Lernens verstärkte Aufmerksamkeit widmen.

Einer der dominierenden Auslöser hierfür ist der wachsende Veränderungsdruck, dem sich die Unternehmen im ausgehenden 20. Jahrhundert ausgesetzt sehen. Die ständig steigende Geschwindigkeit des Wandels und die daraus resultierende Notwendigkeit, sich in einer immer komplexer werdenden Umwelt zu orientieren, machen Lernen zu einer absoluten Priorität. Unternehmen, die sich mit den Aspekten des organisationalen Wandels sowie der Erarbeitung und Förderung ihrer Entwicklungsfähigkeit nicht erfolgreich auseinandersetzen, riskieren, auf absehbare Zeit zu den Verlierern zu gehören. Arie de Geus (1988) geht sogar so weit zu behaupten, daß Lernen den einzig überdauernden Wettbewerbsvorteil der Zukunft darstellt.

In Anbetracht der großen Aufmerksamkeit, die das *organisationale Lernen* geweckt hat, ist es ein Grund zur Beunruhigung, daß die Definition und Verwendung des Begriffes durch beachtliche Konfusion gekennzeichnet ist. Dabei ist es intuitiv ohne weiteres zu verstehen, daß Organisationen lernfähig sein sollten, um ihre Wettbewerbsfähigkeit zu erhalten oder zu erhöhen. Schwierigkeiten bereitet allerdings das konkrete Verständnis des Begriffs *organisationales Lernen* vor allem in seiner Abgrenzung zu individuellen Lernprozessen. Die Gleichsetzung der beiden ist dabei völlig unzulässig. Dies wäre nicht der erste mißlungene Versuch, von einem individuellen Phänomen auf die Eigenschaften eines größeren Ganzen zu schließen.

Wie organisationales Lernen wirklich gekennzeichnet werden kann, wie man es erfasst, auslöst, fördert und erhält ist bisher leider kaum analysiert worden. Das vorliegende Buch möchte dazu beitragen, diese Lücke zu schließen.

In einem ersten Teil wird es darum gehen, den Lernbegriff im Sinne der Kompetenzerhöhung von Institutionen zu analysieren. Dabei geht es allerdings nicht um eine vergleichende Darstellung der vorliegenden Theorien sondern vielmehr um das Verständnis dafür, was organisationale Lernprozesse beinhalten und wie man sie selbst analysieren kann.

In einem zweiten Schritt werden wir darlegen, wie das Management Lernprozesse gestalten kann. Konkret wird dabei gezeigt, wie anhand von Strategie-, Struktur-, Kultur- und Personalentwicklung Lernprozesse ausgelöst und verstärkt werden können. Im Vordergrund stehen dabei nicht die einzelnen Instrumente sondern deren prozessuale Handhabung und ihre Bedeutung für den Abbau von Lernhindernissen oder die Förderung des Lernens.

Einleitung zur zweiten Auflage

Mit dem Erscheinen der zweiten Auflage des vorliegenden Buches ist das Thema der lernenden Organisation und die Bedeutung der Ressource Wissen kaum mehr bezweifelt. Bekannte Firmen haben inzwischen größere Projekte in Angriff genommen, um „schneller lernende Organisationen" zu werden. Wir denken besonders an den Zementhersteller Holderbank, die Daimler Benz AG, die Rover AG, Asea Brown Boveri oder Siemens. Inzwischen ist auch Wissen als zentraler Wettbewerbsfaktor entdeckt und die Frage der Nutzbarmachung, des Transfers und der Entwicklung von Wissen thematisiert worden (vgl. auch Probst/Raub/ Romhardt 1997).

In der zweiten Auflage wird noch deutlicher aufgezeigt, wie organisationales Lernen als Prozeß der Veränderung der Wissensbasis zu verstehen ist und die Aktivitäten des Wissensmanagements in diesen Prozeß einzuordnen sind.

Die Autoren
Genf/Bangkok im September 1997

Inhaltsverzeichnis

Einleitung V

I. Warum ist organisationales Lernen ein zentrales Thema? 1
    1. Wirtschaftssysteme und Managementsysteme in der Überprüfung 3
    2. Globalisierungstendenzen, Wachstum und Redimensionierung 3
    3. Zunahme von Wissen 6
    4. Bedeutung von Zeit 6
    5. Wertewandel 7

    Fall: ABB – Die Logik des globalen Geschäftes 11

    Arbeitsblatt I – Ermittlung des Lernbedarfs 13

II. Was heißt organisationales Lernen? 15
    1. Definition 17
    2. Unterscheidung zwischen individuellem und
       organisationalem Lernen 19
    3. Handlungstheorien 24
       3.1 Offizielle Handlungstheorie oder Bekenntnistheorie 25
       3.2 Gebrauchstheorie 25
    4. Woran erkennt man organisationales Lernen? 25

    Fall: Jakob Schläpfer AG 27

    Arbeitsblatt II – Analyse des organisationalen Wissensreservoirs 31

III. Welcher Art ist organisationales Lernen? 33
    1. Anpassungslernen 35
    2. Veränderungslernen 36
    3. Prozeßlernen 37

    *Fall I: Organisationales Lernen auf Abteilungsebene:
    die Weiterbildungsabteilung bei Asea Brown Boveri Schweiz* 40

    *Fall II: Organisationales Lernen auf Institutionsebene:
    Digital Equipments Restrukturierung (Europa, 1991/92)* 42

    Arbeitsblatt III – Darstellung von Lernformen 44

IV. Was löst Lernen in Organisationen aus? 47
    1. Lernen durch Turbulenzen und Krisen 49
    2. Lernen durch Ressourcenreichtum („slack") 50

    Fall I: IBM 53

    Fall II: Hewlett-Packard 55

    Arbeitsblatt IV – Erfassen von Auslösefaktoren des Lernens 58

V. Wer sind die Träger des organisationalen Lernens? 61
   1. Individuen als Träger 63
   2. Eliten als Träger 64
   3. Gruppen als Träger 64
   4. Soziale Systeme als Träger 65

   Fall: Das Gruppenprojekt in der Allianz Versicherung 68

   **Arbeitsblatt V – Ermittlung von kritischen Trägern
des Lernprozesses** 70

VI. Lernhindernisse 71
   1. Die Schwierigkeit des Verlernens 73
   2. Faktoren der Verhinderung von Verlernen 74
      2.1 Beschränkte Lernsysteme – ,,limited learning systems" 74
         2.1.1 Geschickte Unfähigkeit – ,,Skilled Incompetence" 75
         2.1.2 Organisationale defensive Routinen –
              ,,Defensive Routines" 76
         2.1.3 Phantasievolle Verrenkungen und Unbehagen –
              ,,Fancy Footwork" und ,,Malaise" 76
      2.2 Normen, Privilegien und Tabus als Lernbarrieren 78
      2.3 Informationspathologien 78

   Fall: Der Challenger Unfall 80

   Arbeitsblatt VI – Kräftefeldanalyse 82

VII. Förderung von organisationalem Lernen 85
   1. Lernprofil der Organisation 87

   Arbeitsblatt VII – Lernprofil 90

   2. Ansätze zur Förderung von Lernprozessen 92
   3. Kontexte der Förderung von Lernprozessen 95
      3.1 Strategieentwicklung als Lernprozeß 95
         3.1.1 Der strategische Kontext 95
         3.1.2 Spiele der Kleinen Welt 96

         Beispiel: Unternehmensspiele 95
         *Fall I: Anwendung einer Mikrowelt bei einem
         Planungsseminar im Unternehmen* 97

         Fall II: Tanaland oder der Umgang mit Komplexität . . . 99

         3.1.3 Szenariotechnik 102

         Beispiel: Strategische Umweltszenarien 103

         Fall I: Vernetztes Denken bei der Reisebüro Kuoni AG . . 105
         Fall II: Royal Dutch Petroleum/Shell 110

3.1.4 Strategisches Controlling 112

      Beispiel: Feedback 112
      Fall: Maag Technic 115

3.2 Strukturentwicklung als Lernprozeß 119
  3.2.1 Der strukturelle Kontext 119
  3.2.2 Projektorganisation 120

      Beispiel: Projektmanagement 121
      Fall: Winterthur Versicherungen 124

  3.2.3 Netzwerkorganisationen 127

      Beispiel: Heterarchie 127
      Fall I: Forbo International 130
      Fall II: McDonald 132

  3.2.4 Kooperationen 134

      Beispiel: Strategische Allianzen 134
      Fall: Digital Equipment Enterprise (1992) 137

3.3 Kulturentwicklung als Lernprozeß 140
  3.3.1 Der kulturelle Kontext 140
  3.3.2 Leitbildentwicklung 140

      Beispiel: Leitbilder 141
      Fall: Swisscontrol 144

  3.3.3 Kommunikationsforen 148

      Beispiel: Annahmenanalyse 148
      Fall: Volkswagen AG 150

  3.3.4 Imageanalyse 152

      Beispiel: Imagebarometer 152
      Fall: Hewlett-Packard GmbH 154

3.4 Personalentwicklung als Lernprozeß 156
  3.4.1 Der personelle Kontext 156
  3.4.2 Lernpartnerschaftliche Beziehungen 156

      Beispiel: Personale Entwicklungsallianzen 158
      Fall: Digital Equipment Corporation 159

  3.4.3 Arbeitsplatznahe Interventionen 160

      Beispiel: Lernorientierte Projektarbeit und Workshops .. 160
      Fall: Aare-Emmenkanal AG 163

3.4.4 Kartenzeichnen 166

Beispiel: Mapping („cognitive maps") 167
Fall I: Mindmapping bei der ABB Industrie AG 169
Fall II: COCOMAP und ORGMAP 171

VIII. Vom Kennen, Können und Wollen im organisationalen Lernen 175
1. Definitionen des Lernens 177
2. Vom Kennen – den Lerninstrumenten für Lernprozesse 177
3. Vom Können – der Machbarkeit des Lernens 178
4. Vom Wollen – der Bereitschaft zum Lernen 179
5. Reifegrad der Organisation 179
6. Legoprinzip 183

Literaturverzeichnis 185

Weiterführende Literatur zum organisationalen Lernen 189

Stichwortverzeichnis 193

Erstes Kapitel

Warum ist organisationales Lernen ein zentrales Thema?

1. Wirtschaftssysteme und Managementsysteme in der Überprüfung

In einer Welt, die gekennzeichnet ist von immer schneller werdendem technischem Fortschritt, in der sich der zu höherem strebende Mensch zu immer weiteren Superlativen treiben läßt bzw. sich selbst treibt, wird der Druck auf die sozialen Systeme der Gesellschaft immer größer. Durch diesen Fortschritt, verbunden mit der medialen Verknüpfung der Wirtschaftsräume bzw. Gesellschaftssysteme, wird die Menschheit täglich mit Komplexität sowie Veränderung konfrontiert. Nicht nur die Fülle der Aufgaben nimmt zu, sondern auch die Konfrontation mit dynamischen, offenen Prozessen sowie veränderten Rahmenbedingungen, die durch Vernetzung gegenseitiger Abhängigkeiten charakterisiert ist. Dadurch sind Inhalt und Verständnis von Basisgrößen unserer Gesellschaft, wie Schule, Beruf oder Familie, sowie Rolle und Bedeutung von gesellschaftlichen Systemen und von Individuen in Frage gestellt. Zudem wird die unreflektierte Wachstumssteigerung in sehr kurzer Zeit zu unübersehbaren Schwierigkeiten führen. Die Hinterfragung des bestehenden Wirtschafts- und Managementsystems erfordert eine Neuorientierung.

Wie Schmidt (1991) dies basierend auf den Ideen von Humberto Maturana auf eine Formel bringt und damit dem neu zu entstehenden Paradigma Ausdruck verleiht, ,,ist es erforderlich, alle Institutionen aufzulösen, die den Menschen dem Menschen unterordnen; alle Institutionen auf Zwecke der Befriedigung biologischer Bedürfnisse und kultureller Ziele zu orientieren; Einsicht in die Beziehungen zwischen biologischer Existenz und ökologischer Stabilität zu fördern sowie Einsicht in die Plastizität von Gesellschaft zu erhöhen, die als nicht-hierarchische Gesellschaften ein vom Menschen produziertes, hochartifizielles System darstellen" (Schmidt, 1991). Organisationales Lernen stellt eine Alternative dar, wie Systeme sich verändern können, so daß Wirtschaft und Gesellschaft sich neu definieren können. (Vgl. Abbildung 1, Seite 4.)

2. Globalisierungstendenzen, Wachstum und Redimensionierung

Ökonomische Sachzwänge wie Wachstum und Profit – die Maßstäbe unseres Wirtschaftssystems – fordern in zunehmendem Maße die Wettbewerbsfähigkeit von Institutionen. Durch die Forderung nach zunehmendem Wachstum werden neue Wirtschaftsräume erobert, die es den Firmen ermöglichen, ihre Marktpräsenz auszuweiten. Daraus haben sich die seit längerer Zeit beobachtbaren Globalisierungstendenzen ergeben. Immer mehr Firmen versuchen, ,,auf allen Hochzeiten zu tanzen". In der Vergangenheit war die Erweiterung bzw. Erhöhung der kritischen Masse oder der Weg in Richtung eines uneingeschränkten Wachstums der einzig richtige Pfad der Zukunft. So sind Entwicklungen wie Strategische Allianzen, ,,Mergers and Acquisitions", Joint Ventures sowie andere Formen der Kooperation zu Hauptthemen unserer Zeit geworden, da sie Mittel der Unternehmen darstellen, die Wettbewerbsfähigkeit durch zunehmende Größe in unterschiedlichen Erdteilen aufrechtzuerhalten. (Vgl. Abbildung 2, Seite 5.)

Durch den Wettbewerbsdruck steht jedoch nicht nur die Unternehmenserweiterung im Vordergrund, sondern auch die Konzentration von Unternehmen. Gerade in Krisenzeiten müssen sich Unternehmen ihrer Größe bewußt werden und möglicherweise auch Redimensionierungsmaßnahmen einleiten. So stellt sich zunehmend die Frage nach den richtigen Maßnahmen zur Erreichung der optimalen Größe einer Organisation. Wenn heute häufig von den Begriffen des ,,Downsizing" bzw. ,,Rightsizing" gesprochen wird, reflektiert dies die Beschäftigung mit dem Thema Redimensionierung. Daraus läßt sich schließen, daß nach Wegen zur Bewältigung der Globalisierungstendenzen gesucht wird, die sowohl die externen wie auch die internen Umstände widerspiegeln.

Mit der Erkenntnis der Knappheit der Ressourcen, der möglichen Engpässe und der begrenzten Möglichkeiten des wachstumsorientierten Fortschritts wurde der Themenschwerpunkt immer mehr von quantitativen Aspekten auf qualitative Elemente gerückt. Unter diesen neuerdings im Mittelpunkt der Diskussion stehenden qualitativen

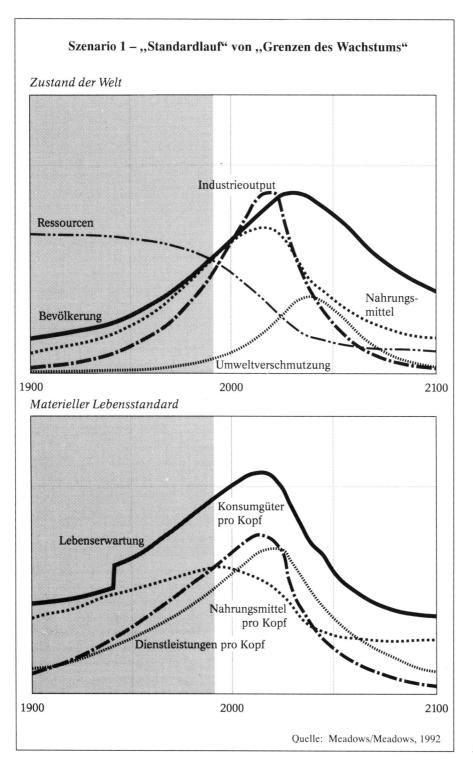

Szenario 1 – „Standardlauf" von „Grenzen des Wachstums"

Zustand der Welt

Industrieoutput

Ressourcen

Bevölkerung

Nahrungs-
mittel

Umweltverschmutzung

1900　　　　　2000　　　　　2100

Materieller Lebensstandard

Konsumgüter
pro Kopf

Lebenserwartung

Nahrungsmittel
pro Kopf

Dienstleistungen pro Kopf

1900　　　　　2000　　　　　2100

Quelle: Meadows/Meadows, 1992

Abbildung 1

4

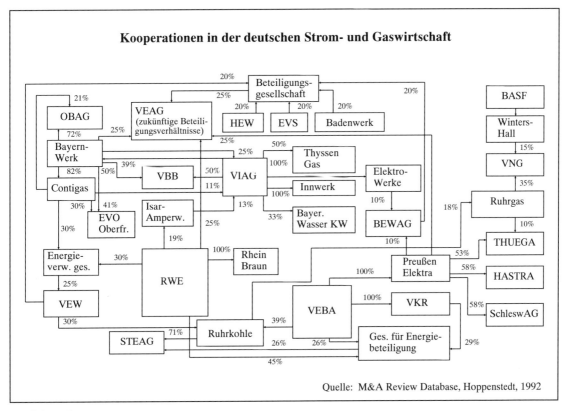

Kooperationen in der deutschen Strom- und Gaswirtschaft

Quelle: M&A Review Database, Hoppenstedt, 1992

Abbildung 2

Aspekten wird die Fähigkeit der Problemlösung und die Erhöhung der Handlungskompetenz verstanden. Dies stellt einen zentralen Punkt für die Zukunft dar, da mit den neu sichtbar gewordenen Problemstellungen eine erhöhte Handlungskompetenz nötig wird, um die derzeitigen und künftigen Probleme zu bewältigen. Für Unternehmen bedeutet dies, Wege zu suchen, ihre Handlungskompetenz für morgen zu verbessern bzw. ihre Problemlösungsfähigkeit zu erhöhen.

Stellt quantitatives Wachstum ein Kennzeichen unserer Epoche dar und steuert dieses derzeit die Entwicklungen der Ökonomie, so wird in Zukunft nach neuen Größen zu suchen sein, die im Rahmen der momentanen Veränderungen neue Werte darstellen können bzw. zu einem neuen Paradigma führen. So wird nicht nur die Bewältigung von Wachstumssprüngen zur Erhöhung der kritischen Masse im Mittelpunkt stehen, sondern darüber hinaus die Fähigkeit zu qualitativem Wachstum. Blickt man zurück in unsere Vergangenheit, so ist unschwer festzustellen, daß qualitatives Wachstum bis dato eine untergeordnete Rolle gespielt hat. Dadurch waren Unternehmen nicht in der Lage, die notwendige Problemlösungsfähigkeit zu erreichen, um der globalen Entwicklung standzuhalten. Die Fähigkeit, den externen Umständen durch den Aufbau interner Handlungskompetenzen Rechnung zu tragen, stellt einen kritischen Aspekt dar, der durch das organisationale Lernen in den Mittelpunkt gerückt wird.

5

3. Zunahme von Wissen

Neben der zunehmenden Vernetzung von Wirtschaftsräumen und Gesellschaftssystemen wird die Vergrößerung der Wissensbasis in Gesellschaft und Institutionen zu einem Hauptthema der Zukunft. Zum einen hat die Komplexität bestehender Strukturen dazu geführt, daß ein Nachvollziehen der bestehenden Interdependenzen eines Systems nur noch schwer möglich ist und zunehmendes Wissen im Entscheidungsfindungsprozeß erforderlich macht, um die Vielfalt zu bewältigen.

Zum anderen verdeutlichen der stetige Wandel und die Veränderung von Strukturen, daß der dauerhafte Ausbau *einer* Wissensbasis durch *vermehrtes Wissen* nicht ausreichend ist, sondern daß es einer Anpassung bedarf, die bestehendes Wissen immer wieder in Frage stellt und neu strukturiert. Aufgrund dessen ist eine ständige Auseinandersetzung mit neuen Situationen notwendig, die zur Entwicklung von veränderten Managementfähigkeiten und Handlungsfertigkeiten führt. Als 1972 der „Club of Rome" seinen ersten Bericht über die Grenzen des Wachstums herausgab und damit auf die Gefahren des technisch-wissenschaftlichen Fortschritts und den zunehmenden Verlust menschlicher Kontrolle über diese Wachstumsprozesse hinwies, wurde deutlich, daß der moderne Mensch immer weniger in der Lage ist, die Folgen seines Handelns vorauszusehen. Diese Erkenntnis hatte ein negatives Bild des Zustandes der Welt „gemalt" und machte die Menschheit auf die Bedrohlichkeit der Situation aufmerksam. Um diesen desolaten Zustand zu überwinden, wiesen die Autoren auf die unbegrenzte Lernfähigkeit der Menschen hin und stellten diese als ein ungenutztes Potential dar. Lernen stellt den Prozeß der Vorbereitung auf neue Situationen dar, so daß zukünftige Probleme bewältigt werden können (Peccei, 1979).

„Mit der konsequenten Kultivierung der Lernfähigkeit in einem weiten Sinne, der sowohl den Erwerb von Wissen als auch praktischer Klugheit einschließt, scheint sich ein realistischer Weg zu eröffnen, die überaus drängenden Probleme der Gegenwart anzugehen" (Pautzke, 1989: 2). Die bisherigen Problemlösungsfertigkeiten waren nicht hinreichend, um die politischen, wirtschaftlichen und sozialen Probleme zu lösen. Daraus wird deutlich, daß nicht nur quantitative Elemente der Lernfähigkeit (Erhöhung der Wissensbasis durch vermehrtes Wissen) eine Rolle spielen, sondern vor allem qualitative Elemente (Entwicklungsqualitäten für die Zukunft bzw. Differenzierung der Wissensbasis).

Nicht nur die Zunahme von Wissen ist ein zusätzlicher Managementfaktor, sondern auch die veränderte Bedeutung von Wissen. Manager sind zunehmend gezwungen sich mit der weitgehenden Fragmentierung und Globalisierung von Wissen auseinanderzusetzen. Dies unterscheidet die quantitative Vermehrung von Wissen vom qualitativen Umgang mit Wissen. Während quantitative Vermehrung von Wissen Unsicherheitsreduktion erfordert, bedeutet die qualitative Veränderung von Wissen ein erneutes Lernen im Umgang mit der Vieldeutigkeit von Wissen. Mehr Wissen reduziert Unsicherheit. Fragmentiertes und widersprüchliches Wissen erfordert die vermehrte Auseinandersetzung mit der kontextabhängigen Bedeutung von Wissen.

4. Bedeutung von Zeit

Wie oben bereits erwähnt, ist die Zeit zu einem entscheidenden Wettbewerbsfaktor geworden. Dies hängt damit zusammen, daß die Welt mit immer schnelleren Innovationszyklen, stetigem Fortschritt und sich überschlagenden politischen Veränderungen konfrontiert ist. Eine Studie der Wettbewerbsfähigkeit von Ländern zeigt unter anderem auch, daß verpaßte Chancen manchmal kaum wieder gut zu machen sind (vgl. WCR, 1992). Vgl. Abbildung 3, Seite 7.

Der Zeitfaktor als Ressource sowie dessen Management werden in der Literatur unzureichend behandelt. So sind gerade die Markteinführung von Produkten, die Entscheidungen über Investitionen, Desinvestitionen sowie Neugründungen von Unternehmen bzw. Joint Ventures in bezug auf den Zeitfaktor genau zu überprüfen, denn diese Variable entscheidet häufig über Erfolg oder Mißerfolg.

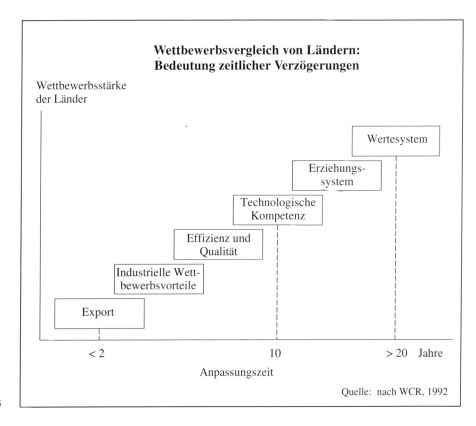

**Wettbewerbsvergleich von Ländern:
Bedeutung zeitlicher Verzögerungen**

Wettbewerbsstärke
der Länder

Wertesystem

Erziehungs-
system

Technologische
Kompetenz

Effizienz und
Qualität

Industrielle Wett-
bewerbsvorteile

Export

< 2   10   > 20   Jahre

Anpassungszeit

Quelle: nach WCR, 1992

Abbildung 3

Ein Arthur D. Little Report zeigte, daß eine um sechs Monate verspätete Markteinführung verheerende Gewinneinbußen bedeuten kann, so daß sich eine Beschleunigung trotz höherer Kosten im Entwicklungsbereich auszahlt (vgl. Abbildung 4, Seite 8).

Wie Percy Barnevik, Direktionspräsident der ABB, dies ausdrückt: „Why emphasize speed over precision? Because the costs of delay exceed the costs of mistakes." (Taylor, 1991) Die bevorzugte Berücksichtigung des Faktors Zeit bleibt bei ABB nicht nur eine Floskel, sondern wird im Management umgesetzt (vgl. Abbildung 6, Seite 12: Time-Based Management als ein Managementfaktor bei ABB). Vergleichende Studien zeigen, daß die Innovationszyklen ungeahnte Verkürzungen erfahren haben und hier Reaktionszeiten in der Unternehmensführung erforderlich werden, die in keiner Weise mit den traditionellen Strukturen, Prozessen und Verhaltensweisen zu bewältigen sind.

Daraus wird deutlich, daß neue Wege aufgezeigt werden müssen, die der veränderten Bedeutung des Zeitfaktors Rechnung tragen.

5. Wertewandel

Institutionen sind immer wieder gezwungen, neue Wege zu suchen, um innerhalb von Veränderungen Lösungen zu finden, die auch in Zukunft die Wettbewerbsfähigkeit erhalten. Vorausgesetzt natürlich, daß dies das ökonomische Prinzip der Zukunft darstellen wird. Verbunden mit dieser Schwierigkeit, innerhalb des bestehenden Wirtschaftssystems und der damit verbundenen Prinzipien zu überleben, ist die Ungewissheit der Zukunft sowie der ständige Wertewandel (vgl. Abbildung 5, Seite 10).

Immer häufiger entstehen aus den sich rasch verändernden Werthaltungen Konfliktpotentiale.

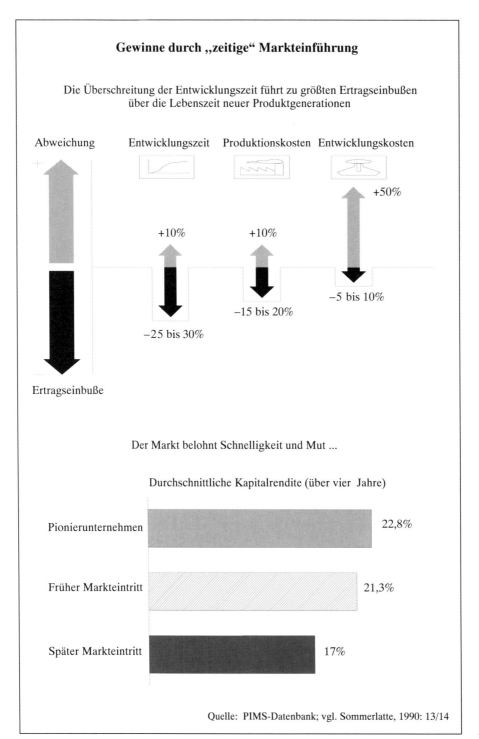

Gewinne durch „zeitige" Markteinführung

Die Überschreitung der Entwicklungszeit führt zu größten Ertragseinbußen
über die Lebenszeit neuer Produktgenerationen

Abweichung   Entwicklungszeit   Produktionskosten   Entwicklungskosten

+50%

+10%   +10%

−5 bis 10%

−15 bis 20%

−25 bis 30%

Ertragseinbuße

Der Markt belohnt Schnelligkeit und Mut ...

Durchschnittliche Kapitalrendite (über vier Jahre)

Pionierunternehmen   22,8%

Früher Markteintritt   21,3%

Später Markteintritt   17%

Quelle: PIMS-Datenbank; vgl. Sommerlatte, 1990: 13/14

Abbildung 4

8

So steht die Frage der Wirtschaftsethik in zunehmendem Maße im Vordergrund, da sich z. B. jeder Arbeitssuchende mit Fragen der Firmenidentität auseinanderzusetzen hat (in welcher Firma arbeite ich, was tut sie, wie verhält sie sich gegenüber der Umwelt). Jedoch verändern sich nicht nur das Arbeitsumfeld und damit die Pflichten und Werte, sondern auch gesellschaftliche Strukturen scheinen sich in einem ständigen Umwandlungsprozeß zu befinden. Beschleunigter Wandel, verstärkte Verunsicherung und erhöhte Vielfalt von Wertstrukturen sind zum Bestandteil der Gesellschaft und ihrer Institutionen geworden. Bei Berücksichtigung dieser Ungewißheit der Zukunft und des Wandels der Gesellschaft wird es notwendig, die intellektuellen Ressourcen von morgen zu mobilisieren. Es genügt jedoch nicht, passiv den Wandel auf uns zukommen zu lassen. Wir sehen heute vermehrt die Bereitschaft, das bestehende Managementsystem und die damit verbundenen Werte durch ein alternatives System abzulösen. Während in der Vergangenheit Wandel und Veränderung durch äußere Krisen (neue Technologien, veränderte politische Umstände, Globalisierung) verursacht wurden, ist heute die freiwillige Bereitschaft, ja der Wille zur Veränderung der Gesellschaft und der Organisationen sichtbar. Damit bewegen wir uns von einer reaktiven zu einer *proaktiven* Orientierung in bezug auf Veränderung. Somit wird deutlich, daß nicht nur die veränderten Umweltbedingungen, sondern auch die Bereitschaft und der Wille zum Wandel auf eine Erneuerung der Managementprinzipien hinweisen. Dies gilt als Voraussetzung der Neuorientierung.

Um diesem Wandel gerecht zu werden und um die neuen, komplexen Probleme zu bewältigen, sind gesellschaftliche Systeme wie Institutionen gezwungen, sich anzupassen, sich zu verändern und die Entwicklungen vorauszudenken. Dieser Wandel manifestiert sich vor allem durch neue Entdeckungen, Technologien, politische Veränderungen sowie aufbrechende und neu entstehende Strukturen innerhalb der Organisation. Lernprozesse, die über die rein quantitative Erhöhung der Kompetenz einer Organisation hinausgehen, gehen auch über die Anpassung an der Oberfläche eines Unternehmens hinaus. Sie beschäftigen sich mit der Tiefenstruktur, nämlich mit der generellen Veränderung der Regelsysteme und Weltbilder, also auch mit der Unternehmenskultur, die implizit Lernen und Handeln prägt, fördert bzw. blockiert. Daraus folgt, daß Lernen nicht die quantitativen Faktoren des Wachstums in den Mittelpunkt rückt, sondern qualitative Aspekte der Veränderung wie Regelsysteme, Strukturen und Prozesse innerhalb von Unternehmen.

Unternehmen wie Digital Equipment Corporation, IBM, HP sowie ABB haben vor allem in den letzten Jahren den Aufbruch und Umbruch der Strukturen sowie den innerorganisationellen Wertewandel durch eine Reihe von Restrukturierungen miterlebt, akquisitionsbedingten Integrationsprozessen mitgestaltet und stellen durch diese Erfahrungen beispielhafte Unternehmen im Sinne von lernenden Organisationen dar. Daher werden diese Unternehmen in den weiteren Ausführungen in mancherlei Hinsicht Beispiele darstellen.

Verbunden mit der oben bereits erwähnten Notwendigkeit der Erneuerung der Managementprinzipien sind es drei Schlüsselkriterien, die zum Erfolg verhelfen: die „*Responsiveness*" gegenüber den Bedürfnissen von Betroffenen der Organisation, die *Lernfähigkeit* einer Organisation sowie deren *Handlungsfähigkeit* (Pautzke, 1989). Wie Pautzke (1989) bereits erwähnte, wird die Lernfähigkeit zu einer Ressource, die zum entscheidenden Faktor der Zukunft werden kann bzw. es häufig schon ist (Pautzke, 1989: 2). Nur mit der konsequenten Kultivierung der Lernfähigkeit kann ein realistischer Weg aufgezeigt werden, die Probleme der Gegenwart anzugehen. Daß soziale Systeme wie Profit- sowie Non-Profitorganisationen des politischen, administrativen, wirtschaftlichen und sozialen Bereichs *lernfähig sein sollten* ist zu wünschen, daß diese *lernfähig werden,* daran wird gearbeitet. Das Überleben hängt in Zukunft also unter anderem von der Fähigkeit ab, als Kollektiv zu lernen. Diese Fähigkeit des institutionellen Lernens im Sinne der Gewinnung von Wissen zur Erweiterung der Handlungsfähigkeit und Problemlösungskompetenz soll im weiteren näher betrachtet werden.

Wie stellen Organisationen also sicher, daß sie als System in ihrer Umwelt überleben, sich verän-

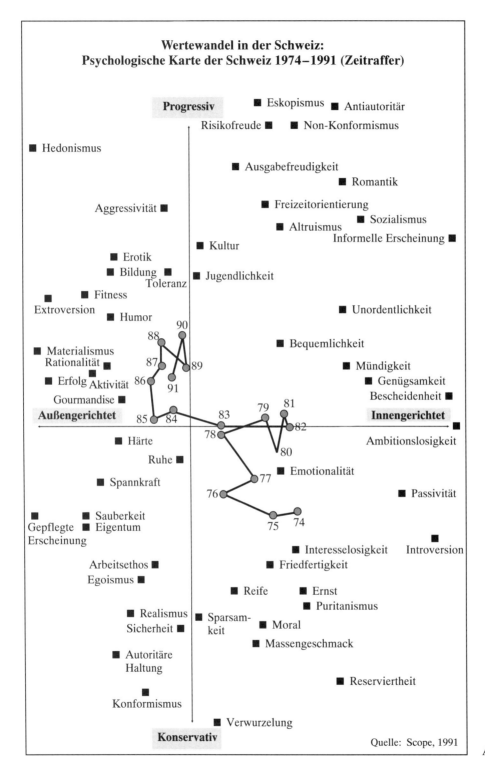

Wertewandel in der Schweiz:
Psychologische Karte der Schweiz 1974–1991 (Zeitraffer)

Quelle: Scope, 1991

Abbildung 5

10

dern und vor allem lernen? Der hier dargestellte Ansatz stellt einen Lösungsvorschlag dar, die notwendigen qualitativen Fähigkeiten zu erlangen, um als Unternehmen im Übergang zum 21. Jahrhundert erfolgreich zu sein.

Da es gilt, jene Handlungskompetenz zu erreichen, die zu den jeweiligen organisationalen Handlungsfeldern gehört, muß ein Lernmodell der Organisation entwickelt werden, welches diesen Schritt ermöglicht.

ABB – Die Logik des globalen Geschäftes

Asea Brown Boveri (ABB) ist ein schwedisch-schweizerisches Industrieunternehmen, das weltweit führend in den Bereichen Kraftwerke, Kraftübertragung, Transport und in weiteren Industriebereichen tätig ist. Mit 214000 Mitarbeitern in 140 Ländern und 1300 Firmen ist ABB ein internationales, dezentralisiertes Unternehmen.

So hat sich das Unternehmen in Folge des Zusammenschlusses aufgrund gestiegener Komplexität mit der Neudefinition des Managementsystems auseinandergesetzt. Folgende Prinzipien wurden als zentrale Faktoren herausgehoben:

■ Global denken, lokal handeln
Dieser Schlüsselgedanke mußte im Hinblick auf die Globalisierungstendenzen und das Wachstum in den einzelnen Unternehmensbereichen in den Ländern und den spezifischen Bereichen umgesetzt werden.

■ Restrukturierung aller Unternehmensbereiche der Welt in Profit-, Service- oder Costcenter
Um diese Struktur zu unterstützen und den Austausch zwischen den Einheiten zu ermöglichen, wurde die Erhöhung und Erweiterung der Wissensbasis zu einem Ansatz der Zukunft.

■ Erhöhung der Managementkompetenz durch vernetzte Strukturen auf globaler Ebene
Die Zusammenführung zweier kulturell und historisch unterschiedlicher Unternehmen, die gleichzeitige Veränderung der Gesellschaft und ihrer

Werte sowie die Ungewißheit über die Zukunft haben dazu geführt, daß sich ABB intensiv mit Fragen der Firmenidentität auseinandersetzen mußte.

■ Definition des ABB-Leitbildes und der ABB-Grundwerte mit besonderer Schwerpunktsetzung auf Customer Focus[1]
ABB sah sich mit den genannten Eckpunkten konfrontiert und mußte als Organisation lernen, Veränderungen zu bewältigen. Um den Veränderungen der Umwelt sowie der internen Neugestaltung und Ausdifferenzierung gewachsen zu sein, mußte ABB zudem *innerhalb kürzester Zeit* als Organisation lernen. Nur aufgrund dieses Lernprozesses ist es möglich, die Zukunft zu bewältigen. Dies bedeutet aber nicht, daß ABB heute nicht mehr lernen muß, denn Lernen ist ein ständiger Prozeß, der bei Vernachlässigung oder gar Aufgabe zu katastrophalen Resultaten führen kann. Die Organisation lernt außerdem nicht von heute auf morgen, sondern benötigt sehr viel Zeit, um solche Neuausrichtungen aufzunehmen und zu leben. Die verschiedenen ABB-Firmen handeln in ihren Märkten und innerhalb ihrer spezifischen Umwelten. Alle sind sie durch den Wettbewerbsdruck zu einer kontinuierlichen Verbesserung der operationellen Effizienz und der Kundenorientierung herausgefordert. Gleichzeitig sind sie untereinander vernetzt,

---

1   Außer diesem Grundwert hat ABB folgende Werte postuliert: Auftritt als geeinte Gruppe, Hohe Geschäftsethik, Der Mitarbeiter – unser Kapital, Hohe Qualität, Schutz der Umwelt, Rasches Handeln.

voneinander abhängig, besuchen dieselben Kunden oder beziehen bei denselben Lieferanten. Sie müssen daher lernen, ABB-spezifisch und als Ganzes mit Kunden und Lieferanten umzugehen, dieselbe Sprache zu sprechen (z. B. bezüglich Qualität, Zeit usw.) und dieselben Werte zu vertreten. Verschiedenste Instrumente können solche Lernprozesse unterstützen und beschleunigen. Dies sind Faktoren, die das Managementsystem neu definieren (Customer Focus, Prozeßmanagement, Time-Based Management, Quality Management, Beschaffungsmanagement etc.).

Aber auch das notwendige Zusammenspiel der veränderten Managementmethoden ist ein Grund für Lernen bei ABB.

Wie Abbildung 6 verdeutlicht, ist die Integration von Time-Based Management (TBM), Total Quality Management (TQM) und Supply Management (SM) und die Fokussierung auf den Kunden die Basis für eine hohe operationelle Effizienz bei ABB.

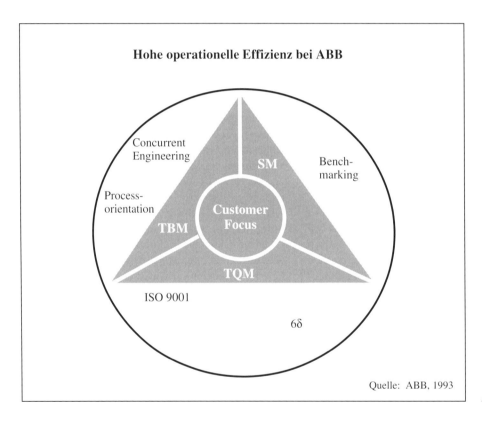

Hohe operationelle Effizienz bei ABB

Concurrent Engineering

Process-orientation

SM

Bench-marking

Customer Focus

TBM

TQM

ISO 9001

6δ

Quelle: ABB, 1993

Abbildung 6

12

Ermittlung des Lernbedarfs

	In welchem Bereich ist bereits ein Lernbedarf entstanden?	Wo könnte in Zukunft ein Lernbedarf entstehen?
Schlüsselfaktoren	1. Vergangene Auslösefaktoren	2. Zukünftige mögliche Auslösefaktoren

1. Umfeldanalyse
 Ökologische Umwelt
   – Verfügbarkeit von Energie
   – Verfügbarkeit von Rohstoffen
   – Strömungen im Umweltschutz
   – Recycling
   –
 	
 Technologie
   – Produktionstechnologie
   – Produktinnovation
   – Substitutionstechnologie
   – Informatik und Telekommunikation
   –
 	
 Wirtschaft
   – Internationaler Handel
   – Zahlungsbilanz und Wechselkurse
   – Inflation
   – Kapitalmärkte
   – Beschäftigung
   – Investitionsneigung
   – Spezifische Wirtschaftssektoren
   –
 	
 Demographische und sozialpsychologische Entwicklungstendenzen
   – Bevölkerungsentwicklung
   – Arbeitsmentalität
   – Sparneigung
   – Freizeitverhalten
   – Einstellung gegenüber der Wirtschaft
   – Einstellung gegenüber der Automation
   – Unternehmerische Grundhaltung
   –
 	
 Politik und Recht
   – Internationale Konflikte
   – Parteipolitische Entwicklung
   – Wirtschaftspolitik
   – Sozialgesetzgebung und Arbeitsrecht
   – Bedeutung von Gewerkschaften
   – Handlungsfreiheit von Unternehmen
   –		

Schlüsselfaktoren	1. Vergangene Auslösefaktoren	2. Zukünftige mögliche Auslösefaktoren
2. Unternehmensanalyse		
Allgemeine Unternehmensentwicklung		
– Umsatzentwicklung		
– Cashflow/Gewinnentwicklung		
– Kostenentwicklung		
–		
Marketing		
– Marktleistung		
– Preis		
– Distribution		
– Kommunikation		
–		
Produktion		
Forschung und Entwicklung		
Finanzen		
– Kapitalvolumen		
– Liquidität		
–		
Personal		
– Arbeitseinsatz		
– Teamgeist		
– Unternehmenskultur		
–		
Innovationsfähigkeit		
Know-how		
– Erwerb		
– Kooperation		
– Beteiligungen		
– Akquisitionen		
–		
Strategie		
– strategische Positionierung		
– Wertsteigerung		
–		

Zweites Kapitel

Was heißt organisationales Lernen?

In Anbetracht der unterschiedlichen Blickwinkel, aus denen Praktiker sowie Wissenschaftler das Thema des organisationalen Lernens betrachten, überrascht es nicht, wenn wir heute auf eine Vielzahl von Definitionen treffen. Psychologen, die sich mit dem Problemkreis des Lernens schon seit langem auseinandersetzen, stellen das Wesen individueller Lernprozesse in den Mittelpunkt ihres Interesses und bezeichnen Lernen im klassischen, behavioristischen Sinne als Aneignung von überdauernden Reaktionsketten.

Die meisten Erkenntnisse der klassisch-individualistischen Lerntheorien stammen aus der Verhaltenspsychologie und beschäftigen sich mit Veränderungen von Verhalten in bestimmten Situationen, die auf wiederholte Erfahrung in diesen Situationen zurückgehen. Damit zielt diese Theorie auf beobachtbares Verhalten ab und vernachlässigt kognitive Vorgänge des Individuums. In einem zweiten Theorienfeld individuellen Lernens wurden gerade diese besonderen geistigen Auseinandersetzungen mit der Umwelt in den Mittelpunkt gerückt. In diesem Prozeß der Auseinandersetzung wird basierend auf Erfahrungen, Erwartungen und Überzeugungen, sowie bereits erworbenen kognitiven Strukturen Umwelt geschaffen. Das zentrale Element dieser Theorien ist die Beschäftigung mit einer grundsätzlichen Veränderung des Verhaltenspotentials, der Handlungsmöglichkeiten sowie die Veränderung tieferliegender kognitiver Strukturen (vgl. Bandura, 1979). Aufgrund dieser Schwerpunktsetzung sind sie besser in der Lage, die Entstehung des Neuen zu erklären (vgl. Pautzke, 1989: 96) und stellen somit einen Ausgangspunkt für organisationales Lernen dar.

Darüber hinaus wird die Lernfähigkeit eines Individuums als eine Funktion der Erkenntnismöglichkeiten und kognitiven Kategorien sowie von Intelligenz und Erfahrung dargestellt. Die Erfahrungen werden wiederum von dem Wissen an sozial vermittelten Fähigkeiten und der historisch gewachsenen Motivlage, den Interessen und Werthaltungen gegenüber einer bestimmten Sache geprägt. Damit wird deutlich, daß die Fähigkeit zu lernen von diesen Größen abhängig ist. Sie bestimmen zusammen mit der Schwierigkeit des Lerngegenstandes den Lernfortschritt. Ausgangspunkt

der meisten psychologischen Definitionen des Lernens ist also das *Individuum*.

Systemtheoretiker fokussieren hingegen nicht auf individuelle Prozesse, sondern betrachten Systeme, Organisationen als Ganzes. Das Lernen einer Organisation kann in diesem Zusammenhang auch als Bedürfnisbefriedigung eines Kollektivs beschrieben werden. Primäre Aufmerksamkeit wird hier also der Organisation als Rahmen für individuelles Handeln gewidmet. Dies führt die meisten in der systemtheoretischen Tradition stehenden Autoren, welche sich mit organisationalem Lernen beschäftigen (Argyris/Schön, 1978; Morgan, 1986; Hedberg, 1981; Pautzke, 1989), dazu, die *Wechselwirkung zwischen Individuum und Organisation* in den Vordergrund ihrer Theorie zu stellen.

Die verschiedenen Konzeptionen von organisationalem Lernen sind in der Tabelle auf Seite 18 zusammengefaßt. Es werden unterschiedliche Definitionen, Subjekt des Lernens, Inhalt des Lernens sowie Prozeß des Lernens verdeutlicht.

Das Ziel dieses Kapitels liegt in der Integration dieser unterschiedlichen Perspektiven.

1. Definition

Auf der Grundlage unterschiedlicher Autoren läßt sich der Prozeß des organisationalen Lernens folgendermaßen definieren:

> Unter organisationalem Lernen ist der Prozeß der Veränderung der organisationalen Wissensbasis, die Verbesserung der Problemlösungs- und Handlungskompetenz sowie die Veränderung des gemeinsamen Bezugsrahmens von und für Mitglieder der Organisation zu verstehen.

Daß Individuen lernen können ist unbestritten. Bedeutend schwieriger ist nachzuvollziehen, daß auch Organisationen als Ganzes lernfähig sein können. Denn letztlich sind es doch Individuen, die eine Organisation bilden, und damit auch lernen müssen. Weil die schwierige Verbindung zwischen organisationaler und individueller Ebene nicht gelungen ist, bleiben die meisten Ansätze des

Autoren	Definitionen	**Wer?** **(Subjekt** **des Lernens)**	**Was?** **(Inhalt** **des Lernens)**	**Wie?** **(Prozess** **des Lernens)**
Cyert und March (1963)	Organisationales Lernen ist Verhaltensadaptation im Laufe der Zeit.	Organisationale Ebene	Organisationale Routinen and Prozeduren	Adaptation von Zielen und Routinen, Lernen durch Erfahrung
Argyris und Schön (1978)	Organisationales Lernen ist der Prozess bei dem organisationale Mitglieder Fehler in ihrer Gebrauchstheorie entdecken und korrigieren.	Individuen in der Organisation	Gebrauchs-theorien und Handlungs-theorien	Teilung von Annahmen, individuelle und kollektive Hinterfragung, Änderung von Gebrauchstheorien
Duncan und Weiss (1979)	Organisationales Lernen ist der Prozess der Entwicklung von Wissen über Ursache-Wirkungsbeziehungen.	Individuen und ihre Interaktionen	Organisationale Wissensbasis	Entwicklung von Ursache-Wirkungs-Beziehungen durch Teilung von Wissen
Hedberg (1981)	Im Prozess organisationalen Lernens akquirieren Organisationsmitglieder Informationen aus ihrer Umwelt und erhöhen ihr Verständnis der Umwelt und beobachten das Resultat ihrer Handlungen.	Individuen lernen in der Organisation. Organisationen sind die Bühne von Aktionen.	Kognitive Systeme, Mythen, Handlungs-theorien	Experimentales Lernen, Lernen durch Imitation
Fiol und Lyles (1985)	Durch organisationales Lernen werden Handlungsmuster verbessert, in dem mehr Wissen und Verständnis entwickelt wird.	Lernen ist mehr als die Summe von Individuen.	Kognitive Muster und Verbindungen und neue Handlungsmuster	Entwicklung von komplexen Verbindungen
Levitt und March (1988)	Organisationen lernen durch die Dekodierung von Erfahrungen, die in routiniertes Verhalten übersetzt werden.	Lernen ist emergent.	Routinen, z. B. Prozeduren, Anweisungen, Kultur, etc.	Lernen durch Erfahrung bzw. Erfahrung von anderen
Huber (1991)	Organisationales Lernen bedeutet Informationsverarbeitung zur Erhöhung des Problemlösungspotentials.	Institutionen lernen. Institutionen bestehen aus Individuen, Gruppen, Organisationen und Industrien.	Information und Wissen	Informations- ■ verarbeitung, ■ akquisition, ■ distribution, ■ interpretation, ■ speicherung
Weick und Roberts (1993)	Organisationales Lernen involviert die Beziehungen von Verhalten von Individuen.	Verbindungen zwischen Verhalten statt zwischen Individuen	Verhalten und Aktionen	Beziehung zwischen Beitrag und Beitragenden

Quelle: nach Prange, 1996

organisationalen Lernens heute noch auf der Metapherebene verhaftet. Damit sich eine Institution jedoch verändert, sind individuelle Lernprozesse notwendig. Ohne diese findet kein Wandel statt. Damit stellen die Organisationsmitglieder einen zentralen Ansatzpunkt für das organisationale Lernen dar. Sie lernen durch ihren Bezugsrahmen für das Unternehmen.

2. Unterscheidung zwischen individuellem und organisationalem Lernen

Eine ganzheitliche Theorie des organisationalen Lernens existiert momentan noch nicht. Es gibt jedoch Ansätze, die trotz ihres Rückgriffs auf Theorien des individuellen Lernens eine gewisse Eigenständigkeit beanspruchen. Der Unterschied zwischen individuellem und organisationalem Lernen läßt sich wohl am deutlichsten anhand der von Organisationsmitgliedern unabhängigen Aufzeichnung von Wissen darstellen. Ein Beispiel soll dies illustrieren.

Ein Angestellter in der Lohn- und Gehaltsabrechnung der fiktiven Firma Optik AG erarbeitet am Ende jedes Monats eine Gehaltsabrechnung nach bestimmten, vom Management festgelegten Regeln. Über Trial- und Error-Prozesse ermittelt der Angestellte eine optimierte Vorgehensweise. Wird dieses Ermittlungsverfahren registriert und festgelegt, so hat die Organisation Wissen erlangt, das unabhängig von einem Individuum existiert. Anhand dieser Speicherung von Wissen in organisationalen Systemen werden *Handlungskompetenzen abstrahiert* und Wissen replizierbar gemacht. Es kommt somit zu einer Erhöhung der Wissensbasis, die vom Individuum unabhängig ist. Organisationen verfügen also über Speichersysteme – kognitive Karten und Gedächtnisse, Mythen und Ideologien (Hedberg, 1981), die in Analogie zum menschlichen Gehirn über Hypothesen von internen und externen Zusammenhängen, über Grundsätze, Leitlinien sowie Werthaltungen verfügen. Durch diese Systeme werden Zusammenhänge verwahrt, Führungsgrundsätze aufrecht erhalten und Arbeitsabläufe gespeichert, die im „Gedächtnis" der Organisation festgehalten werden.

Durch die Speicherung von Wissen in Organisationen in sogenannten Wissenssystemen werden Handlungsmuster festgehalten. Damit wird individuelles Verhalten und Handeln zu überdauerndem, replizierbarem Wissen der Organisation. Lernen von Organisationen ist jedoch nicht mit der Summe von individuellen Lernprozessen und Verhaltensweisen gleichzusetzen. Einerseits gibt es individuelle Wissensbestandteile, die der Organisation nicht bekannt bzw. nicht zugänglich sind (Argyris/Schön, 1978: 9; Hedberg, 1981: 6). Andererseits können Organisationen durch ihre kognitiven Systeme auch Teile speichern, die im Wissensreservoir von Individuen nicht mehr vorhanden sind (Argyris/Schön, 1978; Fiol/Lyles, 1985). Daraus folgt, daß die Organisation sowohl weniger als auch mehr Wissen haben kann als die Summe der einzelnen Individuen.

Während es verständlich erscheinen mag, daß eine Organisation weniger Wissen besitzen kann als die Summe der Individuen, welche die Organisation bilden, ist das Gegenteil schwieriger nachzuvollziehen. Dennoch gibt es hierfür Beispiele. So können Unternehmensgruppen aufgrund ihres täglichen Erfahrungsaustausches Verhaltensmuster herausbilden, die nicht nur auf individuelle Absichten und Verhaltensansätze zurückgeführt werden können.

> Organisationales Lernen stellt somit eine unternehmenseigene Größe dar. Für das organisationale Lernen bedeutet dies, daß das Lernen im quantitativen sowie qualitativen Sinne verschieden von der Summe des individuellen Lernens ist.

Das Resultat eines organisationalen Lernprozesses hat also eine andere Qualität als die Summe individueller Lernprozesse. So verhalten sich Institutionen als Ganzes häufig anders als Individuen, da durch menschliche Interaktion, Erfahrungsaustausch sowie Auseinandersetzungen Verschiebungen ausgelöst werden, die das Lernergebnis beeinflussen. Die Unterscheidung zwischen individuellem und organisationalem Lernen kann durch folgendes Beispiel illustriert werden: Gegenstand

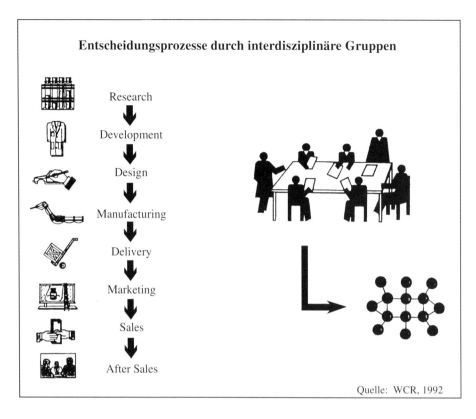

Entscheidungsprozesse durch interdisziplinäre Gruppen

Research

Development

Design

Manufacturing

Delivery

Marketing

Sales

After Sales

Quelle: WCR, 1992

Abbildung 7

der Vorstandssitzung eines Großunternehmens war die Neustrukturierung eines Geschäftsbereiches. Als Grundlage der Sitzung dienten von jedem Mitglied des Top-Managements individuell erarbeitete Lösungsvorschläge, die jeweils alle Funktionsbereiche betrafen. Jeder Füh- rungskraft innerhalb des Entscheidungsgremiums war also die Möglichkeit der individuellen Auseinandersetzung mit der Problematik gegeben.

Die Sitzung wurde in Anwesenheit eines neutralen, externen Beobachters abgehalten. Dieser überprüfte die Aussagen der Führungskräfte auf offensichtliche Unstimmigkeiten und ermöglichte somit einen offenen, informativen Meinungsaustausch. Die verzerrende Wirkung ,,politischer" Aussagen konnte damit weitgehend vermieden werden.

Die Offenlegung der gegenseitigen Erwartungen und Normen, das Zusammenspiel der Handlungen und Denkweisen der einzelnen Führungskräfte und die Vergegenwärtigung der Normen des Unternehmens führten zu einer Neuorientierung im Entscheidungsprozeß. Die Gesamtentscheidung dieser Führungsmannschaft war letztendlich von einer ganz anderen Dimension als die auf individueller Basis vorbereiteten Vorschläge. Organisationales Lernen hatte stattgefunden.

Dieses Beispiel zeigt, daß trotz individueller Auseinandersetzung mit der Problematik und trotz der Lernprozesse einzelner Organisationsmitglieder, Gesamtentscheide gefällt werden können, die eine andere Tragweite für die Organisation haben als die Summierung einzelner Entscheide. Dies wird durch Interaktionen, Erfahrungs- sowie Meinungsaustausch ermöglicht. Vgl. Abbildung 7.

Organisationales Lernen besitzt demnach eine eigenständige Qualität, die sich von der des individuellen Lernens unterscheidet. Der Unterschied liegt vor allem in der Wechselwirkung zwischen den verschiedenen Organisationsmitgliedern und ihrer Beziehung zum Ganzen. So ist eine Volleyballmannschaft in der Regel in ihrem Zusammen-

> Organisationales Lernen erfolgt über Individuen und deren Interaktionen, die ein verändertes Ganzes mit eigenen Fähigkeiten und Eigenschaften schaffen.
>
> Das Lernen eines sozialen Systems ist also nicht mit der Summe der individuellen Lernprozesse und Ergebnisse gleichzusetzen, auch wenn diese Voraussetzung und wichtige Basis für institutionelles Lernen sind.

spiel nicht gleichzusetzen mit der Gesamtheit der Fähigkeiten der einzelnen Spieler, ihrer Spielverhaltensweisen und Spielregeln. Golfspieler hingegen bleiben durch das Spiel bedingt immer nur autonome Einzelkämpfer.

Es stellt sich nun die Frage, was individuelles Lernen von organisationalem Lernen unterscheidet bzw. was die Transformation von der einen Ebene auf die andere charakterisiert und wie sie vorgenommen werden kann. Damit gilt es, eine Brücke zwischen kollektiver und individueller Rationalität zu schaffen (vgl. dazu besonders Klimecki/Probst/Eberl, 1994). Wie oben bereits ausgeführt wird individuelles Lernen definiert als eine „Veränderung im Verhalten oder im Verhaltenspotential (…) hinsichtlich einer bestimmten Situation, die auf wiederholte Erfahrungen (…) in dieser Situation zurückgeht, vorausgesetzt, daß diese Verhaltensveränderung nicht auf angeborene Reaktionstendenzen, Reifung oder vorübergehende Zustände zurückgeführt werden kann" (Bower/Hilgard, 1983: 31). Dieser Lernbegriff ist eine Funktion

- der Erkenntnismöglichkeiten im Sinne von kognitiven Kategorien,
- der Intelligenz,
- der Erfahrung im Sinne von sozial vermitteltem Wissen und eingelagerten Fähigkeiten sowie
- der historisch gewachsenen und situativ unterschiedlichen Bedürfnis- und Motivlage.

Hinzu kommen die Interessen und Werthaltungen einer Sache gegenüber sowie der Schwierigkeits-

grad des Lerngegenstandes. Diese Definition individuellen Lernens ist charakterisiert durch

a) individuelle Rationalität,
b) die Gebundenheit an persönliche Erfahrungen,
c) die Verknüpfung mit der individuellen Bedürfnis- und Motivlage sowie Interessen und Werthaltungen,
d) den Schwierigkeitsgrad des Lerngegenstandes sowie
e) die Manifestation in vielen Verhaltensänderungen.

Im Gegensatz dazu ist organisationales Lernen durch kollektive Rationalität und den kollektiven Bezugsrahmen gekennzeichnet. Damit stehen nicht individuelle Motive, Bedürfnisse oder Werthaltungen im Vordergrund, sondern überpersönliche Erfahrungswelten, kollektiv verbindliche Entscheidungsverfahren, eine normative Ordnung, die eine Einigung in Mehrheitsentscheidungen herbeiführt. Diese Wissensbasis für Veränderungsaktivitäten ist öffentlich zugänglich und wird durch moralische Ordnungsvorstellungen strukturiert. Man kann sagen, daß organisationales Lernen nicht nur retrospektive Anpassungsleistung an problematische Umweltkonstellationen oder Know-how-Erzeugung zu deren Bewältigung ist, sondern auch eine Anpassungsleistung an organisationsinterne Bedürfnis-, Motiv- und Interessenslagen sowie Werthaltungen von Kollektivmitgliedern.

Damit wird deutlich, daß der Unterschied zwischen individuellem und organisationalem Lernen in der gemeinsam geteilten Wirklichkeit liegt, die aus den Bedürnissen, Motiven und Werthaltungen mehrerer Organisationsmitglieder besteht. So können organisationale Wirklichkeitskonstruktionen nur dann zustande kommen, wenn die Individuen bereit sind, ihre individuellen Konstruktionen in kollektive Aushandlungsprozesse einzubringen und damit ihre individuelle Lebenswelt der Öffentlichkeit zugänglich machen.

Eine weitere notwendige Bedingung für organisationale Wirklichkeitskonstruktionen und damit Lernen ist nach Fiol (1993) das scheinbar gegensätzliche Phänomen des Generierens von Diversität sowie die gleichzeitige Herstellung von Konsens. Dieser scheinbare Gegensatz erfordert, daß die Organisationsmitglieder sich gleichzeitig einig sowie uneinig sind. Das Ziel besteht in der vereinten Diversität durch die Bildung von multidimensionalem Konsens. Lernen bedeutet somit die Entwicklung von neuem Verständnis. Dies geschieht durch den Prozeß der Veränderung von kognitiven Landkarten oder sozialen Wirklichkeitskonstruktionen.

Durch die Aneignung und die Interpretation von Wissen verändern sich die kognitiven Landkarten und Gebrauchstheorien und damit auch die Breite des potentiellen Verhaltens. Die Fähigkeit, sich gemeinsames Wissen anzueignen und zu teilen erfordert dabei die Divergenz und Konvergenz von Bedeutungen, die Organisationsmitglieder dem Wissen beimessen. Diese Bedeutungen sind Resultat des Kommunikationsmusters und damit Ergebnis der Art der Ausdrucksweise. Nach Cohen/Levinthal (1990) besteht die Herausforderung darin, eine Balance zwischen Diversität und Gemeinsamkeit bzw. Konsens zu finden.

Um die Brücke zwischen individuellem und organisationalem Lernen (vgl. Abbildung 8) zu schlagen, bedarf es einiger Transformationsbedin-

gungen. So ist die Transformation nach Klimecki/Probst/Eberl (1994) abhängig von

a) Kommunikation
b) Transparenz
c) Integration.

Die entscheidende Voraussetzung für organisationale Konstruktionen von Wirklichkeiten ist die sprachliche Verständigung oder die *Kommunikation,* denn ohne diese ist eine konsensuelle Verständigung über die Wirklichkeit und das darausfolgende Handeln nicht möglich. Ohne Kommunikation kann weder das individuelle Wissen der Organisation verfügbar gemacht werden, noch können kollektive Argumentations- oder Organisationsprozesse stattfinden. Diese Bedingung ist jedoch nicht hinreichend. Um individuelles Wissen zu transformieren, muß der Verlauf und das Ergebnis von Kommunikationsprozessen allen Organisationsmitgliedern zugänglich sowie transparent gemacht werden.

In einem ersten Schritt geht es darum, Wissen von Person zu Person zu übertragen. Dieses individuell verankerte Wissen muß anderen Personen

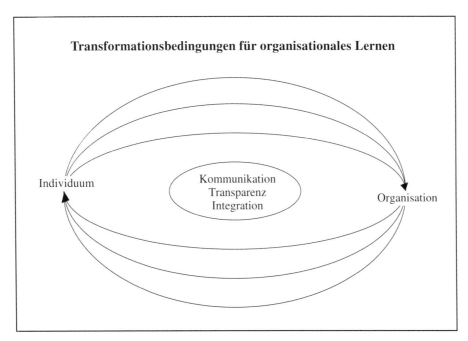

Transformationsbedingungen für organisationales Lernen

Individuum

Kommunikation
Transparenz
Integration

Organisation

Abbildung 8

22

zugänglich gemacht werden, was am leichtesten über einen Sozialisationsprozeß geschieht (Nonaka, 1994). Im Zuge der Sozialisation, in unserem Falle einer engen Zusammenarbeit, lassen sich durch „learning-by-doing" auch schwer artikulierbare und subjektive Kenntnisse und Fähigkeiten übermitteln, ohne daß das entsprechende Wissen notwendigerweise expliziert werden muß. In diesem ersten Schritt verbleiben wir allerdings noch auf der Stufe des individuellen Lernens; es hat weder eine Weitergabe individuellen Wissens an eine größere Gruppe stattgefunden noch ist über individuelles Wissen kollektiv kommuniziert worden.

Der zweite Schritt im Transferprozeß besteht daher darin, individuell verankerte Erfahrungen an einen größeren Personenkreis zu kommunizieren. Dies bezeichnet Nonaka (1991) als „Artikulation". Durch diesen Prozeß kommt es zu einem qualitativen „Sprung"; es entsteht Wissen, das nicht mehr auf einzelne Individuen zurückführbar ist, sondern durch den Prozeß der Artikulation und

kollektiven Argumentation eine eigenständige Qualität gewinnt. Dadurch wird dieses Wissen *transparent* gemacht und ist leichter zu speichern und zu transferieren. *Transparenz* setzt jedoch ein materielles Speichermedium für Wissensbestände und symbolische Werte voraus. So fixieren Organisationen Leitideen in Form von Führungsgrundsätzen, Leitbildern, Geschichten oder anderen Formen der Symbolik. Diese Speichermedien haben eine instrumentelle Nützlichkeit, da sie in der Lage sind, den Zugang zur Organisation zu ermöglichen. Damit individuelle Lernprozesse in die Organisation einfließen können, müssen diese also öffentlich transparent gemacht werden, so daß darüber reflektiert werden kann.

In einem dritten Schritt ist es erforderlich, das zuvor artikulierte Wissen zu standardisieren und zu neuen Problemlösungen zu kombinieren („Kombination"). Dies setzt die *Integration* von Wissen voraus. Die Integration der kollektiven Aushandlungsprozesse in das gesamte System ist

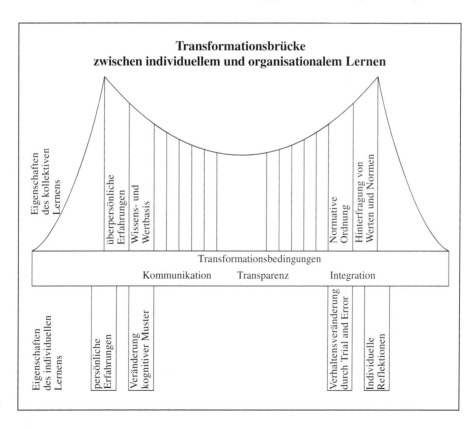

Abbildung 9

23

der Brückenschlag zwischen individuellem und organisationalem Lernen. Um die individuellen Wissensbestände der Organisation zur Verfügung zu stellen, müssen die Individuen in der Lage sein, ihre Handlungen in das Ganze zu integrieren. Integration ist somit zum einen ein Bedürfnis, das sich aus der individuellen Selbstentwicklung ergibt, zum anderen eine Notwendigkeit für das Kollektiv, die organisationalen Handlungsabläufe mit einer Präferenzstruktur zu versehen. Dies kann zum Beispiel dadurch geschehen, daß Routinen ausgebildet werden und zum Teil auch schriftlich formuliert werden. Dadurch ist das Wissen für eine Vielzahl von Personen zugänglich. Werden im Verlauf der weiteren Entwicklung neue Strategien formuliert, kann dieses Wissen zur Grundlage für die Planung dienen („Internalisierung"). Es stellt in diesem Fall ein Potential dar, das in der konkreten Strategieformulierung und -umsetzung genutzt werden kann. Die Darstellung in Abbildung 9 sollte die Transformation zwischen beiden Ebenen nochmals verdeutlichen.

Jedes Organisationsmitglied besitzt, sei es auf individueller oder auf organisationaler Ebene, ein „Reservoir" an Wissens- und Handlungsmöglichkeiten. Jeder hat gewissermaßen eine Handlungstheorie, die den Bezugsrahmen für Handlungen im System schafft und dem Individuum erlaubt, im beruflichen Kontext zu lernen.

3. Handlungstheorien

Argyris und Schön (1978) verwenden den Begriff „theories of action" oder Handlungstheorien und haben damit auf die Existenz eines Reservoirs an organisationalem Wissen hingewiesen. Um diese organisationale Wert- und Wissensbasis näher zu charakterisieren, haben sie den Begriff der Handlungstheorie auf individueller wie auf organisationaler Ebene eingeführt und bezeichnen damit „Erwartungen über Konsequenzen bestimmter Verhaltensweisen unter spezifischen Bedingungen" (Pawlowsky, 1992). Handlungstheorien, denen Leitbilder, Strategien, Ziele, Kultur, Strukturen sowie Machtverhältnisse zugrunde liegen, bilden

den Bezugsrahmen der Organisation. Dieser Bezugsrahmen bestimmt das Bild, welches sich die Öffentlichkeit und die Mitarbeiter vom Unternehmen machen. Damit ist diese Theorie formeller oder auch informeller Ausdruck des Unternehmenszwecks in wirtschaftlicher, politischer, sozialer, oder ökologischer Hinsicht.

Der Begriff Handlungstheorie rührt daher, daß es sich hier um eine Theorie handelt, an der Organisationen oder Individuen ihr Handeln ausrichten. Zunächst muß jedoch die Handlungstheorie innerhalb der Organisation breiten Konsens finden, um dem Unternehmen eine Identität zu verschaffen. Dieser Konsens ist Resultat der unternehmenspolitischen Vorstellungen des Top-Managements sowie kleinerer Gruppen innerhalb des Unternehmens, die in der Lage sind, Veränderungen der Umwelt wahrzunehmen und dementsprechend den Kurs festzulegen. So können z. B. charismatische Führungspersönlichkeiten in der Organisation wichtig sein, um Ziele und Leitlinien im Sinne einer Vision und Mission klar zu definieren, für Dynamik zu sorgen und Lernprozesse in Gang zu setzen. Die Auseinandersetzung der Organisationsmitglieder mit Informationen und Meinungen ermöglicht die Konstruktion eines Unternehmensbildes, welches eine Grundlage für weiteres Handeln darstellt. Diese Auseinandersetzungen sind besonders wichtig, da sie zu einem *Bezugsrahmen* führen, innerhalb dessen die Entwicklung der Individuen möglich wird. Der Bezugsrahmen macht die Handlungen des Systems verständlich und erlaubt dem Individuum, im beruflichen Kontext zu lernen, so daß Individuen in neuen Situationen Verhaltensweisen finden, die mit dem Ganzen vereinbar sind.

> Handlungstheorien bilden den Bezugsrahmen der Organisation im Hinblick auf ihre Kontinuität und die für ihren Bestand essentiellen Eigenschaften.

Gemäß Argyris/Schön (1978) unterscheiden wir zwischen zwei Arten von Handlungstheorien: der offiziellen Theorie und der Gebrauchstheorie.

3.1 Offizielle Handlungstheorie oder Bekenntnistheorie

Offizielle Handlungstheorien oder „Espoused Theories" sind formeller oder informeller Ausdruck des Unternehmenszweckes und Bekenntnis zu jenen Ideen und Werten, nach denen die Individuen oder Organisationen ihr Handeln offiziell ausrichten (Argyris/Schön, 1978). Meist erfahren diese einen breiten Konsens innerhalb der Organisation und sind das Resultat der Vorstellung der Führungskräfte über die Managementprinzipien (Pawlowsky, 1992). Um die Handlungsmuster des Systems zu verstehen, müssen die Mitarbeiter den Bezugsrahmen der Organisation erkennen lernen.

> Offizielle Handlungstheorien, denen Leitbild, Zweck, Strategien, Ziele, Kultur und Struktur zugrunde liegen, bilden den Rahmen der Organisation, der offiziell von den Organisationsmitgliedern geteilt wird und der das Bild bestimmt, das sich die Beteiligten vom Unternehmen machen und zu dem sie sich bekennen.

Damit das System als Ganzes eine eigene Identität – eine „Corporate Identity" – besitzt, muß innerhalb des Unternehmens ein breiter Konsens bestehen, der den Bezugsrahmen, das Bild bzw. das Image des ganzen Unternehmens liefert. So sind nicht nur charismatische Führer wichtig für die Schaffung einer Identität, sondern der unternehmensweite Konsens aller Beteiligten bezüglich des gemeinsam konstruierten Bildes. Ausdruck solcher firmenweiter Kontexte und Bezugsrahmen sind häufig Unternehmensleitbilder, da diese das gesamte Unternehmen wiederspiegeln sollten. Organisationsmitglieder bekennen sich dadurch gewissermaßen zu bestimmten Haltungen und Grundlagen für Verhalten.

3.2 Gebrauchstheorie

Gebrauchstheorien oder „theories-in-use" werden von Argyris/Schön (1978) als diejenigen Theorien definiert, aus welchen sich konkrete Handlungen

ableiten lassen bzw. welche die gelebten Werte in sich vereinen. Sie sind dem einzelnen meist nicht bewußt und werden öffentlich nicht diskutiert. Sie sind vielmehr das Resultat der Wechselbeziehung zwischen individuellen und kollektiv geteilten Erfahrungen.

Ein solcher Bestand an Erfahrungen bzw. Wissen innerhalb der Organisation bestimmt das institutionelle Verhalten. Da jede menschliche Gemeinschaft einen Sinnbezug für ihre Handlungen benötigt, wird auch in Organisationen das Wissen durch die einzelnen Mitglieder objektiviert, wodurch ein Grundkonsens über das Zusammenleben ermöglicht wird (Berger/Luckmann, 1990). Durch diese „intersubjektiv geteilten Wirklichkeitskonstruktionen", die nichts anderes darstellen als den Grundkonsens über das Zusammenleben, verfügen die Organisationsmitglieder über Hypothesen zum organisationalen Verhalten. Diese Hypothesen bilden die Voraussetzung für einen Einigungsprozeß, der das Wissen innerhalb der Organisation nutzbar und kommunzierbar macht.

> Die organisationsinternen Gebrauchstheorien oder „theories-in-use" resultieren aus den individuellen und den kollektiv geteilten Erfahrungen, den zwischen ihnen bestehenden Wechselwirkungen sowie einer Gegenüberstellung der Erfahrungen und des institutionellen Bezugsrahmens.

Stimmen nun die Handlungsergebnisse einer Organisation mit den Handlungserwartungen nicht überein, so werden diese in Frage gestellt und eventuell korrigiert. Diese Abweichungen zwischen offizieller Handlungstheorie und Gebrauchstheorie lösen organisationale Lernprozesse aus. Welcher Art diese Lernprozesse sind, wird im folgenden Abschnitt näher behandelt.

4. Woran erkennt man organisationales Lernen?

Organisationale Lernprozesse werden ausgelöst, wenn Abweichungen zwischen offizieller Handlungstheorie und Gebrauchstheorie realisiert und diskutiert werden. Es stellt sich nun die Frage, wie sich die Prozesse des organisationalen Lernens beschreiben lassen bzw. woran organisationales Lernen zu erkennen ist?

Individuen entwickeln im Laufe ihrer Entwicklung kognitive Muster, welche die Wahrnehmung und Interpretation von Situationen beeinflußen. Diese kognitiven Muster sind verantwortlich für den Prozeß der individuellen sowie der kollektiven Wirklichkeitskonstruktion. So wie Individuen kognitive Muster besitzen, entwickeln Organisationen über interaktive Prozesse kognitive Wissensstrukturen. Diese kognitiven Strukturen werden in der Organisationsforschung auch als organisationale Glaubenssätze (Nystrom/Starbuck, 1984), organisationale Bezugsrahmen (Shrivastava, 1979), mentale oder kognitive Landkarten der Organisation (Weick/Bougon, 1986), organisatorische Wissensbasis (Pautzke, 1989) oder auch als intersubjektive Wirklichkeitskonstruktionen (Berger/Luckmann, 1969) bezeichnet.

Im Zentrum steht das Organisationale, das von den interaktiv handelnden Individuen geteilte Wissen. Sackmann (1991, 1992) unterscheidet zwischen vier Formen des geteilten Wissens:

1. **das Wörterbuchwissen:** ,,dictionary knowledge" (das ,,what"). Dieses umfaßt die allgemein geteilten Beschreibungen, das heißt die Beziehungen und Definitionen, die systemweit benutzt werden. Es beinhaltet den Sprachgebrauch sowie die Terminologie, wie z. B. ,,Kundenzufriedenheit", ,,Customer Focus", ,,Effizienz", ,,Lean-Management".

2. **das Beziehungswissen:** ,,directory knowledge" (das ,,how"). Dieses bezieht sich auf die allgemein geteilten Praktiken und umfaßt Kenntnisse über Ursache-Wirkungs-Zusammenhänge und Ereignisketten. Es beinhaltet die Beantwortung von Fragestellungen wie ,,Was führt zu Kundenzufriedenheit?" sowie ,,Was beinflußt den Markt?".

3. **das Rezept- oder Vorschriftenwissen:** ,,recipe knowledge" (die ,,shoulds"). Dieses Wissen beschreibt Vorschriften und Empfehlungen, in Anlehnung an bestimmte geteilte Normen. Es

umfaßt Handlungsanweisungen wie z. B. Qualitätsniveaus (ISO 2000), Durchlaufzeiten, Lieferantenselektion, Benchmarking; usw.

4. **das Normenwissen:** ,,axiomatic knowledge" (das ,,why"). Hier handelt es sich um Prämissen des organisationalen Handelns. Beispiele dafür sind etwa Zwecksetzungen, unternehmenspolitische Formeln sowie Grundwerte des wirtschaftlichen Handelns.

Wissen steht im Vordergrund. Wissen ist jedoch nichts Beständiges; einmal erworben, stellt es keine Ressource dar, auf die jederzeit unbegrenzt zurückgegriffen werden kann. Wissen kann immer nur zeitlich begrenzt zur Lösung von Problemen genutzt werden; es veraltet schnell und wird nutzlos. Durch die Fokussierung auf Lernen werden die dynamischen Aspekte des Wissenserwerbs hervorgehoben. Wichtig ist nicht, Wissen zu besitzen und dauerhaft zu speichern; wichtig ist vielmehr, sich Zugang zu relevantem Wissen zu schaffen, neues Wissen zu erzeugen und zu entwickeln. Eine ständige Verbesserung bestehender Produkte und Dienstleistungen wird zur Verpflichtung eines lernorientierten Unternehmens. Es gilt, laufend etwas Neues auszuprobieren und jede Erfahrung als Chance für Verbesserung zu sehen.

Außer den vier oben genannten Wissensarten, läßt sich Wissen in *explizites* und *implizites* Wissen unterscheiden. ,,**Implizites Wissen**" bezeichnet Wissen, das nicht in eindeutig artikulierbarer Form vorliegt und nur durch enge persönliche Kontakte übertragen werden kann. Obgleich Unternehmen über explizit niedergelegtes Wissen verfügen, ist in der Regel ein erheblicher Teil an unbewußtem Wissen vorhanden, das in routinegeprägtes Verhalten eingebunden ist. Indem Routinen immer wieder ausgeführt werden, bleibt dieses Wissen erhalten. Routinen stellen eine Art ,,Gedächtnis" für nicht explizit formulierbare Wissensbestände dar (Nelson/Winter 1982: 99 ff.). Implizites Wissen ist dadurch näher bestimmt, daß es in die speziellen Beziehungen von Personen, Gruppen, Prozesse und Routineverfahren der Organisation eingebunden ist. Oft lassen sich strategisch relevante Ressourcen nur über Lernprozesse aneignen, da sie eng in ein Unternehmen eingebunden sind und sich nicht als uniforme Standardlösungen am Markt kaufen lassen. Vielmehr erfordert der Aufbau von implizitem Wissen strategische Visionen, lange Entwicklungszeiten und eine kontinuierliche Zusammenarbeit auf persönlicher Ebene. Tendenziell bietet es sich unter diesen Bedingungen an, den Aufbau strategisch relevanten Wissens im eigenen Unternehmen zu fördern, um unabhängig von Konkurrenten und Kooperationspartnern zu sein. „**Explizites Wissen**" ist Wissen, das in kodifizierbarer Form, etwa in Form von Schriftstücken, Patenten oder Produkten vorliegt, oder in eine solche Form überführt werden kann. Explizites Wissen kann auf dem freien Markt erworben, sozusagen nach Bedarf eingekauft werden. Gegen den externen Wissenserwerb sprechen jedoch häufig Kostengründe.

Wissen bildet den Rahmen für Lernen. Die vier von Sackmann genannten Wissensformen sind hauptsächlich dem impliziten Wissen zuzuordnen, da sie integrative Bestandteile der kognitiven Muster sind. Diese kognitiven Muster entstehen durch die Übertragung von Informationen von einem Organisationsmitglied zum anderen bzw. von einer Gruppe zu einer anderen (Simon, 1991). Der Prozeß des Lernens vollzieht sich durch die Veränderung der von Sackmann angeführten Wissensformen. Damit kommt es zu einer Erhöhung der Verhaltensmöglichkeiten. Lernen ist jedoch auch möglich wenn explizites Wissen in die bestehende Wissensbasis der Organisation integriert wird. Durch Aufnahme und Integration von explizitem Wissen erhöhen sich ebenfalls die Verhaltensmöglichkeiten.

Der Prozeß des organisationalen Lernens ist somit an folgenden Merkmalen erkennbar:

- Erwerb von neuem Wissen
- Entwicklung von Wissen
- (Ver)Teilung von Wissen.

FALLBEISPIEL

Jakob Schläpfer AG

Die Firma Jakob Schläpfer AG weist heute eine moderne Netzwerkstruktur und eine stark lernorientierte und kreative Kultur auf. Wie hat sie sich dazu entwickelt? Welche Schwierigkeiten treten bei der Verwirklichung der Leitideen auf?

Die Firma zählt mit nahezu 140 Mitarbeitern zu den wohl bekanntesten Stickerei-Exporteuren der Schweiz. Vorwiegend in den modischen Märkten zuhause, liefert Schläpfer (St. Gallen, Paris, Los Angeles, Osaka) fast ausschließlich an die führenden Nouveauté-Hersteller wie Armani, Lacroix usw. In den letzten 30 Jahren sind die textilen Technologien im Bereich der Stickereien und artverwandten Nouveautés maßgeblich von der Jakob Schläpfer AG geprägt worden. Die Textilkünstler produzieren vier Kollektionen pro Jahr mit über 1 400 Mustern aus Stickereien, Pailletten und modischen Designerstoffen. Kultur und Arbeiten sind daher stark auf Kreativität ausgerichtet. Produziert wird im Haus und von Vertragslieferanten, wobei jeder Arbeitsgang eine detaillierte haus- eigene Qualitätskontrolle durchläuft. Das Credo der Firma ist in der Unternehmensphilosophie nachzulesen:

„Unser bisheriger gemeinsamer Erfolg beruhte auf unserer Kreativität – also der Fähigkeit, nicht hinzunehmen und nachzuvollziehen, was ist, sondern alles so zu gestalten, wie es uns entspricht. Dies gilt sehr direkt für unsere Kollektionen und indirekt für alle unsere Leistungen: Wir lösen unsere Probleme schöpferisch."

Die Führung aus der Kreativität heraus hat über die Jahre hinweg auch zu einer entsprechenden Philosophie geführt. „Management" stand hinter dem schöpferischen Denken und der menschlichen Gemeinschaft mit extrem flacher Hierarchie-Pyramide zurück. Öfters wurden zwar neue Organigramme entwickelt; diese konnten die Mitarbeiter und

Materielle und immaterielle Ziele von Schläpfer

Materielles Ziel für das Unternehmen ist, seinen Wert zu mehren

Dazu gehören:

- Gewinn
- Kapital
- Reserven
- Wohlfahrtsfonds
- Produktions-Mittel
- Know-how und Patente
- Organisation

Immaterielles Ziel für unser Unternehmen ist, gemäß der eigenen Identität zu handeln

Dazu gehört:

- frei und unabhängig zu handeln
- stabil und kontinuierlich zu leisten
- verläßlich zu sein
- Vertrauen zu verdienen
- offen zu bleiben und erneuern zu können
- angesehen zu sein und Einfluß auszuüben
- selbstbewußt und selbstsicher erfolgreich zu sein

Materielles Ziel für alle Mitarbeiter ist, den eigenen Wohlstand zu mehren

Dazu gehören:

- Einkommen, Vermögen und Besitz
- Versicherungen
- berufliches Können
- Freiräume
- schöner Arbeitsplatz
- Gesellschaft
- ausreichender Wohlstand, um spenden und schenken zu können

Immaterielles Ziel für unsere Mitarbeiter ist, sich als selbst-bewußte Menschen der eigenen Leistung und des eigenen Lebens zu erfreuen

Dazu gehört:

- sich zugehörig, geborgen und sicher zu fühlen
- mit Hingabe in der Gemeinschaft zu leisten
- verantwortlich die eigenen Aufgaben zu lösen
- sich zu bilden und zu entwickeln
- sich selbst und die anderen achten zu können
- selbstbewußt und selbstsicher erfolgreich zu sein
- sich geben zu können

Quelle: Schläpfer, 1993

Abbildung 10

Zielverantwortung bei Schläpfer

Wer verantwortet, daß die Ziele erreicht werden:

Jede Mitarbeiterin und *jeder* Mitarbeiter.

Unser Erfolg beruht darauf, daß jeder verantwortlich handelt. Damit alle verantwortlich leisten können und alle gemeinsam und harmonisch die gemeinsamen Ziele erreichen, muß jeder Vorgesetzte verantwortlich leiten.

So verstehen wir unsere Handlungs- und Leitungs-Verantwortung.

Quelle: Schläpfer, 1993

Abbildung 11

Führungsverantwortlichen jedoch nur unzureichend befriedigen. Die Lösung kristallisierte sich schließlich in sogenannten Netzwerken heraus, Resultat von Workshops im eigenen Kreativzentrum im Tessin und Reflexionen des mit patronalen Eigenschaften führenden Robert Schläpfer. Eine eigentliche ausgeprägte Identität wurde in der Netzwerkidee gefunden. Sie hat sich darin niedergeschlagen, daß gemeinsam eine Unternehmensphilosophie erarbeitet wurde, „die auf der Kongruenz der materiellen und immateriellen Ziele der Mitarbeiter und des Unternehmens basiert und den unabdingbaren Zweck jedes wirtschaftlichen Tuns mit dem Sinn menschlichen Schaffens in Einklang zu bringen versucht". Vgl. Abbildung 10, Seite 28. Lisbet und Robert Schläpfer zogen sich stark aus der Führung des Unternehmens zurück und hinterließen nicht nur mit Partizipationsscheinen ausgerüstete Mitarbeiter, sondern auch eine engere junge Geschäftsleitung, die als netzwerkorientierte Gruppe (ohne permanenten Direktionspräsident) weitgehend funktioniert. In einem erweiterten Kreise beraten und führen engagierte Mitarbeiter mit langjähriger Erfahrung und tragen den Netzwerkcharakter weiter. In der Abbildung 11 wird deutlich, daß alle Mitarbeiter für die Verwirklichung der Ziele verantwortlich sind.

In einer eigenen „Schule", im Centro Creativo im Tessin, sollen die im Unternehmen tätigen Menschen ihre schöpferische Begabung fördern und zu einer Gemeinschaft und Verbundenheit finden können. Offizielle Bekenntnistheorien finden wir nur in wenigen Dokumenten, etwa in der Unternehmensphilosophie, einigen Vorträgen und einem gemeinsamen Arbeitsdokument zur Führung. Bewußt werden Schriftstücke vermieden, um nicht etwa „Künstliches" zu schaffen und die Idee zu zerreden (besser zu verschreiben). Interessant ist, daß sich im Unternehmen jedoch Verhaltens- und Sprachregeln entwickelt haben, die den Netzwerkcharakter tragen und unterstützen. So sprechen die Mitarbeiter nicht von Führungskraft, Kader, Chef etc., sondern von Zugenetzten und Vorgenetzten. Somit trägt jeder im Netzwerk die Verantwortung für die Erreichung der Ziele.

Das Unternehmen versucht sich als fließend-instabil-gleichgewichtig zu organisieren, als Netzwerk. Diese Entscheidung beruht darauf, daß vielerorts gleichzeitig kompetent entschieden werden kann, weil alle teilnehmen, aufnehmen und weitergeben. Die Entwicklung vom Vor-Gesetzten zum Vor-Genetzten ist in der Praxis dann keine Spielerei mit Worten, ebensowenig wie die des Untergebenen zum Zu-Genetzten. In beiden Fällen geht es mit der Verantwortung um die ständige individuelle Antwort auf die Frage nach der Freiheit. „Als Vorgenetzter Mensch mehr geben zu dürfen, statt die Vor-Rechte des Alles-Wissers-Könners-Machers bis zur eigenen Erschöpfung zu nutzen, das ist ein lebendiges Vergnügen, dies zu lernen ein bisweilen donnerndes Erlebnis."

Visionen und zugehörige Ergebnisse entstehen aus der Gemeinschaft, die ihrerseits wiederum stets auf neuen Werten basierend entworfen wird.

Die Ergebnisse werden durch Selbststeuerung erreicht. Statt einer endlosen und immer ungenügenden Beschreibung eines idealen Ablaufes, den es stets nur auf der Landkarte der Theorie gibt, legt Schläpfer fest, wo es nicht schiefgehen darf und was dann allenfalls geschehen müßte. Dieses negative Feedback durch die Knotenpunkte des Netzwerkes hat sich bewährt.

- ■ Unsere Unternehmung ist ein dynamisches, vernetztes System von sich gegenseitig beeinflussenden und voneinander abhängigen Elementen.
- ■ Im Unternehmens-Geschehen wirken immer drei Ebenen zusammen: Vorgenetzter, Mitarbeiter und Situation.
- ■ Der Vorgenetzte ist ein Mensch mit eigenen, einzigartigen Werten, aber auch mit eigenen Schwächen und Ziel/Zweck-Konflikten.
- ■ Die Mitarbeiter sind zu befähigen ihre Aufgaben weitgehend selbständig auszuführen und zu kontrollieren.
- ■ Wichtigstes Element eines jeden Kontroll-Systems ist daher die verantwortungsbewußte Selbstkontrolle.

Trotzdem finden wir immer wieder Abweichungen zwischen den offiziellen Bekenntnissen und Handlungstheorien und den eigentlichen Gebrauchstheorien. Das Netzwerkdenken funktioniert ohne Zweifel seitens der Beteiligten, wenn es um Kreativität, Verhalten gegenüber dem Kunden, Zusammensetzungen der Kollektion usw. geht. Immer wieder ertappen sich die Geschäftsleitungsmitglieder aber als Zugenetzte auch in der Situation, in der sie nicht mehr entscheiden und sich still verhalten, um sich nicht weh zu tun. Der Netzwerkgedanke beginnt dann zu schmerzen und löst Zweifel sowie Unbehagen aus, wenn eine Abweichung zwischen offizieller Handlungstheorie und Gebrauchstheorie festgestellt wird. Noch schwieriger wird die Situation, wenn man dadurch erleichtert wird, daß der Patron einem die Entscheidung abnimmt, „weil er als Patron es doch besser wissen sollte".

Diese Abweichungen wurden vor allem in schwierigen Zeiten der Rezession akut und zur Diskussion gestellt (1992/1993). Wenn z. B. Sitzungen zu einem bestimmten Themenkreis stattfinden, so äußert jeder seine persönliche Meinung und es herrscht eine offene Atmosphäre. Entschieden wird jedoch nicht. Probleme werden häufig durch Nichtentscheidung verstärkt, so daß Zeit zum wichtigsten Entscheidungsfaktor wird (Entscheidungen werden überflüssig, weil „das System" für die Beteiligten entscheidet, ein autoritärer Eingriff nimmt Gruppen die Entscheidung ab, Projekte verlaufen im Sande usw.).

Dieses Auseinanderklaffen zwischen offizieller Handlungstheorie und Gebrauchstheorie ist verantwortlich für das Auslösen der organisationalen Lernprozesse!

Um den Prozeß des organisationalen Lernens zu fördern, wurden im Rahmen von Workshops im Tessiner „Centro Creativo" die Führungstheorien überdacht, Formen der Zusammenarbeit und des Entscheidungsverhaltens hinterfragt und Abweichungen bewußt gemacht und diskutiert (beispielsweise im Rahmen von notwendigen Entlassungen, neuen Verkaufskonzepten, finanziellen Projektentscheidungen usw.). Durch diese Diskussionen wurden die gemeinsam geteilten Wissensformen erhöht, da durch den interaktiven Austausch von Informationen die geistigen und substantiellen Verhaltensmöglichkeiten erhöht wurden. Auf der Grundlage dieser intersubjektiven Gespräche wurde der Bezugsrahmen verändert und die Grundlage für weiteres Handeln festgelegt. So wurden die Handlungs- und Problemlösungsstrategien erhöht.

Die Bedeutung von fluktuierenden, zeitweisen Hierarchien (vgl. Heterarchie) wurde erarbeitet und diskutiert, Entscheidungsprozesse wurden aufgearbeitet, Verantwortlichkeiten und Erwartungen ausdefiniert. Als Lerneffekte wurden insbesondere die Akzeptanz temporärer Führungsstrukturen, die Ausübung von Macht, die Konfliktoffenlegung und der Einbezug eines weiten Mitarbeiterkreises in Beratungsfunktionen erzielt. Die Chance für organisationales Lernen ist wahrgenommen worden.

Analyse des organisationalen Wissensreservoirs

	Welche Arten von Wissen sind besonders ausgeprägt? Kommentar:	… in welcher Form?
Wörterbuchwissen – Sprachgebrauch, Terminologie etc. Beispielsweise: „Kundenzufriedenheit, Qualität, Lean Management"		
Beziehungswissen – Welche Einflüsse hat das Ereignis X auf das Ereignis Y? Beispielsweise: „Qualitätsverbesserung führt zu Kundenzufriedenheit"		
Vorschriftenwissen – Handlungsanweisungen, Anleitungen, Regelungen Beispielsweise: „Schritte des Problemlösungsprozesses", „Kundenbefragung alle zwei Monate!"		
Normenwissen – Werthaltungen, Politik, Einstellungen Beispielsweise: „Mit jedem Kunde muß freundlich umgegangen werden!", „Wenn umweltfreundliche Produkte gleicher Qualität ohne erhebliche Kosten auf dem Markt sind, entscheiden wir uns für diese."		

■ Gibt es in meinem Unternehmen Werte, die offiziell ausgesprochen, jedoch häufig nicht praktiziert werden?

Nennen Sie Beispiele, bei denen Sie den Unterschied zwischen Ihren offiziellen Handlungstheorien (Bekenntnissen in Form von Leitbildern, Organisationsregelungen, Vorschriften usw.) und der tatsächlich zur Anwendung kommenden Gebrauchstheorie sehen (beispielsweise Teamfähigkeit, Motivationsmaßnahmen, Problemlösungsstrategien, Konfliktfähigkeit usw.).

	Offizielle Handlungstheorie	Gebrauchstheorie	WER
Gruppe			
Bereich			
Unternehmen			

Drittes Kapitel

Welcher Art ist organisationales Lernen?

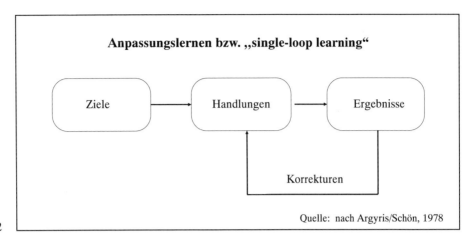

Anpassungslernen bzw. „single-loop learning"

Ziele → Handlungen → Ergebnisse

Korrekturen

Quelle: nach Argyris/Schön, 1978

Abbildung 12

Lernen betrifft die Veränderung von Wissen im weiten Sinne. Eine solche Veränderung kann verschiedene Wissensarten gleichzeitig beinhalten und unterschiedlich in Tiefe und Inhalt sein. So lassen sich Lernprozesse aufschlüsseln. Grundsätzlich ist es möglich, drei unterschiedliche Ebenen des Lernens zu unterscheiden:

– *Anpassungslernen*
– *Veränderungslernen*
– *Prozeßlernen.*

1. Anpassungslernen

Die Interaktion zwischen Organisationsmitgliedern und ihrer internen sowie externen Umwelt führt ständig zu einer Veränderung der wahrgenommenen Wirklichkeit, da neue Informationen hinzukommen bzw. alte verloren gehen. Dadurch werden die Stimulus-Response-Ketten (Hedberg, 1981) aufgebrochen und unter Umständen neu konstruiert. Wenn die Veränderungen, also neue Informationen, relativ gering sind, als Fehler der im Gebrauch befindlichen Handlungstheorie (Argyris/Schön, 1978) aufgefaßt werden und diese Fehler korrigiert werden, dann hat eine Anpassung durch verändertes Verhalten stattgefunden. Cyert/March (1963) beschreiben diesen Prozeß durch „adjustierte Suchregeln, Aufmerksamkeitsregeln, veränderte Zielhöhen und Erwartungen"[1] und wei-

sen damit auf den verhaltensbetonten, instrumentalen Charakter der Veränderung hin. Diese Ebene des Lernprozesses wird hier als *Anpassungslernen* bezeichnet, da eine Adaption an die Umwelt stattgefunden hat (vgl. Fall I: Weiterbildungsabteilung bei ABB). Mitglieder der Organisation sind in der Lage, Störungen ihrer Umwelt herauszufinden und Strategien zu ihrer Handhabung sowie Implementation dieser Strategien zu entwickeln. Damit stellt Anpassungslernen innerhalb der Organisation nichts anderes dar als die effektive Adaption an vorgegebene Ziele durch die Bewältigung von Umwelteinflüssen. Um in der Terminologie von Argyris (1978) zu bleiben, bedeutet dieser Lernvorgang die Reaktion der Organisation auf die interne sowie externe Umwelt, indem die Abweichungen in der Gebrauchstheorie so korrigiert werden, daß diese sich (wieder) im Einklang mit bestehenden Normen befindet. Die Autoren bezeichnen diesen Vorgang als „single-loop learning", da eine Regulierung des Systems aufgrund einer bestehenden Norm erfolgt (vgl. Abbildung 12).

Das Auseinanderklaffen von Ergebnis und Zielsetzung bildet den Stimulus. Diese Abweichungen von gegebenen Normen werden durch Adaption korrigiert, um somit die Ausrichtung auf die bestehenden Ziele wiederherzustellen. Aufgrund dessen werden alte Handlungstheorien bestätigt und verbessert (Argyris/Schön, 1978).

---

1   Übersetzung durch Autoren.

35

Man könnte auch sagen, daß eine Anpassungsleistung an problematische Umweltkonstellationen stattgefunden hat, die sich im Rahmen bestehender Werthaltungen und Interessenslagen einzelner Gruppenmitglieder oder Subkulturen befindet. Damit wird das Kriterium des Lernprozesses an bestehenden Normen und Werten innerhalb der organisationsspezifischen Rationalität festgemacht. Dies bedeutet, daß bei einer Anpassung der Ziele aufgrund von Umwelteinflüssen bestehende Normen und Werte nicht hinterfragt werden, sondern auf den bestehenden Unternehmenszweck ausgerichtet sind und bleiben.

> Anpassungslernen ist die effektive Adaption an vorgegebene Ziele und Normen durch die Bewältigung der Umwelt.

2. Veränderungslernen

Auf einer höheren Ebene werden außer dieser oben genannten Perspektive der Verhaltensanpassung auch tiefergehende kognitive Prozesse miteinbezogen, denn substantielle Veränderungen in der Beziehung Umwelt-Organisation erfordern mehr als lediglich (einfache) Anpassung. Diese Ebene des *Veränderungslernens* macht eine interne Konfliktoffenlegung notwendig, bei der scheinbar unüberwindbare organisationale Normen und Werte hinterfragt werden, neue Prioritäten und Gewichtungen gesetzt werden sollen oder sogar die Restrukturierung von Werten herbeigeführt werden muß. Nur durch die Veränderung bestehender Strukturen und die Modifikation des Verhaltensrepertoires kann sich der Bezugsrahmen der Organisation weiterentwickeln – (vgl. Fall II: Restrukturierung bei Digital Equipment 1991/1992). Dabei entstehen neue Handlungstheorien, die durch eine kritische Überprüfung von Werten und Normen das Bild und die Tiefenstruktur der Organisation verändern. Unabhängig von der Art der organisationalen Lernprozesse lassen sich deren Resultate nur dann als Lernergebnisse bezeichnen, wenn sie von den Systemmitgliedern als nützlich

erkannt und akzeptiert werden. Das Konzept des organisationalen Lernens fokussiert auf Bedürfnisse, Motive, Interessen und Werte des innerorganisationalen Wirkungsgefüges. Inhaltlich bedeutet dies, daß jene kognitiven Prozesse als funktional (nützlich und akzeptiert) gelten, die Lernprozesse unter vergangenen, aktuellen und zukünftigen Bedürfnis-, Motiv-, Interessenlagen und Werthaltungen der Gemeinschaft produzieren. Daraus folgt, daß Veränderungslernen nicht einfach prospektive Anpassung an problematische Umweltkonstellationen oder Erzeugung von Know-how zu deren Bewältigung bedeutet, sondern daß es sich hier um eine Veränderung der Interessenslagen und Werthaltungen einzelner Kollektivmitglieder oder Subkollektive handelt, die sich bezüglich eines Zwecks bzw. einer Aufgabe auch antagonistisch verhalten können. Grundlage des Lernprozesses ist meist Rationalität, wobei nicht notwendigerweise Zweckrationalität des Systems im Vordergrund steht. So kann das Kriterium Vernunftrationalität ebenfalls die Grundlage bilden und im Konflikt mit dem Organisationszweck stehen (Werbeverbot in der Zigarettenindustrie – vernünftig?, aber nicht notwendigerweise zweckrational).

Durch die Infragestellung des institutionellen Bezugsrahmens, die die Konfrontation mit organisationalen Hypothesen notwendig macht, besteht die Möglichkeit der Modifikation der Ziele. Argyris/Schön (1978) beschreiben diesen Prozeß als ,,double-loop learning", da hier eine kritische Prüfung der Handlungstheorien stattfindet, die die ursprünglichen Ziele in Frage stellt und verändert (vgl. Abbildung 13, Seite 37).

Während Argyris/Schön (1978) *offene Informationsdarlegung* als wichtigste Voraussetzung für Veränderungslernen auslegen, macht Hedberg (1981) den Prozeß des *Verlernens von Lernzyklen* verantwortlich für die Erreichung dieser höheren Lernebene. Beide Alternativen sind jedoch kein leichter Prozeß. ,,Das Bild (der Organisationsmitglieder) über Organisationen bzw. die (,,Denk-") Karten über Organisationen sind tendenziell starr, da die von Menschen sozial konstruierte Wirklichkeit und logische Verkettung bestehende Wahrnehmungen und Normen bestätigt, so daß Signale solange ignoriert werden, bis ein hinreichender

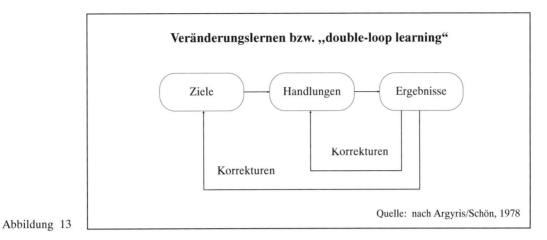

Veränderungslernen bzw. „double-loop learning"

Ziele → Handlungen → Ergebnisse

Korrekturen

Korrekturen

Quelle: nach Argyris/Schön, 1978

Abbildung 13

Gegenbeweis für radikale organisationale Veränderungen vorhanden ist und diese folglich rechtfertigt."[1] (Kelly, 1955).

> Veränderungslernen ist die Hinterfragung von organisationalen Normen und Werten, sowie die Restrukturierung dieser in einem neuen Bezugsrahmen.

3. Prozeßlernen

Die meisten Autoren sind sich über die Schwierigkeiten einig, welche der Prozeß der Veränderung von „cognitive maps" oder das sogenannte „reframing" mit sich bringen (Hedberg, 1981; Watzlawick, 1988; Argyris, 1990). Meist sind bereits sogenannte defensive Routinen (defensive routines) aufgebaut worden, die es höchst unwahrscheinlich erscheinen lassen, daß Individuen, Gruppen oder Organisationen ihre Routinen oder auch Fehler entdecken, da deren Veränderungen für sie bedrohend wirken (Argyris, 1990). Dies basiert auf der Erfahrung, daß Veränderungen Verunsicherungen und Unbestimmtheit mit sich bringen. Es werden daher „fundamentale Regeln" aufgebaut, die zum Ignorieren von Fehlern führen, oder dahingehend wirken, daß diese Fehler nicht diskutiert werden, sowie über die Nicht-Diskutierbarkeit nicht disku-

tiert wird. (Zu weiteren Ausführungen über die Schwierigkeit des Verlernens vgl. Kap. VI.) Auf einer höheren Ebene des Lernens, auf der Veränderungen des Bezugsrahmens von großer Bedeutung sind, werden das Kriterium des Lernprozesses sowie die Neustrukturierung von Werten und Normen nach dem Prinzip der Nützlichkeit und der Akzeptanz der Veränderung durch die Gemeinschaft gemessen. Dies bedeutet, daß bei Übereinstimmung veränderter Werte zwischen mehreren Kollektivmitgliedern oder auch zwischen Gruppen in einem neuen Bezugsrahmen Lernprozesse höherer Ordnung stattgefunden haben.

Die Bedeutung und Notwendigkeit des Veränderungslernens im oben dargestellten Sinne wird von der Organisation allgemein und ihren Organisationsmitgliedern häufig verstanden, aber aufgrund der defensiven Routinen in der Praxis meist nicht umgesetzt. Da die Intervention auf dieser Ebene des Lernens aus oben angeführten Gründen fruchtlos ist, müssen zunächst die Prozesse des Lernens verdeutlicht werden. Dem Organisationsmitglied muß der Prozeß des Anpassungslernens sowie des Veränderungslernens und die damit verbundene Problematik aufgezeigt werden, um überhaupt zu einer *fruchtbaren* Anwendung (des Veränderungslernen) zu kommen. Dieser Prozeß des *Lernens zu lernen* stellt auch gleichzeitig die höchste Ebene des Lernprozesses dar, da hier nicht nur „etwas"

---

1   Übersetzung durch Autoren.

37

gelernt wird, sondern die Prozesse des Lernens selbst im Vordergrund stehen und zum Gegenstand werden. Damit lassen sich die oben genannten Lernebenen – Anpassungslernen sowie Veränderungslernen – um ein höheres Niveau ergänzen. Dieser Lernvorgang, den wir bezeichnenderweise als *Prozeßlernen* vorstellen, umfaßt demnach „alle Phänomene … (die) unter der Rubrik von Veränderungen in der Art, wie der Handlungs- und Erfahrungsstrom zusammen mit den Veränderungen in der Verwendung von Kontext-Markierungen in Kontexten untersteht oder interpunktiert wird, zusammengefaßt werden können" (Bateson, 1981: 379). Anders ausgedrückt besteht der Prozeß des Lernens zu lernen aus der Erkenntnis über den Vorgang von Anpassungs- und Veränderungslernen. Der zentrale Bestandteil dieser Lernebene ist die Verbesserung der Lernfähigkeit, indem Lernen selbst zum Gegenstand des Lernens wird. Durch die Erkennung der Muster, die in ähnlichen Situationen das Lernen ermöglicht haben, kann eine umfassende Restrukturierung der Verhaltensregeln und -normen herbeigeführt werden.

Wie Abbildung 14 verdeutlicht, geht es um die Reflexion, Analyse und Herstellung eines Sinnbezugs. Damit ist die Einsicht in den Lernprozeß selbst, in die kontextuelle Problemlösung sowie in den Ablauf von Lernprozessen gemeint. Erst durch die Erreichung dieser Ebene ist es möglich, sich selbst zu thematisieren und sich selbst als Umwelt anderer sozialer Systeme zu verstehen (Willke, 1991).

Reflexion ist somit eine Form der Partizipation, indem Rücksicht auf die Überlebens- und Entwicklungsbedingungen der anderen in der eigenen Umwelt genommen wird. Durch diese Fähigkeit der Reflexion, des Lernens zu lernen, können mögliche Konflikte antizipiert werden, in ihren Folgen bewertet und für interne Korrekturen ausgewertet werden (vgl. Willke, 1991). Damit besteht die Möglichkeit, nicht nur das eigene Umfeld zu optimieren, sondern den maximalen Nutzen innerhalb des Beziehungsgefüges von mehreren Akteuren zu erreichen.

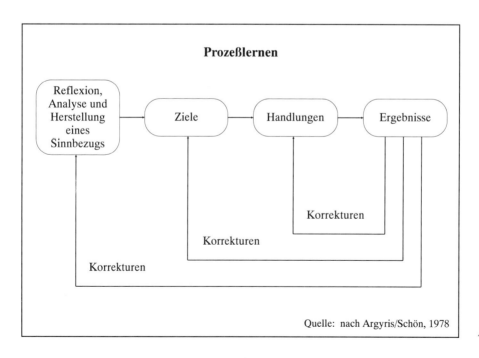

Abbildung 14

Prozeßlernen ist die Einsicht über den Ablauf der Lernprozesse, in dem Lernen zu lernen der zentrale Bezugspunkt wird.

Die Erkenntnis der Systemzusammenhänge durch die Veränderung und Erweiterung der Situationsbetrachtung ermöglicht die Transformation der Organisation. Die Muster der Verflechtung innerhalb der Organisation und das Verhältnis System-Umwelt werden erkannt. Durch die Einbeziehung dieser Erkenntnisse über die Muster der Beziehungen sowie die Konsequenzen des Handelns können Wege eingeleitet werden, die eine Veränderung des Charakters der Organisation in der Tiefenstruktur erlauben. Durch die Betonung von Bewußtwerdungsprozessen, Reflexionen sowie Mustererkennung wird deutlich, daß es nicht um Verfahren, Prinzipien oder auch Ziele an sich geht, sondern um die Einsicht in den Sinn der Organisation.

In der Literatur haben sich die Autoren mehr oder weniger intensiv mit den unterschiedlichen Ebenen des Lernens auseinandergesetzt. Die folgende Übersicht liefert einen Überblick über die Breite der Systematisierungen.

Systematisierungen von organisationalem Lernen			
	Lerntyp 1 Anpassungslernen	Lerntyp 2 Veränderungslernen	Lerntyp 3 Prozeßlernen
Pawlowsky (1992)	Idiosynkratische Adaption	Umweltadaption	Problemlösungslernen
Argyris/Schön (1978)	single-loop learning	double-loop learning	deutero-learning
Klimecki/Probst/ Eberl (1991)	Verbesserungslernen	Veränderungslernen	Lernen lernen
Sattelberger (1992)	Organisationsänderung	Organisationsentwicklung	Organisationstransformation
Senge (1990)	Adaptive learning		Generative learning
Garratt (1990)	Operational learning circle	Policy learning circle	Integrated learning circle
Morgan (1986)	„single-loop"	„double-loop"	holographic learning
Pautzke (1989)	Erhöhung der Effizienz	Lernen aus Erfahrung	Veränderung von Wissensstrukturen
Staehle (1991)	„Assimilation"	„Akkomodation"	„Aquilibration"
Hedberg (1981)	Adjustment learning	Turnover learning	Turnaround learning
Geißler (1991)	(keine begriffliche Bestimmung)		
Fiol/Lyles (1985)	lower level learning	higher level learning	
Bateson (1979)	Lernen I		deutero-learning
Shrivastava (1983)	Adaption	assumption sharing	development of knowledge base
Duncan/Weiss (1979)	Adaption		
March/Olsen (1976)	Adaption		
Cyert/March (1963)	Adaption		
Cangelosi/Dill (1965)	Adaption		

Organisationales Lernen auf Abteilungsebene: die Weiterbildungsabteilung
bei Asea Brown Boveri Schweiz

ABB, eine junge Firma, hervorgegangen aus dem Zusammenschluß zweier industrieller Firmen, ASEA, Schweden, und Brown Boveri, Schweiz, hat durch diese Fusion einen Schritt in Richtung Zukunft gewagt. Mit dem Motto ,,think global, act local" versucht das Unternehmen dem Markt und dem Kunden nah zu sein. ABB Schweiz in Baden ist mit 14 000 Mitarbeitern und 35 Autonomen Firmeneinheiten eine der größten Ländervertretungen.

Um den externen sowie internen Veränderungen und Restrukturierungen gerecht zu werden, hat sich die Gesamtpersonalabteilung der ABB Schweiz mit der Unternehmensstrategie auseinandergesetzt und eine neue unternehmensweite Strategie entwickelt, die den Maßstab setzt für weitere Maßnahmen und die mit Hilfe aller in der Funktion Personal tätigen MitarbeiterInnen umgesetzt werden soll. Dieser Maßstab der Personalabteilung wird in Form von Grundsätzen und Zielvorgaben den einzelnen dezentralen Abteilungen weitervermittelt.[1] Vgl. Abbildung 15, Seite 41.

Gemäß der ABB Struktur liegt es dann in den Händen der einzelnen Personalabteilungen, wie z. B. der Aus- und Weiterbildungsabteilung, die gesetzten Ziele zu erreichen.

Wenn die Mitglieder der Aus- und Weiterbildungsabteilung der ABB versuchen, sich mit ihrem internen Schulungsprogramm auseinanderzusetzen, um die Ziele der Personalstrategie zu erfüllen und daraufhin das angesprochene Schulungsprogramm ändert, so hat Anpassungslernen stattgefunden. Wenn die internen Handlungen und Programme verändert werden, um die vorgegebenen Ziele zu verwirklichen, so hat eine Anpassung auf ein bestimmtes Ziel, die Personalstrategie, stattgefunden. Die Mitglieder der Abteilung handeln entsprechend den ausgearbeiteten Zielen. Durch die Adaption an die vorgegebenen Ziele, in Form der schriftlich festgelegten ABB Personalpolitik, hat

die Aus- und Weiterbildungsabteilung gelernt und ihr Schulungsprogramm verändert.

Wenn hingegen die gleiche Abteilung sich mit den zugrundeliegenden Hypothesen und Annahmen ihrer Umwelt sowie ihrer eigenen Betrachtung der ABB Personalpolitik auseinandersetzt und ein neues (Schulungs-) Programm zusammenstellt (das der Personalstrategie entspricht, jedoch auch andere Zielsetzungen verfolgt), so hat eine grundsätzliche Auseinandersetzung mit den Werten der Organisation stattgefunden. Das Resultat dieser Auseinandersetzung kann zu *veränderten Werten* der Zusammenarbeit führen. Hier hat die Aus- und Weiterbildungsabteilung die vorgegebenen Ziele zwar wahrgenommen, jedoch nicht vorbehaltlos akzeptiert. Sie hat die Ziele als Richtlinien für die eigene Auseinandersetzung und die inhaltliche Ausgestaltung genommen. Die Veränderung des Schulungsprogramms ist demnach Resultat der Auseinandersetzung mit den ABB-Zielen, den internen Zielen sowie den dahinterstehenden Werten.

Im ersten Fall setzen sich die Mitglieder der Aus- und Weiterbildung mit ihren vorgegebenen Zielen für die interne Ausbildung auseinander. Dies bedeutet, daß sie ihr Ziel vor Augen haben und nun versuchen, Strategien zu entwickeln, um dieses Ziel zu erfüllen. Der Lernprozeß beinhaltet in diesem Zusammenhang eine Adaption an die Umwelt und wird auch als *Anpassungslernen* bezeichnet.

Im zweiten Fall werden organisationale Normen und Werte hinterfragt sowie neue Prioritäten für zukünftige Ziele gesetzt. Dadurch wird nicht notwendigerweise an derzeitigen organisationalen Zielen festgehalten, sondern jene werden auch verändert. Dies kann dazu führen, daß die bereits

---

1 Die Personalpolitik umfaßt folgende Punkte: Umgang mit Veränderungen, Aus- und Weiterbildung, Management Development, Frauenförderung etc. Diese einzelnen Faktoren werden mit bestimmten Zielvorgaben für die Zukunft besetzt.

Ausschnitt aus der ABB Personalpolitik (1992)

Zielsetzung der Personalpolitik

Wir streben eine möglichst große Übereinstimmung zwischen den *persönlichen Interessen* unserer MitarbeiterInnen einerseits und den gesamten *Interessen des Unternehmens* andererseits an. Je besser wir diese Zielsetzung erfüllen, desto besser können wir unsere Verantwortung gegenüber unseren Kunden, unseren Kapitalgebern, der Umwelt und unserem Umfeld wahrnehmen.

Aus- und Weiterbildung

ABB Schweiz hat ein großes Interesse an einem qualitativ hochstehenden und auf die Bedürfnisse von Gesellschaft und Wirtschaft ausgerichteten *Bildungswesen*. Wir ermuntern deshalb alle unsere MitarbeiterInnen, ihre Erfahrungen und Fachkompetenz in Führungsgremien von Ausbildungsinstitutionen zur Verfügung zu stellen. Gleichzeitig nehmen wir aktiv Einfluß auf die Gestaltung des schweizerischen Bildungswesens.

Die Anforderungen an unsere Mitarbeiterinnen ändern sich ständig; unser Erfolg hängt wesentlich von unserer Lernfähigkeit ab. Wir müssen deshalb ständig einen Überblick über die *Kernanforderungen* an unsere MitarbeiterInnen und die entsprechenden *Fähigkeiten* haben. Die aus der Lücke zwischen Anforderungen und Fähigkeiten resultierenden Weiterbildungsbedürfnisse decken wir nach Prioritäten in einer möglichst effektiven Weise. Im Vordergrund steht die Weiterbildung im unmittelbaren Arbeitsfeld.

Neben der Weiterbildung fachlicher Fähigkeiten hat die Förderung der *Persönlichkeit* und der *sozialen Kompetenz* eine hohe Bedeutung. Für die Führungskräfte aller Ebenen ist eine Förderung der *Führungsfähigkeit* (Menschen- und Unternehmensführung) eine Daueraufgabe.

Durch eine *Weiterbildungs-Fachstelle* bei ABB Schweiz unterstützen wir die ABB-Gesellschaften mit Systemen und Methoden für die Bestimmung der Weiterbildungsbedürfnisse. Diese Fachstelle stellt Informationen zur Verfügung, wie die Weiterbildungsbedürfnisse durch Angebote auf dem Weiterbildungsmarkt optimal gedeckt werden können. Für die *ABB-spezifische Weiterbildung* fachlicher Fähigkeiten stellt die Fachstelle die Organisation sicher. Für die ABB-spezifische Weiterbildung in den Bereichen Persönlichkeit, soziale Kompetenz und Führungsfähigkeit (Menschen- und Unternehmensführung) bietet die Fachstelle qualitativ hochstehende Kurse zu Marktpreisen an.

Die *Verantwortung* für die Kompetenz der MitarbeiterInnen liegt bei jedem/r Vorgesetzten. Unsere MitarbeiterInnen haben allerdings die Verantwortung für die Qualität ihrer Arbeit. So erwarten wir von allen MitarbeiterInnen Initiative und Einsatz für ihre eigene Weiterbildung, sowohl am Arbeitsplatz als auch außerhalb der Firma. Die Vorgesetzten unterstützen und beraten ihre MitarbeiterInnen bei diesen Weiterbildungsanstrengungen. Über Art und Umfang der Beteiligung der ABB-Gesellschaften an der Weiterbildung ihrer MitarbeiterInnen wird im Einzelfall eine Vereinbarung getroffen.

Quelle: ABB, 1992

Abbildung 15

beschlossene Personalpolitik des Gesamtunternehmens ABB in Frage gestellt und neu überarbeitet wird. Dieser Lernprozeß wird als *Veränderungslernen* bezeichnet, da hier eine Änderung des bestehenden Bezugsrahmens stattfindet. Die Aus- und Weiterbildungsabteilung hat gelernt, sich mit bestehenden Werten und Normen auseinanderzusetzen sowie diese zu hinterfragen.

Organisationales Lernen auf Institutionsebene:
Digital Equipments Restrukturierung (Europa – 1991/1992)

Digital Equipment Corporation (DEC) ist ein weltweit führender Hersteller von vernetzten Computersystemen, -software und -service. Im Bereich der Informationstechnologie hat Digital die Industrie in den frühen Jahren stark geprägt und spielt heute noch in den Bereichen des interaktiven „multivendor computings" eine Vorreiterrolle. DEC ist eine internationale Firma, die mehr als die Hälfte ihres Geschäftes außerhalb der Vereinigten Staaten, vor allem in Europa und Asien betreibt. Das Unternehmen offeriert eine äußerst breite Produktpalette für die unterschiedlichsten Industrien – Telekommunikation, Banken, Industrie usw.

Bei einem Restrukturierungsvorhaben von Digital Equipment Corporation (DEC) im Jahr 1991/1992 ging es darum, den Kundenbedürfnissen im Großkundengeschäft Rechnung zu tragen und organisational mit einer funktional sowie national orientierten Matrixstruktur in Richtung flexibler, autonomer, jedoch gleichzeitig vernetzter Strukturen zu agieren (vgl. Escher, 1993). Unter dem Motto der Schaffung eines „Netzwerkes von Entrepreneuren in der globalen Unternehmung" sollte der Wandel mit dem Ziel „Ausrichtung auf den Kunden" verwirklicht werden. Diese Struktur sollte in den Ländern durch den Aufbau einer kompetenz- bzw. know-how-orientierten Dienst- oder Infrastrukturleistung funktionieren. Diese Idee der Kundenorientierung anhand flexibler, vernetzter Strukturen sollte durch die Einführung der sogenannten Entrepreneure in den unterschiedlichen Bereichen über die verschiedenen Länder verteilt geschehen. Gesamteuropäisch bedeutete dieser Schritt die Übertragung von Leistungsverantwortlichkeiten von 20 Ländern auf 300 Entrepreneure. Daraus wird deutlich, daß die Entrepreneure mit ihren neuen Verantwortlichkeiten die Träger der Veränderung sein sollten (vgl. Abbildung 16, Seite 43).

Die Abbildung unterscheidet zwischen den „corporate" in der Zentrale sitzenden Organisationsmitgliedern (Local), die sich mit den strategischen Aspekten der Kundenbetreuung, dem gesamten Verkauf und den Kundendienstleistungen beschäftigen, sowie den direkt mit den Kunden in Kontakt tretenden Organisationsmitgliedern (Remote) vor Ort. Jeder größere Kunde hat eine solche Struktur zu seiner Verfügung mit dem Entrepreuner als Verantwortlichen.

Die Entrepreneure hatten aufgrund ihrer neuen Aufgaben nun die Möglichkeit, innerhalb der organisationalen Grundstruktur – Infrastruktur und Dienstleistungen – sinnvolle Lösungen für das gesamte System zu kreieren und Wege einzuschlagen, die bislang unerforscht blieben. Die Organisation mußte sozusagen den Prozeß der Veränderung, der Hinterfragung von Werten und Normen sowie den Wandel von bestehenden Strukturen durchlaufen. Durch diesen Prozeß der Hinterfragung hat die Organisation gelernt, sich mit ihrem Bezugsrahmen auseinanderzusetzen. Somit hat *Veränderungslernen* stattgefunden. Dies war jedoch nicht der einzige Schritt im Lernprozeß.

Im Vordergrund stand vor allem der Gedanke der selbsterfahrenden Organisationsfähigkeit der „entrepreneurial units". Es ging mit anderen Worten um das Ermöglichen von Lernen im Kontext des neuen Operierens und Interagierens und der damit geschaffenen Interdependenzen (Escher, 1993:7). Diese Konstellation bot die Möglichkeit seitens der Entrepreneure, interaktiv Entscheidungen zu treffen, die nur dem Kriterium des sinnvollen Gestaltens standhalten mußten. Lediglich der Aspekt der Kundenzufriedenheit sowie der generelle Organisationszweck sollten dabei im Auge behalten werden, wobei bereits bestehende Strukturen nicht notwendigerweise ins Kalkül eingehen mußten. Dabei wurde explizit darauf aufmerksam gemacht, daß Vereinheitlichungen bei der Organisationsstruktur nicht notwendig seien, sondern Unterscheidungen, die interaktiv vorgenommen wurden, begrüßt würden. Auf der Grundlage der

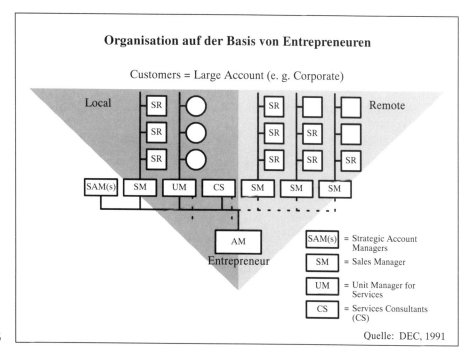

Organisation auf der Basis von Entrepreneuren

Customers = Large Account (e. g. Corporate)

Abbildung 16   Quelle: DEC, 1991

Möglichkeit, Veränderungen herbeizuführen, hat Digital gelernt und die Struktur aufgrund neuer Wert- und Wissenskonstellationen verändert. Der vorgeschlagene Prozeß des Lernens war einzigartig. „Statt einer ‚Verordnung' wurden an mehreren für zukünftige Entrepreneurkandidaten einberufenen Leadership-Foren die ‚Werkzeuge des Lernens' und die dazugehörigen ‚Bausteine' vorgestellt" (Escher, 1993:7). Vorgegeben wurden lediglich die organisatorischen Grundeinheiten und Bindeglieder in Form von operationalen Grundsätzen und Standards (z. B. standardisiertes Reportingsystem, Kostendeckungsbeiträge für Dienstleistungen, Verankerung von gegenseitigen Leistungsvereinbarungen). Über die Auswahl der Bausteine und deren Zusammensetzung konnte von jedem Entrepreneur entsprechend der Anforderungen seines Kundenkreises entschieden werden. Hier bekamen die Entrepreneure in den Leadershipforen die Möglichkeit geboten, über die künftige Struktur und den Prozeß der Erlangung

dieser Struktur zu reflektieren. Sie haben die Werkzeuge erhalten, mit denen sie eine Veränderung bewirken konnten. Durch diesen Reflexionsprozess hat Lernen auf der höchsten Ebene stattgefunden, nämlich *Prozeßlernen*. Voraussetzung dieser neuen Struktur war die Kommunikations- und Informationsinfrastruktur sowie der Austausch über die Werkzeuge des Lernens. Dies erlaubte technologisch sowie verhaltensmäßig den Konsensfindungsprozess sowie das Überdenken über mögliche Vorgehensweisen (vgl. Escher, 1993).

Wenn heute bei Digital Equipment Corporation sich wiederum die Organisation und ihre Struktur zugunsten von neun kunden- und produktorientieren Business Units verändert, so hat dies nichts mit Lernerfolg bzw. -mißerfolg zu tun, sondern mehr mit der evolutionären Dynamik von sozialen Systemen (vgl. Escher, 1993).[1]

---

1   Das Unternehmen baut grundsätzlich auf den hier beschriebenen Erfahrungen auf (vgl. Escher, 1993).

Darstellung von Lernformen

■ Welche Lernform(en) (Anpassungs-, Veränderungs-, Prozeßlernen) können Sie in Ihrem Unternehmen erkennen?

A. Beschreiben Sie Fallbeispiele aus Ihrem Umfeld für

Anpassungslernen	
Veränderungslernen	
Prozeßlernen	

Hilfsfragen

■ Wurden Handlungen durchgeführt, die die Zielerreichung verbessert haben? (Anpassungslernen)

■ Wurden Werte und Normen verändert? (Veränderungslernen)

■ Wurden die Erkenntnisse über den Veränderungs- und Lernprozeß reflektiert und ausgewertet? (Prozeßlernen)

B. Diskutieren Sie die oben genannten Beispiele in der Gruppe bezüglich folgender Punkte:

Fragen	Diskussionsergebnisse
Inwiefern handelt es sich wirklich um Lernprozesse?	
Stimmen die auslösenden Elemente/Situationen mit der Lernebene überein (Notwendigkeit von Anpassungs-, Veränderungs-, Prozeßlernen)?	
Wer war vor allem Träger des Lernprozesses?	

Viertes Kapitel

Was löst Lernen in Organisationen aus?

Nachdem das Konzept, die Definition und die Ebenen des organisationalen Lernens dargestellt wurden, stellt sich die Frage, wie es tatsächlich zum Lernen kommt. Wie und wodurch werden Lernprozesse ausgelöst und vorangetrieben?

Organisationen dürfen und können sich nicht ununterbrochen mit der Suche und Realisierung von Veränderung befassen. Damit würden sie ihre Kontinuität, Identität und Sicherheit in Frage stellen. Aufgrund dessen sind Organisationen auf Standardprozeduren angewiesen, mit Hilfe deren sic in Situation X mit Schema Y reagieren können. In der Regel sind es die Struktur sowie das vorhandene Wissen, die darüber entscheiden, ob eine Veränderung notwendig ist. Wo das vorhandene Wissen bewahrt wird und die Standardprozeduren nicht hinterfragt werden, wird Lernen verhindert. Wie kann es nun aber dennoch zum Lernen kommen? Obwohl Stabilität und Ressourcenreichtum eine Möglichkeit für Lernen darstellen können, ist es leider viel häufiger der Fall, daß Konflikte, Mißerfolge und Schwierigkeiten die Ursachen für Veränderungen sind.

Zunächst gilt es daher, zwischen zwei grundsätzlich verschiedenen Ansätzen zu unterscheiden, die für das Auslösen von Lernprozessen verantwortlich gemacht werden können:

1. Turbulenzen und Krisen
2. Ressourcenreichtum („slack").

1. Lernen durch Turbulenzen und Krisen

Ungelöste Probleme aller Art stellen wohl die größte Gruppe von Auslösefaktoren für Lernprozesse dar. Sie erzeugen eine Spannung, ein Bedürfnis oder Unzufriedenheit. Auslöser können sowohl aus inneren Antrieben und Reflektionen als auch äusseren Anreizen diskutiert werden. Auslöser lassen sich in unterschiedliche Arten von Störeinflüssen differenzieren:

– Unzufriedenheit von Mitarbeitern
– Konflikte

– Streß
– Neugier
– Umweltveränderungen
– Konkurrenzdruck

Im internen Kontext scheint Unzufriedenheit der Mitarbeiter mit ungelösten Fragestellungen die häufigste Ursache der Suche nach Problemlösungsstrategien darzustellen (March/Simon, 1958). Organisationsmitglieder fangen an, nach einer Lösung zu suchen, wenn Erwartungen und Ergebnisse auseinanderklaffen bzw. das Auseinanderklaffen entdeckt wird (March/Simon, 1958; Hedberg, 1981). Zweifel an Strategien führen zur näheren Betrachtung und Reevaluierung von bereits eingeschlagenen Wegen und ermöglichen die Suche nach einer Lösung. Nicht nur die *Zweifel* an bestehenden Strategien, sondern auch zwischenmenschliche *Konflikte,* die das Aufdecken der Divergenz zwischen Erwartung und Ergebnis zum Inhalt haben, können durch die Reevaluierung der Interaktionen zu Lernen führen. Anhand eines „Indexes", der eine Funktion des Ergebnisses in Relation zu Erwartungen ist, evaluieren Entscheidungszentren Strategien und rufen je nach Notwendigkeit eine Veränderung hervor (Hedberg, 1981).

Dies bedeutet, daß Probleme, die zu einem Auseinanderklaffen von unternehmensbezogenen Ergebnissen und Erwartungen der Entscheidungsträger führen, Lernen auslösen können. Damit wird deutlich, daß Konflikte und Divergenz von Erwartung und Ergebnis an sich keine negativen Aspekte darstellen, sondern fruchtbar genutzt werden können. So ist z. B. die Auseinandersetzung zwischen zwei Führungskräften über die weitere Planung des Einsatzes eines Mitarbeiterbeteiligungsprogrammes als ein Eckpunkt im Lernprozeß zu verstehen.

Streß stellt einen weiteren Aspekt dar, der als Ursache für die organisationale Suche nach Problemlösungen aufzufassen ist. Die Grundidee hinter diesem Konzept beruht darauf, daß Anpassung bzw. Veränderung dann erfolgt, wenn Streß vorhanden ist – Streß, der das System bzw. Subsystem aufgrund von Umwelt- oder Erfolgsdruck lernen läßt (Cangelosi/Dill, 1979). Zum einen entsteht Umwelt- bzw. Unbequemlichkeitsstreß, wenn die

Komplexität und Dynamik der Umwelt die Wahrnehmungsfähigkeit der Organisationsmitglieder überfordert. Zum anderen entsteht Erfolgsstreß, wenn der Druck für den Mitarbeiter, vorgegebene Ziele zu erreichen, zu hoch ist. Diese beiden Formen von Streß verursachen eine Veränderung im Verhalten von Gruppen oder von Individuen, wenn das Streßniveau so hoch ist, daß der verursachte Konflikt gelöst werden muß. Jede Organisation hat eine unterschiedlich hoch ausgeprägte Toleranzgrenze für Streß bezüglich bestimmten Aktivitäten. Diese Grenze ist abhängig von den Normen der Organisation, der Umwelt und der Individuen. Wenn Gruppen von Individuen diese Toleranzgrenze überschreiten, mit den Divergenzen und Konflikten nicht mehr zurechtkommen und sich dann damit auseinandersetzen müssen, findet Lernen des ganzen Systems statt (Cangelosi/Dill, 1979). Spitzen sich Probleme auf allen Ebenen der Organisation zu, so daß das Streßniveau zu hoch wird bzw. die Ergebnisse und Erwartungen auseinanderklaffen, kommt es zu Steuerungskrisen, die die Notwendigkeit von Lernprozessen ins Bewußtsein rufen (Pautzke, 1989).

Die Organisation kann auch aufgrund von veränderten Umweltbedingungen, wie z.B. erhöhten Preisen von Rohmaterial bzw. erhöhtem Konkurrenzdruck in eine Situation gelangen, in der Lernen notwendig wird. Diese Umweltbedingungen müssen jedoch zunächst intern als bedrohlich wahrgenommen werden bevor Lernen ausgelöst werden kann. Meist sind also offensichtliche Turbulenzen und Krisen Ausgangspunkt. Aber auch ohne diesen Ausgangspunkt können Lernprozesse ausgelöst werden, wenn zusätzliche Ressourcen für Denkprozesse, Innovationsprozesse zur Verfügung stehen. Jedoch auch bei diesem Ausgangspunkt des Lernens werden vorerst Spannungen aufgebaut (etwa durch Szenarien, Neugierde, etc.)

Wichtig für das Auslösen von Lernprozessen ist es auch, daß die Handlungsnotwendigkeit rechtzeitig erkannt wird. Die Dynamik und Komplexität der Umwelt und der daraus resultierende Problemdruck können ein Ausmaß annehmen, das eine Reaktion nicht mehr gestattet. (Im Extremfall nehmen „die Dinge ihren Lauf".)

2. Lernen durch Ressourcenreichtum („slack")

Wären allein die oben angeführten Gedankengänge und Situationsbeschreibungen ausschlaggebend für Lernen, so würden lediglich Organisationen, die Probleme haben, lernfähig sein. Cyert/March (1963) haben jedoch gezeigt, daß nicht nur problembetroffene Unternehmen lernen können, sondern auch solche, die freie Kapazitäten, einen Überfluß an Möglichkeiten und eine Akkumulation an Ressourcen zur Verfügung haben. Die Logik dieser Feststellung rührt daher, daß Organisationen, die erfolgreich sind, die nötige Zeit und die nötigen Ressourcen haben, in ihrer Umwelt nach neuen und innovativen Lösungen zu suchen bzw. die Hinterfragung bestehender Lösungen frühzeitig voranzutreiben.

Die Existenz und der Aufbau von „organizational slack", von Strukturredundanz und von loser Kopplung der Organisationseinheiten ist Voraussetzung für Flexibilität, Innovationskraft, Veränderung sowie für organisationales Lernen (vgl. Staehle, 1991; Probst, 1993; Klimecki/ Probst/Eberl, 1994). „Organizational slack" wird als Differenz zwischen benötigten und vorhandenen Ressourcen definiert und verweist auf eine Handlungsfähigkeit, die nicht vollständig im Tagesgeschäft aufgezehrt wird, sondern für Prozesse des Lernens frei und kreativ eingesetzt werden kann. Aufgrund von Redundanzen, vorhandenem Überschuß an Ressourcen sowie der lockeren Verknüpfung teilautonomer Gruppen kann in einer Umwelt von Unsicherheit, Komplexität sowie Variabilität von Zuständen die Organisation frühzeitig so (re)agieren, daß bei Ausnahmefällen die Situation zu bewältigen ist (Staehle, 1991). In der Regel klagen Manager über unnötige Zeitverschwendung und Doppelarbeiten, Leerlauf sowie Personalüberschuß. Diese Faktoren der Wiederholung oder Duplizierung bilden eben jenen Überschuß an Ressourcen, der es ermöglicht, Fehler oder Störungen im System zu identifizieren und diese so rasch wie möglich zu bewältigen. Der vordergründige ökonomische Gewinn einer schlanken, abgespeckten Organisation steht in kei-

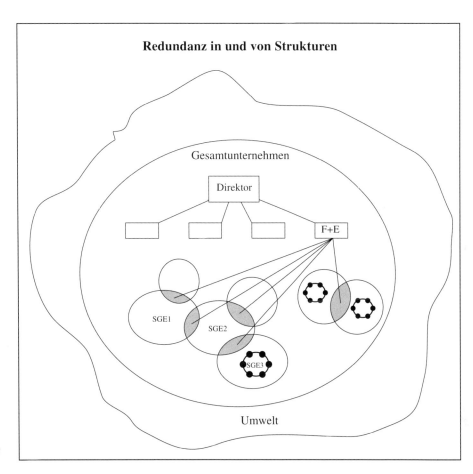

Redundanz in und von Strukturen

Gesamtunternehmen

Direktor

F+E

SGE1

SGE2

SGE3

Umwelt

Abbildung 17

ner Relation zu den nur schwer quantifizierbaren Verlusten an Flexibilität, Kreativität, Fähigkeit zur Chancenwahrnehmung sowie der verminderten Fähigkeit zur Abwehr von Krisen (Staehle, 1991).

Wie „organizational slack" nun tatsächlich Lernen auslöst, ist weitgehend ungeklärt. Zum einen kann eine Reduktion der überschüssigen Ressourcen („slack resources") zum Lernen führen, zum anderen kann der Überschuß dieser Ressourcen Lernen auslösen. Die Reduktion der überschüssigen Ressourcen wird z. B. durch Prozesse der Restrukturierung, „Reengineering" oder durch andere organisationale Veränderungsmaßnahmen hervorgerufen (Hammer/Champy, 1993). Durch vorhandene freie Kapazitäten können innovative Lösungen sowie strukturelle Veränderungen erarbeitet werden, die eine Sogwirkung für interne

Veränderungs- und Lernprozesse ergeben. Damit freie Kapazitäten auch genutzt werden können, müssen Redundanzen vorhanden sein. Diese können, wie in Abbildung 17 dargestellt, in Form von *Redundanzen in und von Strukturen* auftreten (vgl. auch Probst, 1987).

So ist es Hewlett-Packard gelungen, in Zeiten des „unaufhaltsamen" Wachstums mit den bestehenden Personalressourcen ein Früherkennungssystem zu erarbeiten, das die Organisation rechtzeitig auf Krisen und auf Chancen aufmerksam macht (vgl. Deiss/Dierolf, 1991). Leider ist ein solches Vorgehen jedoch der Ausnahmefall.

Organisationen haben die Möglichkeit, freie Ressourcen für die Suche nach neuen Verhaltensweisen und für das „Spiel" mit möglichen zukünftigen Situationen zu nutzen. Häufig überwiegt die

Suche nach Problemen die Suche nach opportunen Gelegenheiten. Aber auch Unternehmen, die aufgrund oben genannter Strukturen die Möglichkeit haben, nach neuen Gelegenheiten zu suchen bzw. innovative Lösungsvorschläge zur Anwendung zu bringen, nutzen diese Gelegenheit häufig nicht. Die empirische Forschung stellt leider immer wieder fest, daß es nur sehr wenige Organisationen gibt, die ihren Ressourcenreichtum bzw. ihre internen Strukturen so nutzen, daß sich neue Möglichkeiten erschließen lassen oder zukünftige Komplexität bewältigt werden kann. Erfolg und Überfluß ist leider weitaus häufiger die Basis für Trägheit, Bewahrung von Verhaltensweisen, Ausschluss von neuen Strategien sowie die Verstärkung des Traditionellen (vgl. Hedberg, 1981: 17). Denn wo Wissen bewahrt wird, wird Lernen verhindert. Lernen „(zer)stört" das bestehende Wissen in den gegenwärtigen Strukturen. Damit wird ein altbekanntes Dilemma deutlich: Erfolg fördert Routinen des Alltags auf Kosten von Neugier, Kreativität und der Bereitschaft für Veränderung.

Auch Organisationsmitglieder ermöglichen das Auslösen von Lernen (Hedberg, 1981). Durch die Äußerung von alternativen Meinungen über Sachverhalte stellen Mitglieder der Organisation eine Störung der inneren Umwelt dar. Dadurch können sie Einfluß auf die Entscheidungsträger nehmen und gegebene Strategien hinterfragen. Bei einem Führungswechsel ist oftmals eine organisationelle Neuorientierung durch menschliche Stimulierung zu verspüren. So werden bereits eingeschlagene Wege von den neuen Führungskräften hinterfragt, strategische Neuorientierungen vorgenommen und Ressourcen neu verteilt. Gerade „frisch" ernannte charismatische Führungskräfte an der Spitze eines Unternehmens sind häufig für Veränderungen verantwortlich, da sie bei ihrem Eintritt oft

neue strategische Leitbilder entwickeln, neue Werte vermitteln und diese dann in einer veränderten Struktur umsetzen wollen. Beispiele für Führungskräfte, die zu Beginn ein neues Leitbild entwickelt haben, sind die Vorsitzenden der Rentenanstalt, der EPA, der Hilti AG sowie der Ploenzke Gruppe. Dies ist verbunden mit der Hinterfragung der Verhaltensweisen durch die neuen Führungskräfte. Die Entlassung solcher oberster Führungskräfte kann den gleichen Effekt (zur Folge) haben, da eingefahrene Verhaltensweisen als „ungültig" betrachtet werden und sich dadurch die Möglichkeit zur Neuorientierung bietet.

Lernprozesse können nicht nur im Fall von Führungskräften sondern allgemein bei Neueinstellungen oder Entlassungen von internen Wissensträgern ausgelöst werden. So wird durch die Versetzung oder gar Entlassung eines Mitarbeiters der oftmals heilsame Prozeß des Verlernens begünstigt und die Möglichkeit zur Einbringung neuen Wissens durch einen neuen Angestellten eröffnet. Dadurch kann wiederum die Hinterfragung bestehender Normen hervorgerufen werden, da die Äußerung und Diskussion von Meinungen in Gang gesetzt wird.

Jedoch nicht nur die radikale Form der Entlassung bzw. Neueinstellung kann Lernen auslösen, sondern auch die Weiterbildung von Organisationsmitglieder, das Rotieren von Positionen sowie die Umformung von Arbeitsbeziehungen. Dies alles kann die Suche nach neuen Lösungen durch die Aufnahme von Wissen fördern. Hiermit wird gleichzeitig deutlich, daß das Auslösen von Lernen und von Verlernen sehr eng miteinaner verbunden sind und sich häufig überschneiden. So können Auslöser Verlernen verursachen bzw. Verlernen kann Lernen auslösen.

IBM

IBM ist der international erfolgreichste Computer-konzern. Die hohe Marktpräsenz, die technologische Führung, das finanzielle Potential und die ausgeprägte Unternehmenskultur ermöglichten dem Unternehmen in den 80 Jahren zahllose Spitzenleistungen.

Die Kehrseite der Medaille: Die grundlegenden strukturellen Veränderungen in der Informatikbranche, verbunden mit der weltweit schwachen Konjunktur, dem enormen Druck auf Preise und Margen und dem Trend zu kleineren Systemen haben auch bei IBM tiefe Spuren hinterlassen. Neu und wohl einmalig ist das Tempo, mit dem sich dieser Wandel in der Informatikindustrie vollzieht. IBM muß als Organisation lernen und sich tiefgreifend ändern, um seine Führung zu behaupten sowie bestmögliche Lösungen für die Kunden anzubieten. Die Krise erfordert eine radikale Neuorientierung, den Aufbau einer neuen Unternehmens- kultur.

In den letzten Jahren wiesen einige Faktoren auf den Wandel und die daraus folgende Krise hin. Die Zahl der Produktionsstätten wurde weltweit von 42 auf 30 gesenkt und die Fertigungskapazität um 40 Prozent verkleinert, dies allerdings bei gleichzeitiger Steigerung der Produktion. 75 000 MitarbeiterInnen wurden umgeschult, 36 000 in kundenorientierte Positionen versetzt, 84 000 aus Unterstützungsfunktionen abgezogen, 11 000 Vorgesetztenstellen gestrichen. Der Personalbestand wurde seit 1986 um über 100 000 auf weniger als 300 000 reduziert. Die Kosten für die Restrukturierungsmaßnahmen belasteten allein 1992 den Geschäftsabschluß mit über 11 Milliarden Dollar, mit ein Grund für die roten Zahlen des Gesamtunternehmens.

Die Informatikindustrie erlebt grundsätzliche Veränderungen, dabei sind es drei Faktoren, die den Prozeß beeinflussen:

- ■ der Kunde,
- ■ die Technologie,
- ■ der Wettbewerb.

Die Kunden suchen nicht mehr nur kostengünstige Hardware, Software und Dienstleistungen, sondern betriebsbereite Lösungen, und sie wollen wissen, wo deren Mehrwert liegt. Seit der Computer in die Wirtschaft Einzug hielt, hat die technologische Entwicklung enorme Verbesserungen in Preis und Leistung gebracht: durchschnittlich 20 bis 25 Prozent pro Jahr. Gab es vor 25 Jahren noch kaum 1 000 Wettbewerber der IBM, so sind es heute über 50 000. Im harten Wettbewerb kann nur bestehen, wer wachsende Marktnischen und neue Geschäftsfelder schnell erschließen kann. Wo das nötige Wissen dazu nicht ausreicht, geht IBM Partnerschaften und Allianzen ein.

Diese turbulenten Zeiten der Krise sind für IBM Auslöser des organisationalen Lernens gewesen, denn das Unternehmen hat erkannt, daß der bestehende Weg und die Strukturen an Gültigkeit verloren haben und eine völlig neue Architektur erfordern. Um diese Erkenntnis zu verwirklichen, hat IBM sich einigen Lernprozessen unterziehen müssen.

IBM im Jahre 1993: Das sind neue Ideen, neue Freiheiten, neuer Elan und eine neue Marktorientierung, aber auch gemeinsame Spielregeln, bewährte Grundsätze und ein gemeinsames Dach. IBM besteht heute aus 9 nach Produktgruppen geordneten Produktions- und Entwicklungseinheiten sowie 4 international nach Regionen gegliederten Vertriebsgesellschaften. Die 13 „Unternehmen im Unternehmen" sind selbständig und eigenverantwortlich für ihr unternehmerisches Handeln. Die Produktionsgesellschaften können frei entscheiden, wo die besten Geschäftschancen liegen, und ihre Produkte so entwickeln, daß sie den

Marktanforderungen gerecht werden. Ihre größten Kunden sind die IBM Vertriebsgesellschaften – verkaufen können sie aber auch an Dritte, die dann ihrerseits Produkte unter ihrem Namen anbieten. Im Gegenzug kann der Vertrieb auch auf Produkte anderer Hersteller zurückgreifen, wenn diese im gesamten Lösungsangebot den Bedürfnissen der Kunden besser entsprechen. Jede der 13 Einheiten bestimmt ihre Strategie und ihre Ziele selbst. Die „Corporation" selbst überwacht das ganze Gefüge und behält die Verantwortung für die Unterneh-mensstrategie sowie die Grundsätze und Prinzipien. Für IBM wie für die Kunden sind dies radikale Veränderungen, entsprechend der Einführung der freien Marktwirtschaft im Unternehmen. Das Unternehmen war aufgrund der Krise gezwungen, zu lernen, sich zu verändern und sich damit den neuen Umweltbedingungen anzupassen. Hier hat vor allem Veränderungslernen stattgefunden, da grundsätzliche Prämissen hinterfragt wurden und ein neuer Handlungsrahmen daraus entstanden ist (IBM Transformator, 1993).

Hewlett-Packard

Im Jahre 1988 hatte Hewlett-Packard 87 000 Mitarbeiter, produzierte mehr als 10 000 Produkte der Meß- und Datentechnik und machte damit einen Umsatz von 9.8 Milliarden US-$. Hewlett-Packard Deutschland GmbH, die größte Auslandstochter, wuchs in der Zeit von 1968–88 um jährlich 20 Prozent von 78 Millionen DM auf 2.8 Milliarden DM Umsatz.

Das Motto von HP unterschied sich jedoch von dem vieler anderer Unternehmen: ,,Selbst wenn wir davon ausgehen, daß die Welt von morgen weder schlechter noch besser sein wird, es wird mit Sicherheit eine andere sein als die von heute." (vgl. Deiss/Dierolf, 1991) Damit wollte das Unternehmen selbst in Zeiten des scheinbar grenzenlosen Wachstums darauf aufmerksam machen, daß die erfolgreiche Vergangenheit kein Garant für die Zukunft ist. So hat HP Deutschland ein Programm lanciert, das ihr zentrales Informationswesen überprüfen sollte, um es für die Zukunft zu wappnen.

Zunächst wurde eine Bestandsaufnahme aller eingesetzten Planungs-, Kontroll- und Informationssysteme durchgeführt. Diese wurden auf kritische und notwendige Instrumente überprüft. Dabei gelangte die Firma zu der Erkenntnis, daß sich interne Größen wiederholten bzw. gar widersprachen, viele verschiedene Daten vorlagen – die jedoch eher technischer Natur waren – und daß die verfügbaren Informationen sich auf die Vergangenheit konzentrierten.

Aufgrund dieser Erkenntnis wurde ein Projektteam mit dem Auftrag gebildet, ein ganzheitliches Früherkennungssystem zu entwickeln, das zukünftige Konflikte und Abhängigkeiten aufzeigt, sachliche und zeitliche Veränderungen mittels Indikatoren erkennen läßt sowie flexibel, einfach und transparent ist.

Dieses Ziel sollte mit Hilfe der Methode des ,,Vernetzten Denkens" erreicht werden, da so komplexe Problemsituationen aus verschiedenen Perspektiven betrachtet und ganzheitliche Netzwerke entwickelt werden konnten.

So hat HP beispielsweise bei der Suche nach Früherkennungsindikatoren für das Unternehmensziel ,,Gewinn" verschiedenste Beziehungen und Einflüsse aufgezeichnet. Sie erlaubten rückwärts von den Zielen ausgehend, die künftigen möglichen Situationen zu erfassen und nach Indikatoren zu suchen. Verkaufszahlen wurden als mögliche Größe der Früherkennung ermittelt. Da den Verkäufen wiederum der Auftragseingang zeitlich vorgelagert ist, liegt ein möglicher Ansatz in dessen detaillierter Analyse. Das heißt, daß beispielsweise die Berechnung von Trends oder Untersuchungen nach Produktgruppen oder Kundensegmenten Auskunft über zukünftige Entwicklungen geben kann.

Damit wurde der Auftragseingang als zentrales Feld für die Früherkennung herausgearbeitet und näher erforscht (vgl. Deiss/Dierolf, 1991). Sehr bald zeigte sich, daß eine interessante Korrelation zwischen den kurzfristigen Wachstumsentwicklungen von Komponenten und den langfristigen Wachstumsentwicklungen der übrigen Produkte vorlag. Der Komponentenmarkt stellt zwar einen sehr kleinen Umsatzanteil dar, aber er liefert ein gutes Früherkennungssignal, das hilft zu agieren anstatt zu reagieren (vgl. Abbildung 18, Seite 56).

Ein weiterer Frühwarnindikator, der von HP im Detail entwickelt wurde, ist das Image der Organisation bei den Kunden sowie den Mitarbeitern. Dies sollte in Form von Untersuchungen gemessen werden (z. B. Mitarbeiterbefragung, Anzahl von Berichten in Fachzeitschriften usw.). Durch diesen Indikator kann die Organisation bereits frühzeitig verschiedenste Veränderungen im sozialen und wirtschaftlichen Bereich erfahren (vgl. Abbildung 19, Seite 57).

So hat HP beispielsweise 1989/1990 aufgrund von Signalen und Szenarien Personalstops beschlossen, Produktpakete geschnürt, die Marktbearbeitung und die Kundenorientierung intensiviert usw., um Anfang der 90er Jahre als eine erfolgrei-

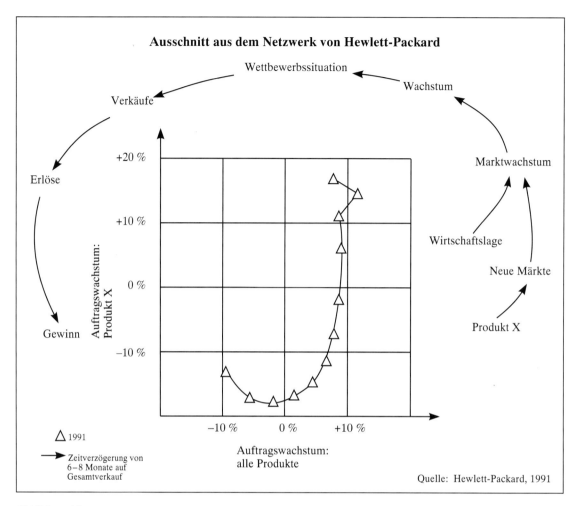

Ausschnitt aus dem Netzwerk von Hewlett-Packard

Wettbewerbssituation

Verkäufe

Wachstum

Erlöse

Marktwachstum

Gewinn

Wirtschaftslage

Neue Märkte

Produkt X

+20 %

+10 %

0 %

–10 %

Auftragswachstum:
Produkt X

–10 %   0 %   +10 %

△ 1991

→ Zeitverzögerung von
6–8 Monate auf
Gesamtverkauf

Auftragswachstum:
alle Produkte

Quelle: Hewlett-Packard, 1991

Abbildung 18

che Ausnahme im Markt der Informationstechnologie herauszuragen.

Dieses Beispiel soll verdeutlichen, daß erfolgreiche Unternehmen, die hinreichende Ressourcen, Struktur- oder Personalredundanzen haben, auch in der Lage sein können, zu lernen. HP hat die zur Verfügung stehenden Ressourcen genutzt, um in einer Zeit des Wachstums Lernprozesse einzuleiten. Dieser Ressourcenreichtum, der als Ausgangspunkt des organisationalen Lernens angesehen werden kann, sorgte dafür, daß HP die Problemlösungsfähigkeit der Früherkennung aufbaute. Durch die Früherkennung wird ein Prozeß des permanenten Vergleichs von Unternehmensgrößen durch die Analyse von Stärken und Schwächen in Gang gesetzt. Dies erlaubt dem Unternehmen, sich bei Zielabweichung in kürzester Zeit anzupassen.

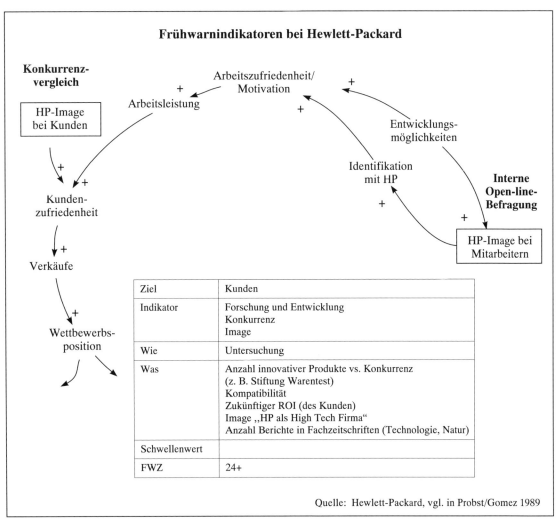

Frühwarnindikatoren bei Hewlett-Packard

Konkurrenz-
vergleich

Arbeitszufriedenheit/
Motivation

+

Arbeitsleistung

+

HP-Image
bei Kunden

Entwicklungs-
möglichkeiten

+

Identifikation
mit HP

Interne
Open-line-
Befragung

+

Kunden-
zufriedenheit

+

+

HP-Image bei
Mitarbeitern

+

Verkäufe

+

Wettbewerbs-
position

Ziel	Kunden
Indikator	Forschung und Entwicklung Konkurrenz Image
Wie	Untersuchung
Was	Anzahl innovativer Produkte vs. Konkurrenz (z. B. Stiftung Warentest) Kompatibilität Zukünftiger ROI (des Kunden) Image „HP als High Tech Firma" Anzahl Berichte in Fachzeitschriften (Technologie, Natur)
Schwellenwert	
FWZ	24+

Quelle: Hewlett-Packard, vgl. in Probst/Gomez 1989

Abbildung 19

Erfassen von Auslösefaktoren des Lernens

■ In welchen Bereichen liegt bei uns ein Ressourcenreichtum vor, der für Lernprozesse besser genutzt werden könnte:

	Beschreibung der Ressourcen	Möglichkeiten der Nutzung für Lernprozesse
☐ Potentiale – Mitarbeiterpotential – Finanzpotential – F & E-Potential – Kundenbeziehungen – Leistungspotential – Informatik – Logistik – Kooperationspotential – Marktpotential – Rohstoffe – –		
☐ Strukturredundanzen – Finanzen – Personal – Marketing – Service – –		
☐ Frühwarnsysteme/-elemente – Sozialbereich – Finanzbereich – Technologischer Bereich – Leistungswirtschaftlicher Bereich – –		

■ Mögliche Turbulenzen oder Krisen, die Lernprozesse auslösen könnten:

	Situationsbeschreibung	Mögliche bedenkswerte Konsequenzen	Lernbedürfnisse
☐ Sinkende Umsatzzahlen			
☐ Führungskonflikte			
☐ Personalfluktuation			
☐ Führungswechsel			
☐ Restrukturierung			
☐ Produktbezogene Probleme			
☐ Veränderungen der Kundenstruktur			
☐ Marktentwicklungen			
☐			
☐			
☐			
☐			

■ Welche Faktoren sind heute in Ihrem Unternehmen von besonderer Bedeutung?

☐

☐

☐

Fünftes Kapitel

Wer sind die Träger des organisationalen Lernens?

Nachdem das Konzept die Auslösefaktoren des organisationalen Lernens verdeutlicht wurden, stellt sich die Frage nach den Trägern des Lernprozesses. Wie bereits erwähnt, steht die Wechselwirkung zwischen Individuum und Organisation im Vordergrund der Theorie des organisationalen Lernens, d. h., die Aufmerksamkeit gilt weder allein dem Individuum als abhängiger Variable noch allein der Organisation. Der Schwerpunkt dieses Kapitels liegt auf der Identifizierung der Träger des organisationalen Lernens. Auf die aktive Rolle einzelner Individuen, Eliten oder Gruppen zur Verwirklichung des Lernprozesses wird näher in Kapitel VII eingegangen.

Zwei grundsätzliche Richtungen lassen sich jedoch erkennen. Zum einen wird organisationales Lernen als das stellvertretende Lernen von Personen in einer Organisation verstanden. Der Ausgangspunkt dieser Theorie manifestiert sich darin, daß *Menschen und ihre geistigen Kapazitäten, Werte und Motivation die Rezeptoren und Träger des Lernprozesses* sind. Zum anderen versucht man in differenzierter Weise Prozesse zu identifizieren, die Lernen von Organisationen jenseits einer Personifizierung erklären können. Nach diesen Darstellungen haben Organisationen *Speicher-Systeme,* die eine Verbindung zwischen interner und externer Umwelt herstellen (vgl. Abbildung 20).

1. Individuen als Träger

Modelle des organisationalen Lernens, die bei den Individuen innerhalb der Organisation ansetzen, machen darauf aufmerksam, daß Organisationen keine quasi-individualistisch angelegten Gedankengänge haben können und daß nur Menschen fähig sind, durch geistige Vorgänge zu lernen (vgl.

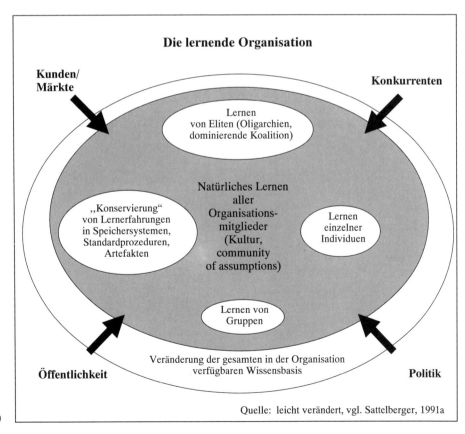

Abbildung 20

Die lernende Organisation

Kunden/ Märkte

Konkurrenten

Lernen von Eliten (Oligarchien, dominierende Koalition)

Natürliches Lernen aller Organisationsmitglieder (Kultur, community of assumptions)

"Konservierung" von Lernerfahrungen in Speichersystemen, Standardprozeduren, Artefakten

Lernen einzelner Individuen

Lernen von Gruppen

Veränderung der gesamten in der Organisation verfügbaren Wissensbasis

Öffentlichkeit

Politik

Quelle: leicht verändert, vgl. Sattelberger, 1991a

Jelinek, 1979). Jene Darstellungen, die die Individuen in den Mittelpunkt stellen, fokussieren auf die Menschen und ihre Motive, Interessen und Werthaltungen. Das Resultat kognitiver Prozesse führt zum Lernergebnis, das aufgrund vergangener und zukünftiger Motive, Interessen und Werthaltungen produziert wurde. Individuelle Lernprozesse fokussieren auf die persönliche Komponente der Verhaltensveränderung und vernachlässigen den kollektiven Aspekt des Wandels.

Die menschliche Kommunikation ist eine spezifische Ausprägung des kollektiven Lernens von Individuen, d. h. individuelle Erfahrungszusammenhänge werden durch den Dialog zu intersubjektiven Wirklichkeiten und damit kollektiv kommunizierbar und veränderbar. Individuen sind zum einen in der Lage, grundlegende Prämissen zu hinterfragen bzw. ihre Handlungstheorien zu reflektieren, zum anderen können sie ihr erreichtes Wissen auf bestimmte Problemsituationen anwenden. Durch Argumentationsprozesse der Individuen ist die Organisation in der Lage kollektive Wirklichkeitskonstruktionen zu fördern. Die Individuen leisten den Beitrag durch ihre individuellen Lernergebnisse. Diese sind jedoch ohne die kollektive Argumentation und die interaktive Auseinandersetzung sowie Konsensfindung nutzlos.

2. Eliten als Träger

Neben dem individuellen Lernen der einzelnen Organisationsmitglieder lassen sich auch andere Träger des organisationalen Lernens aufzeichnen. Organisationales Lernen wird auch als Lernen einer *Elite* bezeichnet.

Organisationales Lernen ist ein Prozeß innerhalb der Organisation, bei dem im Laufe der Zeit Mitglieder der dominierenden Koalition die Fähigkeit entwickeln, Notwendigkeiten von organisationalen Veränderungen zu entdecken und den Zeitpunkt für diese Veränderungen, von denen sie glauben, daß sie erfolgreich sind, bestimmen können.[1]

Damit wird betont, daß Lernen durch eine stellvertretende Elite bzw. die dominierende Koalition stattfindet. Dies sind z. B. die Direktion oder die

Unternehmensführung selbst, aber auch mächtige Mitglieder von bestimmten Gruppen. Aus dieser Theorie geht hervor, daß Organisationen als oligarchisch geführte Systeme betrachtet werden, in denen eine dominierende Koalition ausgebildet wird, die über die Organisation herrscht (Pautzke, 1989). Vor diesem Hintergrund wird propagiert, daß Lernen und Macht eng miteinander verbunden sind. Dies impliziert zudem, daß Wissen von Mächtigen die größte Wahrscheinlichkeit besitzt, organisationale Entscheidungen und Veränderungen zu bestimmen. Besonders deutlich wird dies, wenn charismatische Führungspersönlichkeiten an die Spitze einer Organisation gelangen und dann bestehende Strukturen verändern, Werte hinterfragen bzw. Ziele neu formulieren. Gerade Führungswechsel stellen oftmals Beispiele für Auslösefaktoren organisationalen Lernens dar, da grundsätzliche Veränderungen hervorgerufen werden, die jahrelang nicht zum Thema gemacht worden sind. Damit wird deutlich, daß die Spitze, die Elite, Träger des Lernens sein kann.

3. Gruppen als Träger

Nachdem in unserer heutigen Welt das alltägliche Gesellschaftsleben zunehmend komplexer wird, erscheint es unwahrscheinlich, daß jeweils nur eine Führungskraft das Lernen einer ganzen Organisation trägt und leitet. Vielmehr wird man in verschiedensten Unternehmensbereichen selbstorganisierte Gruppenprozesse auffinden, die maßgeblich an dem organisationalen Entscheidungsprozess mitwirken. Das bedeutet, daß nicht nur eine dominante Koalition, sondern auch Subkulturen jeder Art als Träger des organisationalen Lernens zu nennen sind. Demnach sind Gruppen in verschiedenen Formen, z. B. politische Allianzen, Innovationsteams oder auch ganze Funktionsbereiche Träger des Lernprozesses. Also sind spezifische Managementebenen bzw. -bereiche horizontal sowie vertikal ausschlaggebend für das Lernen der Organisation. Letztendlich müssen es nicht nur die Mächtigen sein, die als Träger gelten,

---

1   Duncan/Weiss, 1979: 78; Übersetzung der Autoren.

sondern (andere) kreative und erfinderische Gruppen sowie Netzwerkaktivitäten innerhalb des Unternehmens. Neuerungsgruppen vermitteln z. B. ihre Ideen für modifizierte Spielregeln. Diese werden dann als Vorschlag in den kritischen Entscheidungsarenen betrachtet, so daß diese später in den kollektiven Wissensbestand eingehen können. Organisationskritische Akteure sind oftmals diejenigen, die zunächst nach den modifizierten Spielregeln handeln, um später die Institutionalisierung für die ganze Organisation zu ermöglichen.

Durch die Selbstorganisation von Gruppen in bestimmten strategischen Bereichen wird dazu beigetragen, daß es zu einer Veränderung des Wissens kommt, indem die Gruppen ihren Kontext und ihr Handlungsumfeld neu bestimmen. Interdisziplinäre Projektteams, die aus den unterschiedlichsten Bereichen stammen, stellen ihr Wissen der Organisation zur Verfügung. Durch diese (internen) Gruppenprozesse kommt es zu einem Austausch, der neues Wissen generiert. Wenn dieses Wissen in Form von Spielregeln und Handlungsanweisungen der Organisation zugänglich gemacht wird, so haben die Teams den Lernprozeß initialisiert und getragen. In einem solchen Prozeß der Veränderung und Verbesserung der Wissensbasis wird der Einigungs- und Konsensfindungsprozeß aller am System beteiligten Gruppen bzw. einzelnen Organisationsmitglieder zu einem wesentlichen Bestandteil. Dabei wird davon ausgegangen, daß Organisationsmitglieder organisationales Lernen durch die Veränderung eines von der Mehrheit der Mitglieder geteilten Wissens bewirken. Durch den Wandel der gemeinsam geteilten Werte und Annahmen oder auch kognitiven Karten (cognitive maps) kommt es zum organisationalen Lernen. Das bedeutet, daß sich grundlegende Hypothesen bzw. der Bezugsrahmen als solcher gewandelt haben. Daran ist eine Mehrheit der Organisationsmitglieder beteiligt, da dies nur über die gemeinschaftliche Konstruktion der Wirklichkeit stattfinden kann (Berger/Luckmann, 1969). Dieses Wissen ist organisational objektiviert, da es zum Allgemeingut in den Wahrnehmungsprozessen wird. Eine intersubjektiv geteilte Wirklichkeitskonstruktion beinhaltet objektivierte Hypothesen der Organisationsmitglieder über das Verhalten

und die Konsequenzen. Durch den Einigungs- und Konsensfindungsprozeß der Organisationsmitglieder kann eine grundlegende Veränderung des Bezugsrahmens stattfinden, was letztendlich organisationales Lernen bedeutet.

4. Soziale Systeme als Träger

Andere Theorien des organisationalen Lernens gehen nicht von Individuen oder Gruppen als Träger des organisationalen Lernens aus. In dieser Kategorie handelt es sich meist um Veränderungen der Organisation selbst, d. h. die Sammlung und Standardisierung von Lernerfahrungen in Regelungen, Artefakten oder auch Systemen. Hier wird deutlich, daß Organisationen *Speicher-Systeme* haben, die über Hypothesen verfügen, mittels derer eine Verbindung zwischen interner und externer Umwelt hergestellt werden kann. Dies stellt gewissermaßen das organisatorische Wissen bzw. Gedächtnis dar, mit Hilfe dessen die Organisation auch ohne ihre Individuen Wissen speichern und weiterverarbeiten kann (vgl. Abbildung 21, Seite 66).

So findet Lernen statt, wenn sich nicht nur die Teile aggregieren, sondern wenn sich ein neues Gesamtsystem entwickelt, das seine eigenen Gesetzlichkeiten erfährt. Die wichtigste Bedingung für das Entstehen emergenter Eigenschaften ist das Komplexitätsniveau, das sich nicht aus den Teilen ableiten läßt. So ist etwa ein Gruppenverhalten komplexer, als aus der Organismusanalyse zu schließen wäre (Willke, 1991: 148). Mit der Restriktion der einzelnen Teile, die durch die Beschränkung der Freiheitsgrade der Teile charakterisiert ist, kann ein neues Ganzes entstehen, das qualitativ anders ist als die Summe der einzelnen Teile. Zwei „Mechanismen" bestimmen Lernprozesse auf der Systemebene: Strukturen und Prozesse. „Strukturen ermöglichen es dem System nur bestimmte Selektionsmuster in der Verknüpfung der Elemente zu realisieren ... Prozesse er-

---

1 Emergenz ist ein systemtheoretischer Begriff, der darauf hinweist, das das System etwas anderes ist als die Summe seiner Teile (Willke, 1991: 148).

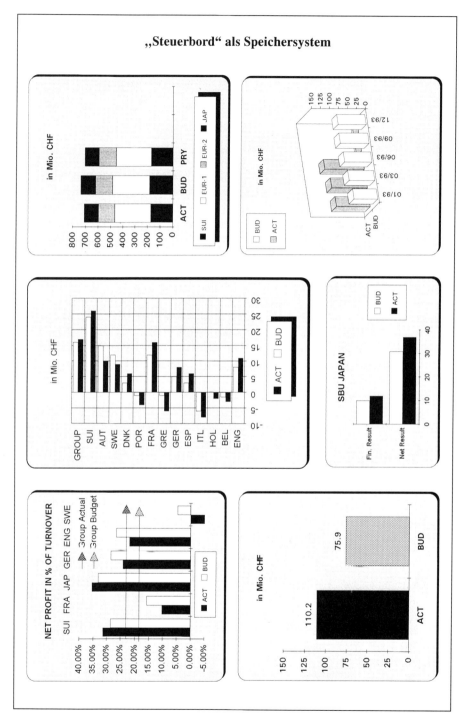

„Steuerbord" als Speichersystem

Abbildung 21

66

lauben es dem System, das Nacheinander der Verknüpfungen nach bestimmten Mustern selektiv zu steuern ..." (Willke, 1991: 108). Dadurch kann das „Neue" im System entstehen. Lernprozesse führen zu einer Veränderung der Organisation selbst, da durch die Standardisierung von Lernen in Strukturen und Prozessen nicht nur die Oberfläche, sondern auch die Tiefe verändert wird.

Organisationales Lernen kann demnach auch dann stattfinden, wenn Lernerfahrungen in Strukturen und Prozessen konserviert werden (Pautzke, 1989). Diese Veränderung der Organisation selbst kann durch die Standardisierung von Lernerfahrungen in Prozeduren, Regeln, oder Programmen stattfinden und ermöglicht den Transfer von Lernen unabhängig von den einzelnen Organisationsmitgliedern. Kultur und die damit verbundenen Werte dienen als Speichersystem, da hier Vorschriften und Verhaltensweisen festgehalten wer-

den. Das Gedächtnis der Organisation speichert, unter anderem durch Computer, informelle oder formelle Regeln, Informationen für die Zukunft, um so Wissen anzureichern.

Durch die Nutzung, Veränderung und Fortentwicklung dieses Speichers kann die Organisation ihren Wissensbestand erhöhen und organisationales Lernen ermöglichen. Das bedeutet, daß nicht nur die tatsächliche Speicherung, sondern auch die Veränderung des organisationalen Wissensbestandes organisationales Lernen bewirken kann.

Damit wird deutlich, daß es zwei prinzipielle Träger des organisationalen Lernens gibt. Zum einen sind die Individuen oder Organisationsmitglieder (mehrere oder wenige) zu nennen, zum anderen können Organisationen über sogenannte Speicher-Systeme verfügen, die ebenfalls Träger des Lernens darstellen.

Das Gruppenprojekt in der Allianz Versicherung

Innerhalb der Allianzgruppe der deutschen Allianz Versicherung wurde ein Projekt lanciert, das die Einführung von Führungsgrundsätzen in einem gruppenorientierten Lernprozeß zum Ziel hatte (vgl. von Hof, 1991: 249ff.). Arbeitsgruppen im Innendienst der Allianz Versicherung bestehen aus dem Gruppenleiter, seinem Stellvertreter und ca. 10 Sachbearbeitern. Diese Gruppe hat den häufigsten Kontakt zur Außenwelt und damit die meisten Berührungspunkte mit den Kunden und den Versicherungsvertretern. Aufgrund der Schnellebigkeit der Technologie sowie der sich verändernden Umwelt haben sich das Geschäft, die Zusammenarbeit und die Kommunikation dieser Gruppen im Innendienst stark verändert. Mit der zunehmend maschinell gesteuerten Sachbearbeitung verlor der Gruppenleiter seine Rolle als ,,Alleswisser" und ,,Alleskönner", und seine Kontrolle über die Arbeitsschritte wurde ebenfalls geringer. Obwohl er somit traditionelle Aufgaben verlor, gewann er andere, wie z. B. für den sozialen Zusammenhalt der Gruppe zu sorgen. Die Veränderungen der Umwelt verdeutlichten, daß die Arbeitsgruppen von ,,arbeitsausführenden Organen" zu ,,Problemlösern" an der Schnittstelle zwischen Betrieb und Kunden sowie Vertretern wurden.

Aufgrund dieses Wandels wurde ein Projekt lanciert, das die Diskussion um ,,die richtige Führung" in Gang setzte. So wurden Führungsgrundsätze in einem kollektiven Lernprozeß für alle Betroffenen entwickelt. Dieser Lernprozeß sollte folgendes bewirken:

– Der Vorgesetzte sollte in Zusammenarbeit mit seinen Mitarbeitern (in Form einer Gruppe) zum Träger des Prozesses werden.
– Die Ausgangslage (gemeinsame und abweichende Wertvorstellungen und Probleme) sollte für alle verständlich und transparent sein.
– Eine Transparenz der Chancen und Schwierigkeiten der Grundsätze sollte geschaffen werden.

– Die Handlungsenergie sollte genutzt und gefördert werden.
– Lösungsideen sollten gemeinsam erarbeitet werden.
– Ein Konsensfindungsprozeß sollte stattfinden.

Die Methode, die für das Projekt genutzt wurde, war der ,,Diskussionsmarkt". Jeder Vorgesetzte sollte anhand der Führungsgrundsätze mit seinen Mitarbeitern ein Gespräch über die Zusammenarbeit führen. Dieser Prozeß fand auf jeder Ebene statt. Um den Gruppenleitern Hilfestellung für die Gespräche zu leisten, wurde eine Art ,,Roter Faden" zur Gesprächsführung erarbeitet, um von Fall zu Fall Beratung oder methodische Hilfestellung zu erzielen (vgl. Abbildung 22, Seite 69).

Die daraus resultierenden Erkenntnisse wurden in einem Arbeitsheft zusammengefasst, das folgende Prinzipien zur Grundlage hat:

– sich persönlich auf das Gespräch vorzubereiten,
– den Gesprächsverlauf im Auge zu behalten und mitzusteuern,
– Maßnahmen zu formulieren,
– Verabredungen festzuhalten,
– deren Verwirklichung zu verfolgen und
– das Gespräch bei Bedarf weiterzuführen.

Nach der Erprobung dieses Arbeitsheftes in der Bildungsabteilung wurde es in der ganzen Organisation eingesetzt. Kritik wurde geäußert, positive Rückmeldungen wurden abgegeben, Problembereiche wurden angesprochen etc. Die Auswertung dieser Gespräche zeigte, daß diese nicht in einen Selbsterfahrungsmarathon ausarteten, sondern zu gruppengestützten, fortlaufenden Prozessen des interaktiven Lernens wurden.

Diese Vorgeschichte des Gruppenprojekts war der Ausgangspunkt für einen Entwicklungsprozeß zur Verbesserung der Kommunikation der Arbeitsgruppen von unten nach oben. Mit Hilfe von dyna-

<table>
<tr><td colspan="2" align="center">**„Roter Faden" für die Gruppe**</td></tr>
<tr><td>Konsens über die Ziele</td><td>• Ziele formulieren, konkretisieren
• Auf welche Ziele haben wir am meisten Einfluß?</td></tr>
<tr><td>Problemlandschaft</td><td>• Probleme auf Karten schreiben (als Problem formulieren)
• Problemzusammenhänge erarbeiten
  – welche Informationen brauchen wir noch?
  – welche anderen Gruppen sind betroffen?</td></tr>
<tr><td>Handlungsansätze</td><td>• Wo gibt es geschlossene Kreise? (Teufelskreise?)
• Von welchen Problemen führen Pfeile weg? (Ursachen)</td></tr>
<tr><td>Strategie und Maßnahmen</td><td>• Welche Maßnahmen sind hier geeignet?
• Welche Maßnahmen lassen sich verknüpfen? „Mehrfachnutzen"
• Welche unerwünschten Wirkungen könnte es geben?
• An welchen Signalen können wir den Erfolg / Mißerfolg erkennen?</td></tr>
<tr><td>Erste Schritte und weitere</td><td>• Womit fangen wir an?
(günstige Gelegenheiten, Erfolgsaussichten)</td></tr>
<tr><td>Reflexion, Auswertung</td><td>Nach jeder Spielphase:
• Bewertung der Maßnahmen
• Identifikation der „Signale"
• Wirkung der anderen (Selbstbild, Fremdbild)</td></tr>
<tr><td colspan="2" align="right">Quelle: von Hof, 1991: 270</td></tr>
</table>

Abbildung 22

mischen Gleichgewichten sollten Selbstregulierungsprozesse in Gang gesetzt werden, die für kreative Lösungen sorgten. Dem Gruppenleiter wurde mit Hilfe des Konzeptes seine Rolle bewußter, die Arbeitsfunktionen der Mitglieder wurden ausgehandelt, Konflikte wurden bewältigt, Problemlösungsmuster erarbeitet etc. Dieser Lernprozeß, dessen Träger die Gruppe und deren Mitglieder waren, führte zu organisationalem Lernen, da sich der gemeinsame Bezugsrahmen änderte, neue Werte und Normen sich etablierten und sich neue Verhaltensweisen herauskristallisierten. Träger für die Entwicklung von Führungsgrundsätzen waren primär die obersten Führungskräfte, also die Elite. Jedoch wären Führungsgrundsätze ohne die intersubjektiv geteilte Wirklichkeit mit den restlichen Betroffenen nutzlos gewesen. Der Gedanke, allein die Führungskräfte könnten die Motivation, die Zusammenarbeit und die Führung verbessern, wurde schnell zugunsten der systemischen Betrachtung der Ganzheit verworfen. So haben sich die Gruppen als wesentliche Träger des Lernprozesses herauskristallisiert und ein Netzwerk von gemeinsam geteilten Normen erarbeitet. Diese wurde dann als Grundlage der Kommunikation und der Zusammenarbeit genutzt.

Ermittlung von kritischen Trägern des Lernprozesses

■ Wer sind in Ihrem Unternehmen die kritischen Träger von Veränderungsprozessen?

■ Welche Mitarbeiter bzw. Gruppen von Mitarbeitern müssen gefördert werden, so daß ihr Wissen und ihre Innovationen später der ganzen Organisation zur Verfügung gestellt werden können?

■ Welche Personen sind für die Umsetzung von neuen Ideen verantwortlich, so daß neue Konzepte durch Verfahren und Regeln festgelegt werden können?

Kritische Träger des Lernens	Förderung notwendig	Verantwortlich für Umsetzung
Individuen		
Elite		
Gruppen		
Soziale Systeme		

Sechstes Kapitel

Lernhindernisse

Nachdem die Auslösefaktoren und Träger des organisationalen Lernens aufgeführt worden sind, stellt sich die Frage, warum es nicht viel öfter und kontinuierlicher in Organisationen zum Lernen kommt. Welche Faktoren sind es, die Lernen be- oder verhindern?

Wie bereits angedeutet, wird Lernen dort verhindert, wo Wissen bewahrt bleibt, denn Lernen (zer-)stört Wissen in der bestehenden Struktur. Damit wird klar, daß das bestehende Wissensreservoir in seiner Struktur verändert werden muß, um Lernen in einer Organisation zu ermöglichen. Organisationen widersetzen sich jedoch Neuerungen, da ihnen der Erfolg einer bestimmten Strategie die bestehende Vorgehensweise bestätigt. Dies bedeutet mit anderen Worten, daß eine Organisation ihre internen Speichersysteme zur gegebenen Zeit als Feind aufzufassen hat, um überhaupt Veränderungen zuzulassen (Hedberg, 1981). Wie Argyris/ Schön dies ausdrücken, ,,Erfolg verstärkt die organisationalen Handlungstheorien" (vgl. Argyris/ Schön, 1985) und macht Verlernen schwierig.

1. Die Schwierigkeit des Verlernens

Verlernen ist der Prozeß, bei dem bestehendes Wissen in Frage gestellt wird. Wie Hedberg (1981) dies verdeutlicht, ist der Prozeß des Verlernens mit dem Sterben von ,,kleineren Toden" auf Mikroebene zu vergleichen, denn alte Strukturen und Denkweisen müssen zugunsten von neuen aus dem Repertoire fallen. Durch Verlernen besteht die Möglichkeit, neues Wissen aufzunehmen und eine Veränderung bzw. den Wegfall der alten Strukturen herbeizuführen. Da jedoch Erfolg bestehende Strukturen und Verhaltensweisen fördert, scheint der Prozeß des Verlernens äußerst schwierig zu sein. Organisationsmitglieder – auch Führungskräfte – haben typischerweise kaum die Instrumente bzw. die Möglichkeit, sich aus ihrem Umfeld zu befreien und Veränderungen zu fördern. Gerade größere Organisationen nutzen ihre Ressourcen, um interne Machtkämpfe auszutragen, anstatt jene für eine fundamentale Verhaltensänderung einzusetzen. Entscheidungsträger und Berater stellen immer wieder fest, daß Orga-

nisationen sich dem Vorgang des Lernens widersetzen, da sie alte Wissensstrukturen nicht verändern wollen.

Der Vorgang des Verlernens ist gekennzeichnet durch eine Veränderung von Wissensstrukturen. Diese Strukturen lassen sich durch kognitive Beziehungsmuster charakterisieren. Eine Auflösung dieser Muster kann zum einen durch die Zuordnung von neuen Ergebnissen auf alte Ereignisse, zum anderen durch die veränderte Wahrnehmung des Ereignisses selbst stattfinden, so daß ein Ergebnis als neu und verändert interpretiert wird (Watzlawick et al., 1974; Postman/Underwood, 1973). Informationen werden im ersten Fall zunächst als unzutreffend erkannt, dann wird der Zusammenhang zwischen Ereignis und Ergebnis aufgelöst, so daß weiterführende Assoziationen, wie z. B. die bestehende Handlungstheorie, das Weltbild, oder die Normen aufgegeben werden müssen (Hedberg, 1981). Im zweiten Fall ist es dagegen die veränderte Wahrnehmung des Ereignisses, die zu einer Auflösung der Ereignis-Ergebnis-Kette führt. Infolge dessen läßt sich ,,das Ergebnis neu strukturieren" (Watzlawick et al., 1974).

Da der Prozeß des Verlernens Zeit sowie andere Ressourcen benötigt und eine Organisation meist die Notwendigkeit, Neues zu lernen sowie Altes zu verlernen, nur unzureichend erkennt, bestehen zunächst Momente der Orientierungslosigkeit. An diesen Schnittstellen der Orientierungs- bzw. Übergangsphase gilt es, die Unterstützung und das Vertrauen der Umwelt und der Kunden zu behalten, so daß eine konstruktive, neue Phase eingeleitet werden kann.

Wie bereits angedeutet, wird organisationales Lernen primär durch rückgängige Umsatzzahlen, steigende Kosten, rote Zahlen, öffentliche Kritik oder Führungswechsel ausgelöst. Diese Faktoren verstärken die Suche nach Neuem und bestätigen die unzureichende Handlungs- und Problemlösungskompetenz, die das Unternehmen aufweist. Wenn alte Weltbilder als unzulänglich erklärt werden und man sich von ihnen verabschiedet, können Organisationen alte Handlungstheorien durch neue ersetzen und den Weg frei machen für neue Weltbilder, Aktionsprogramme und Handlungsanweisungen. Nicht alle Organisationen sind jedoch in der Lage, dies auch tatsächlich zu verwirklichen.

Zum einen sind hinreichende Ressourcen, z. B. Zeit, nötig, die in vielen Fällen nicht vorhanden sind, weil eine Übernahme oder eine Liquidation bereits (unmittelbar) bevorsteht. Zum anderen ist die Gefahr relativ hoch, daß die Phase der Orientierungslosigkeit mit Unsicherheit und einem Führungsvakuum verbunden ist, welches die Neuorientierung umso schwieriger macht. Es scheint, als sei es ein Erfolgsfaktor für die Zukunft, die Balance zu finden zwischen der Fähigkeit, als Organisation zu verlernen, und jene bestehenden Wissensstrukturen zu bestätigen. Es wird jedoch immer wieder hervorgehoben, daß den wenigsten Organisationen dieser sehr schwierige Balanceakt gelingt.

2. Faktoren der Verhinderung von Verlernen

In diesem Kapitel werden folgende als *kritisch betrachtete Faktoren der Lernverhinderung* behandelt:

- Organisationale defensive Muster
- Normen, Privilegien und Tabus
- Informationspathologien

Jene Faktoren werden für die Blockaden des Lernens maßgeblich verantwortlich gemacht.

2.1 Beschränkte Lernsysteme – „limited learning systems"

Für die mangelnde Fähigkeit vieler Unternehmen, die Balance zwischen bestehenden Wissensstrukturen und notwendigem Verlernen zu finden, machen Argyris/Schön (1978) die Existenz von beschränkten Lernsystemen verantwortlich. Diese beschränkten Lernsysteme bekräftigen zunächst begangene Fehler, indem diese mit weiteren Inkonsistenzen und Verschleierungsmaßnahmen abgedeckt werden. Das Resultat dieser Aktionen

führt zu Paradoxen, Dilemmata sowie Inkonsistenzen bei Handlungen.

Ein schlagendes Beispiel solcher Inkonsistenzen zeigt die von Argyris/Schön (1978) beschriebene „Mercury Story". Das Management einer Organisation hatte Anfang der 70er Jahre ein internes Organisationsproblem klar definiert. Aufgrund des hohen Zentralisationsgrades der Organisationsstruktur (Zentralisation als Kennzeichen) wurde das Management der einzelnen Bereiche überfordert und konnte den strategisch wichtigen Entscheidungen nicht genügend Beachtung schenken. Daraufhin folgte die naheliegende Lösung der Dezentralisation. Die Gebrauchstheorie der Führungskräfte, die diese neue Struktur befürwortete, beinhaltete Dezentralisierung mit zentraler Kontrolle über die Bereichsergebnisse. Dabei wurde dem Manager der Division die Freiheit eingeräumt, eigene Ideen zu verwirklichen. Der Gedanke der zentralen Kontrolle sollte durch Zielsetzungsvereinbarungen mit den Firmenbereichen erreicht werden. Die Manager der Divisionen hatten aber Mechanismen aufgebaut, um die gewonnene Freiheit zu schützen, so daß ihre eigenen Handlungen nicht offenbart werden mußten. Dies bedeutete letztendlich Inkonsistenz zwischen den Gebrauchstheorien der Führungskräfte auf oberster Ebene und den divisionalen Managern. Folgende Mechanismen waren dabei am Werk:

1. Verhindere direkten personalen Kontakt und öffentliche Diskussionen über feinfühlige Punkte,
2. Sichere die öffentliche Diskussion anderer ab, so daß negative Gefühle gar nicht erst entstehen und
3. Kontrolliere die Situation und Aufgabe, indem eine eigene Meinung gebildet, diese jedoch privat gehalten wird (Argyris/Schön, 1978: 40).

Diese Inkonsistenz zwischen Gebrauchstheorie und offizieller Handlungstheorie hätte theoretisch organisationales Lernen auslösen sollen. Wie Argyris (1990) weiterhin verdeutlicht, sind jedoch folgende Mechanismen zu verzeichnen, die für die Lernverhinderung verantwortlich gemacht werden:

- Geschickte Unfähigkeit
- Organisationale defensive Routinen
- Phantasievolle Verrenkungsbewegungen und Unbehagen

Diese Vorgänge sind *organisationale defensive Muster* und stellen die Eckpunkte der Verhinderungsprozesse für Lernen auf höherer Ebene dar.

In der Abbildung 23 wird gezeigt, wie Fehler in den Handlungstheorien nicht offenbart, sondern verdeckt werden. Eine solche Verdeckung führt dann zu weiteren Fehlern. Im folgenden werden diese Vorgänge näher erläutert.

2.1.1 Geschickte Unfähigkeit – „Skilled Incompetence"

In der frühen Kindheit haben Menschen gelernt, wie sie in peinlichen bzw. bedrohlichen Situationen zu reagieren haben, um die Kontrolle über die Situation nicht zu verlieren. Diese Verhaltensweisen werden in Handlungstheorien (siehe Kapitel III) umgeformt und „steuern" das tägliche Leben. Nach Argyris (1990) verlieren Menschen nicht gerne die Kontrolle über ihre Aktivitäten und werden gleichzeitig bei positiven Taten gerne gelobt. Wenn jedoch eine bedrohende bzw. peinliche Situation kommt, besteht immer die Gefahr, die Kontrolle zu verlieren bzw. Lob einzubüßen. So reagieren die meisten Individuen mit einer Gebrauchstheorie, die besagt, daß die *Kontrolle bewahrt* bleiben muß, indem man „Herr der Situation" bleibt. Um die Kontrolle zu bewahren, muß oftmals gelogen werden oder es müssen „Unwahrheiten" erfunden werden, um das Gesicht zu wahren. Der Mechanismus, der die Bewahrung der Kontrolle in peinlichen und bedrohlichen Situationen sowie deren Verdeckung mit sich bringt, wird als geschickte Unfähigkeit (skilled incompetence) bezeichnet (Argyris, 1985; Argyris, 1990).

Unter geschickter Unfähigkeit wird der Einsatz von Strategien verstanden, die aus jenen Gebrauchstheorien resultieren, die Gesichtswahrung als oberste Prämisse haben. Gekonnt werden Erklärungen, Verzerrungen, Ungenauigkeiten, Auslassungen, Entschuldigungen usw. genutzt, um Bestehendes zu erhalten.

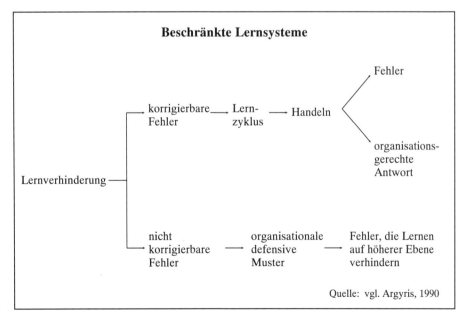

Beschränkte Lernsysteme

Abbildung 23

Quelle: vgl. Argyris, 1990

Um mit den Problemen umgehen zu können, die für den Einzelnen bedrohend wirken oder ihn in Verlegenheit bringen, wird verteidigend argumentiert. Diese Argumentationsweise führt zu Mißverständnissen, Verzerrungen sowie zum (Ver-) Schweigen und somit zu Fehlern in der menschlichen Interaktion. Das Resultat dieser Handlungsweisen ist vom Einzelnen meist nicht beabsichtigt (Argyris, 1990: 21). „Skilled incompetence" ist somit ein Resultat von unbewußt geschickten Handlungen, die letztendlich kontraproduktiv wirken. Diese Handlungsweisen werden allein durch die Tatsache verursacht, daß unser Verhalten bereits derart programmiert ist, daß automatische, bewahrende Mechanismen ausgelöst werden und so unsere täglichen Handlungen bestimmen. Da diese Aktionen innerhalb von Sekundenbruchteilen vor sich gehen, sind sie meist unbewußt und schwer kontrollierbar.

2.1.2 Organisationale defensive Routinen – „Defensive Routines"

Aufgrund der Tatsache, daß die oben genannte geschickte Unfähigkeit täglich am Werk ist, wird sie zur organisationalen Norm. Dadurch werden diese Handlungen als rational, realistisch und vernünftig betrachtet.

> Der automatische Gebrauch von Mechanismen, der Individuen wie Gruppen innerhalb der Organisation vor peinlichen und bedrohenden Situationen bewahrt, wird als defensive Routinen bezeichnet.

Das Resultat führt mit großer Wahrscheinlichkeit zu Fehlern in der Verhaltensweise von Individuen und Gruppen. Folgendes Verhalten demonstriert das Funktionieren von defensiven Routinen:

1. Umgehe oder übergehe die Fehler und verhalte Dich so, als sei nichts geschehen.
2. Stelle sicher, daß die Um- oder Übergehung undiskutierbar ist.
3. Stelle sicher, daß die Undiskutierbarkeit undiskutierbar bleibt. (Argyris, 1990:43)

Aufgrund der geschilderten Mechanismen sind die Möglichkeiten des Aufbrechens bestehender Strukturen begrenzt. Allein durch den Versuch, die Mechanismen zu verhindern, können die Strukturen sich verstärken. Nicht umsonst wird dieses Phänomen auch als Schattenwirtschaft bezeichnet, da der Versuch, die Krankheit zu heilen, sie noch verschlimmert bzw. die Möglichkeit beinhaltet, neue, zusätzliche Krankheiten auszulösen. Der Vergleich mit der Mafia bzw. der Schattenwirtschaft soll verdeutlichen, warum Versuche, organisationale defensive Routinen aufzubrechen, so schwierig sind. Obwohl die Schattenwirtschaft offiziell als nicht existent erklärt wird, lebt und blüht sie im Untergrund. Allein durch das offizielle Abstreiten der Existenz hat sie die Möglichkeit, sich weiter auszubreiten (Argyris, 1990). Schattenwirtschaft ist in den meisten Organisationen anzutreffen und wird von vielen Individuen als unantastbar begriffen, da der Wunsch nach Veränderung die Krankheit meist noch schlimmer macht bzw. die Individuen nicht bereit sind, die Konsequenzen für das „Aufwühlen" auf sich zu nehmen. Demnach sind die Mechanismen derart stabil, daß Verlernen eine äußerst schwierige Herausforderung darstellt.

2.1.3. Phantasievolle Verrenkungen und Unbehagen – „Fancy Footwork" und „Malaise"

Eine weitere Form von Mechanismen, die in den beschränkten Lernsystemen immanent vorhanden ist, wird von Argyris (1990) als phantasievolle Verrenkungen beschrieben. Unter „fancy footwork" werden Handlungen verstanden, die Blindheit gegenüber Inkonsistenzen in den eigenen Handlungen zulassen bzw. eine dritte Person dafür verantwortlich machen. Sie stellen sozusagen Handlungsstrategien dar, die die Wahrheit durch den Gebrauch von unterschiedlichen Maßnahmen abdecken.

> Phantasievolle Verrenkungen umfassen den Einsatz aller Mechanismen, die eine schützende, defensive Beweisführung sowie das Leugnen oder die Abdeckung begangener Fehler von Autoritäten und Verantwortlichen beinhalten.

> Die Krankheit, die aus geschickter Unfähigkeit, defensiven Routinen sowie phantasievollen Verrenkungen besteht, wird als Unbehagen bezeichnet, da sie den unangenehmen Zustand einer (Krankheits-) Situation beschreibt, der für das Unternehmen mit hohen Kosten und Energien verbunden ist.

Um Situationen anzutreffen, in denen dieses Verhalten zu Tage tritt, sind Gruppen zu beobachten, die ein prekäres Thema behandeln und dabei ineffektiv sind. Die Hauptursache dieser Tatsache liegt meist im Verhalten der Gruppen. Die Individuen sind sich jedoch dessen nicht bewußt. Ein Kreislauf verdeckender und verneinender Mechanismen ist hier am Werk, der schwer zu durchbrechen ist und Verlernen im geschilderten Sinne blockiert. Meist stellt sich in den Gruppen dann ein Unbehagen ein, das kaum klar definiert werden kann. Man fühlt sich nicht wohl, hält Distanz, spürt die Unehrlichkeit, erfährt Abweisung oder Zurückhaltung usw. In diesem Sinne können wir von einer Krankheit in einem System sprechen.

Diese Vorgänge, die aufgrund des individuellen sowie gruppenspezifischen Auftretens immer wieder anzutreffen sind, werden Teil der Kultur und sind *nur* durch Ursachenbekämpfung anstatt einer Symptombehandlung zu überwinden.

In den meisten Organisationen sind die hier beschriebenen Formen von Lernhindernissen in irgendeiner Form zu beobachten; der Grad der Erscheinung kann jedoch variieren. Die dargestellten Mechanismen – geschickte Unfähigkeit, organisationale defensive Routinen, phantasievolle Verrenkungsmaßnahmen und die daraus folgende Krankheit „Unbehagen" bilden die sogenannten *organisationalen defensiven Muster* (organizational defensive patterns) und sind maßgeblich für die Verhinderung von organisationalem Lernen verantwortlich (vgl. Abbildung 24).

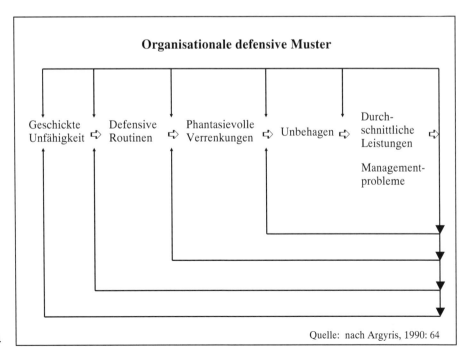

Organisationale defensive Muster

Geschickte Unfähigkeit ⇨ Defensive Routinen ⇨ Phantasievolle Verrenkungen ⇨ Unbehagen ⇨ Durchschnittliche Leistungen

Managementprobleme

Abbildung 24

Quelle: nach Argyris, 1990: 64

Das Antreffen dieser Muster in privaten und öffentlichen Unternehmen sowie Familien ist ein Resultat des Versuchs peinliche bzw. bedrohende Situationen umgehen zu wollen. Zurückzuführen ist dies auf die im „Kindesalter" erlernten Gebrauchstheorien und sozialen Werte.

2.2 Normen, Privilegien und Tabus als Lernbarrieren

Wie aufgezeigt, scheint aufgrund einer Reihe von fundamentalen Widerständen in sozialen Systemen der Weg in Richtung Verlernen äußerst schwierig zu sein. Es sind zum einen Normen oder gewohnte Verhaltensmuster, bei denen man mit Widerstand rechnen muß. Innerhalb von Organisationen gibt es z. B. bestimmte Verhaltensweisen wie Arbeitszeitregelungen, Kleidung, Formen der Anrede, Konsumverhalten sowie anerkannte Formen der Freizeitgestaltung, die die Zusammenarbeit prägen sowie die Erwartungshaltung bestimmen. Aufgrund der Tatsache, daß diese Normen von einer größeren Anzahl von Menschen geteilt werden, sind sie nicht leicht zu ändern. Sie verhindern somit das Entstehen von etwas Neuem. Falls es jemand wagt, von diesen Normen abzuweichen, so ist das Resultat meist die öffentliche Ablehnung dieser Person oder der Gruppe. Um tatsächlich eine Veränderung von Normen herbeizuführen, müssen diese immer in einem Gesamtkontext des Beziehungsgeflechtes betrachtet werden. Da in einem System Teile aufgrund ihrer Beziehungen innerhalb des Ganzen Eigenschaften annehmen, die zunächst in dieser Art nicht intendiert waren, müssen sie auch ganzheitlich und umfassend betrachtet werden. Die Teile einer institutionellen Veränderung sind keine Inseln für sich, sondern eingebettet in das vernetzte Gesamtsystem.

Killerphrasen sind ein Beispiel für Verhaltensmuster, die Widerstände bei der unternehmensinternen Kommunikation leisten können und damit eine umfassende Veränderung der Organisation behindern (Bloch/Hababou/Xardel, 1986; Probst, 1993).

Kreativitäts- und kommunikationsfeindliche Bemerkungen sind beispielsweise:

■ Das klappt doch nie.
■ Ich habe schließlich noch etwas anderes zu tun!
■ Warum ändern? Das klappt doch auch so, und das ist ja wohl das Wichtigste!
■ Das wird doch überall so gemacht.
■ Bei uns ist das eben anders.
■ Darum geht es doch gar nicht.
■ Seit wann sind Sie eigentlich bei uns?
■ Ich habe keine Zeit! Warten wir erst einmal ab.
■ Die Entscheidung liegt nicht bei mir.
■ Gute Idee! Geben Sie mir das irgendwann schriftlich.

Privilegien und Tabus sind eine weitere Form des Widerstandes für Lernen. Mitglieder einer Organisation lassen sich ihre ökonomischen Vorteile bzw. Privilegien nur ungern nehmen. Sie üben Macht aus, um diese zu behalten. Tabus stellen ebenfalls einen Widerstand dar, da Veränderungen im Bereich von Moral und Sitte nur mit erheblichem Aufwand zu erreichen sind. So ist es nicht weiter verwunderlich, wenn Tabus nicht diskutierbar sind, da sie einen Bereich betreffen, der als peinlich und bedrohlich angesehen wird.

Deutlich sichtbar wird dies, wenn wir die Stellung der Frau in der Gesellschaft betrachten. Die Tatsache, daß Frauen mittlerweile Flugkapitäne werden oder Führungspositionen in Wirtschaft und Politik einnehmen, ist weitgehend akzeptiert, jedoch ist die Frau in der Rolle eines Bischofs, eines Vorstandsvorsitzenden eines Konzerns oder als Ministerpräsidentin in Italien wohl noch weit von der Realität entfernt (Ausnahmen bestätigen die Regel).

2.3 Informationspathologien

Die Verhinderung von organisationalem Lernen liegt nach Pautzke (1989) unter anderem auch an der *Informationsverarbeitungskapazität einer Organisation.* Sogenannte *Informationspathologien,* die zu einer unzureichenden informatorischen Fundierung von Entscheidungen führen, werden

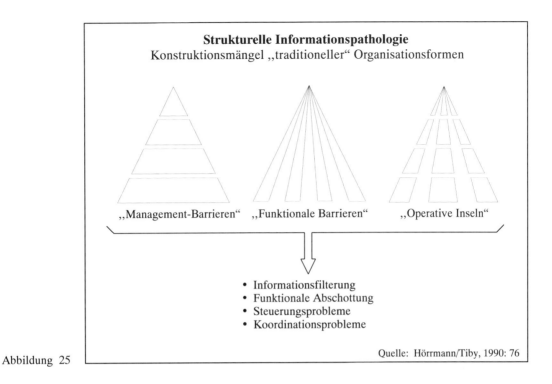

Strukturelle Informationspathologie
Konstruktionsmängel „traditioneller" Organisationsformen

„Management-Barrieren" „Funktionale Barrieren" „Operative Inseln"

- Informationsfilterung
- Funktionale Abschottung
- Steuerungsprobleme
- Koordinationsprobleme

Quelle: Hörrmann/Tiby, 1990: 76

Abbildung 25

für die Behinderung von Lernen verantwortlich gemacht. Pautzke (1989) nennt hier folgende Formen:

1. strukturelle,
2. doktrinbedingte und
3. psychologische Informationspathologien.

Zum einen führen Hierarchie, Spezialisierung und Zentralisierung dazu, daß Informationen blockiert oder verzerrt werden, und verhindern, daß der Entscheidungsträger in vollem Umfang den Einblick in die notwendigen Informationen hat. Abbildung 25 verdeutlicht die Konstruktionsmängel einer auf traditionellen Strukturen aufgebauten Organisation. Durch abgeschottete Managementebenen, funktionale Barrieren sowie operative Inseln kann weder die Führungsspitze noch ein Manager in einem bestimmten Bereich eine fundierte Entscheidung treffen.

Darüber hinaus verzerren Doktrinen, wie z. B. Slogans oder Parolen, Informationen und erzeugen so ein realitätsfremdes Bild. Dadurch zeigt sich ein

Informationsverhalten, das bestimmte Informationen bevorzugt, die dann den Entscheidungsträgern als unzureichende Basis dienen. Als drittes werden psychologische Informationspathologien genannt, die eine beschränkte Informationsverarbeitungskapazität zur Folge haben. Das Individuum neigt in diesem Falle dazu, konsonante kognitive Strukturen dissonanten vorzuziehen und damit ein Harmoniebedürfnis zu fördern, das unstimmige Informationen unterdrückt (Pautzke, 1989: 145).

Organisationale defensive Muster, Normen, Privilegien, Tabus sowie Informationspathologien stellen Faktoren dar, die den Lernprozeß behindern und Verlernen schwierig machen.

Demnach stellt sich nun die Frage nach jenen Aspekten, die organisationales Lernen fördern und organisationale defensive Muster aufbrechen können, die ein Hinterfragen von Normen und Werten begünstigen sowie einen hinreichenden Informationsfluß erbringen.

Der Challenger Unfall

Der Unfall der Raumfähre Challenger im Jahr 1986 verdeutlicht die Verhinderung von Lernen durch die Existenz von organisationsweiten defensiven Routinen (vgl. Argyris, 1990: 37ff.).

Die NASA wußte seit Jahren, daß die sogenannten O-Ringe der Antriebsrakete bei kaltem Wetter unbeständig sind. O-Ringe von bereits vollendeten Flügen von unter 61° (16° C) Fahrenheit zeigten immer wieder Anzeichen von Erosion. Obwohl zwei Ingenieure, die für die Entwicklung und Produktion der Antriebsraketen und O-Ringe verantwortlich waren, am Vorabend des Unglückes ihre Bedenken aufgrund der niedrigen Temperatur zum Startzeitpunkt der Raumfähre äußerten, wurden diese Bedenken durch das Management überstimmt.

Im Vorfeld des Starts hatte bereits ein für die O-Ringe zuständiger Ingenieur seine Bedenken schriftlich an die NASA geäußert. Ein anderer schrieb ein Memo, das mit ,,HILFE" begann und mit ,,Dies ist eine rote Flagge." endete. Am Morgen des Startes machten die Produzenten der O-Ringe die NASA nochmals darauf aufmerksam, daß diese Ringe nicht für den Flug unter 50° (10° C) Fahrenheit gesichert sind. Die Außentemperatur an diesem Morgen des Unglückes betrug 36° (2° C) Fahrenheit. Um 11.38 Uhr wurde die Raumfähre dennoch gestartet, mit dem bekannten Resultat.

Die Untersuchung der Katastrophe zeigte, daß die Bedenken der Ingenieure von den Vorgesetzten nicht ernst genommen wurden, da bei den bereits vollendeten Flügen keine Probleme aufgetreten waren. Die Sicherheit der Flüge in der Vergangenheit wurde zum Wegweiser für die Zukunft. Außerdem hätte eine Startverschiebung gravierende finanzielle Konsequenzen bedeutet, so daß die Bedenken mit einem ,,Es ist noch nie etwas passiert!" aus dem Weg geräumt wurden.

Außerdem wurden die Bedenken der Ingenieure von der NASA sehr unterschiedlich interpretiert. Während der Manager des Projektes den Eindruck hatte, daß die Ingenieure zwar Bedenken hatten, jedoch nicht für eine Startverschiebung waren, vertrat sein Stellvertreter die Meinung, daß die Ingenieure grundsätzlich nicht für den Start waren und somit für eine Aufschiebung plädierten.

Als die Bedenken der Ingenieure – aufgrund der bekannten Argumente – seitens der NASA mehrfach zurückgewiesen wurden, hörten diese auf, ihre Position zu verteidigen, da sie der Meinung waren, es würde ihnen sowieso niemand zuhören. Als in einer abschließenden Sitzung vor dem Start der Raumfähre die Ingenieure nochmals nach möglichen Einwänden befragt wurden, verhielten sie sich ruhig. Ihr Schweigen wurde vom Management der NASA als Einverständnis gewertet, und die Raumfähre startete in ihr Unglück.

Organisationale Abwehrmechanismen und defensive Routinen zeigten sich auf seiten der NASA sowie der Ingenieure. Die NASA wollte die Bedenken aufgrund der finanziellen Konsequenzen nicht ernst nehmen und suchte somit nach Argumenten für den Start. Selbst bei Kenntnis der Situation um die O-Ringe (Briefe der Ingenieure sowie Sicherheitsbestimmungen bezüglich Aussentemperatur) argumentierten sie für den Start. Außerdem waren die NASA-Manager nicht in der Lage, ihre unterschiedliche Interpretation der Ingenieure zu diskutieren und die Ursachen dieser Auslegung zu begründen.

Die Ingenieure hörten ihrerseits auf, ihre Position zu verteidigen, da sie der Meinung waren, nicht gehört zu werden. Durch ihr Schweigen bei der endgültigen Entscheidung genehmigten sie den Start, obwohl sie sich der möglichen Konsequenzen bewußt waren. Sie nahmen den Fluchtweg der Abwehr durch organisationale defensive Muster. In der Praxis erlebt man dies auch als Gruppendruck oder ,,Group Think" (vgl. Whyte, 1989; Esser et al., 1989; Janis, 1972).

Der Challenger Fall verdeutlicht nicht nur die Wirkung von defensiven Routinen und Abwehrmechanismen vor dem Start der Raumfähre, sondern auch nach der Untersuchung des Unfalls.

Weder die staatliche Untersuchungskommission noch der Arbeitgeber der Ingenieure thematisierte diese defensiven Routinen. So wurden die Ingenieure aufgrund ihrer Aussage vor der Untersuchungskommission entlassen und wurden für ihre berechtigten Bedenken bestraft. Die NASA erstellte dagegen ein noch umfangreicheres Paket von Sicherheitsvorschriften, um menschliches Versagen durch rigorose Bestimmungen einzuschränken (vgl. Argyris, 1990: 37–43).

Dieser Fall verdeutlicht, daß Lernprozesse auf höherer Ebene nicht stattgefunden haben, da die dahinterstehenden Werte und Normen nicht hinterfragt worden sind. Im Gegenteil, das Ziel der höheren Sicherheit wurde allein durch verbesserte Vorschriften gelöst, während eine grundlegende Hinterfragung des Verhaltens nicht initiiert wurde. Denn erst, wenn es möglich ist, alte Verhaltensweisen und kognitive Muster abzulegen (Verlernen), ist es möglich, zu neuen Sichtweisen und Wirklichkeitsinterpretationen zu gelangen und somit Lernen auf höherer Ebene zu ermöglichen (vgl. Klimecki/Probst/Eberl, 1994).

Kräftefeldanalyse

Gruppen und Organisationen entwickeln Lebensstile, Verhalten, Verfahrensweisen und Organisationsformen, die in sich die Tendenz haben, zu stagnieren. Alle Kräfte, die zur Stabilität der individuellen Persönlichkeit oder sozialen Systeme beitragen, können auch als Kräfte des Widerstandes gegen Veränderungen betrachtet werden. Ein zielstrebiger und energischer Innovationsagent würde in ihnen Hindernisse sehen. Aus einer weiteren und umfassenderen Perspektive sind Tendenzen, die auf die Herstellung, Erhaltung bzw. Wiederherstellung eines Gleichgewichtes hinwirken, sehr willkommen; ihnen ist es zu verdanken, daß Charakter, intelligentes Handeln, Institutionen, Zivilisation und Kultur Bestand haben. Dabei entsteht die Frage: *Wie verhalten wir uns, wenn Lernhindernisse abzubauen sind, um Veränderungen und Lernen zu erreichen?* Wenn man den Widerstand neutralisiert bzw. umwandelt, dann reichen schon die im System vorhandenen innovativen Kräfte, um eine Bewegung in Gang zu setzen.

■ *Ziel der Kräftefeldanalyse:* Potential zur Veränderung und zum Abbau von Lernhindernissen in einer Gruppe bewußt machen und aktivieren.

■ *Verlauf:*
1. Die Gruppe definiert gemeinsam das Problem, das sie bearbeiten will.

2. Die Gruppe bestimmt und formuliert das Ziel, auf das hin eine Veränderung erfolgen soll. (Diese Zielformulierung sollte optisch für alle sichtbar sein, so daß sich jedes Gruppenmitglied mit dem Ziel identifizieren kann.)

3. Zu dieser Zielvorstellung werden die fördernden und hindernden Kräfte in einem Schema gesammelt. Fördernde und hindernde Kräfte werden zunächst ohne Bewertung eingetragen. Als Kraft zählt alles, was einzelne oder alle als helfend bzw. hindernd erfahren haben. Dieselbe Kraft kann als helfend sowie hindernd aufgefaßt werden.
   Inviduum: Konflikte, die ich mit meinen Wertvorstellungen habe, vorhandene oder mangelnde Fähigkeiten.
   Gruppe: Vorhandene oder fehlende Kommunikation, Mangel an Übereinstimmung.
   Organisation: Kommunikationssysteme, zeitliche Abläufe, Informationsfluß, Ressourcen, Normen, Rollen, Ziele, Entscheidungsprozeduren.
   Gesellschaft und Umwelt: Unterschiedliche Wertsysteme.

4. Nach Abschluß der Liste werden die einzelnen Kräfte gewichtet. Man kann diese Gewichtung durch Diskussion, Abstimmung bzw. Skalierung vornehmen. Durch eine Skalierung von 0–5 (0 = geringe Kraft, 5 = sehr starke Kraft) können die stärksten Kräfte in Interaktionsprozessen herausgearbeitet werden.

5. Danach wird ein Aktionsplan erstellt, der folgende Schritte erfassen soll:
   a) Zunächst werden diejenigen Kräfte ausgewählt, die verändert, d. h. reduziert oder verstärkt werden sollten.
   b) Es wird konkret festgelegt, wer, wann, was, mit wem tun wird, um die geplante Veränderung herbeizuführen.
   c) Es wird ein Zeitpunkt vereinbart, zu dem eine Überprüfung des Aktionsplans und eine Auswertung des gesamten Prozesses erfolgen soll. Während dieses Zeitraums sind Feedbackprozesse erwünscht.

Roter Faden zur Kräftefeldanalyse

1. Beschreiben Sie die problematische Situation:
    a) Wie ist die Situation jetzt?
    b) Wie sollte sie aussehen?

2. Viele Probleme können gelöst werden, wenn man jene Kräfte aktiviert, die zu einer Verbesserung drängen und/oder jene Kräfte reduziert, die einer Verbesserung im Wege stehen. Welche Kräfte sind hemmend, welche fördernd?

Gegenwärtige Problemsituation	
fördernde Kräfte	hemmende Kräfte
→	←
→	←
→	←
→	←
→	←
→	←
→	←

3. Überprüfen Sie die Liste der fördernden und hemmenden Kräfte und unterstreichen Sie jene, die Ihnen zur Zeit am wichtigsten erscheinen.

4. Stellen Sie sich nun bei jeder negativen Tendenz (hemmende Kräfte), die Sie unterstrichen haben, folgende Fragen:
    a) Wodurch ist sie entstanden (was steckt dahinter)?
    b) Zu welchem Zeitpunkt wurde sie ausgelöst (wann, wie)?
    c) Durch wen wurde sie ausgelöst?
    d) Was begünstigt ihre negative Wirksamkeit?

5. Überlegen Sie, wie Sie die Ihnen besonders bedeutsam erscheinenden (unterstrichenen) negativen Tendenzen in ihrer Wirksamkeit schwächen oder ganz aufheben können. Was müssen Sie diesbezüglich unternehmen?

■ „Brainstorming“:
Hemmende Tendenz 1: _____
Möglichkeiten der Reduktion oder Aufhebung:

    –
    –
    –

Hemmende Tendenz 2: _____
Möglichkeiten der Reduktion oder Aufhebung

6. Gehen Sie jetzt genauso bei den fördernden Tendenzen vor, die Sie unterstrichen haben.

Fördernde Tendenz 1: _____

Möglichkeiten der Erhaltung oder Verstärkung:

–
–
–

Fördernde Tendenz 2: _____

Möglichkeiten der Erhaltung oder Verstärkung:

–
–
–

7. Unterstreichen Sie jene Maßnahmen, die Aussicht auf Erfolg haben.

8. Fügen Sie hinzu, welche Mittel Sie benötigen, um die Maßnahmen durchzuführen, und wer Ihnen diese Mittel zur Verfügung stellen könnte.

9. Formulieren Sie dann eine Strategie, wie Sie Ihr Problem vernünftig angehen wollen.

10. Entwickeln Sie Maßnahmen für die Kontrolle Ihres Erfolges: Wann muß die Wirksamkeit überprüft werden? Wodurch zeigt sich der Erfolg? Wie lange hält er an? Welche Maßnahmen könnten die Dauer des Erfolges günstig beeinflussen?

Quelle: nach Kurt Lewin, 1963

Siebtes Kapitel

Förderung von organisationalem Lernen

Im Anschluß an die Aspekte der Lernhindernisse geht es nun um die Frage, die sich jede Führungskraft stellen muß: Wie kann organisationales Lernen ausgelöst, erleichtert und gefördert werden? Welches Lernprofil hat die Organisation derzeit und mit welchen Instrumenten, Strukturen und Prozessen ist ein geeigneter Lernkontext zu schaffen, der Lernen der Organisation und seiner Mitglieder unterstützt?

1. Lernprofil der Organisation

Welche Förderungsansätze, Instrumente bzw. Gestaltungsmaßnahmen konkret ergriffen werden können, um die Problemlösungsfähigkeit eines sozialen Systems im Sinne des organisationalen Lernens zu erhöhen, hängt stark vom derzeitigen Lernprofil der Organisation ab. Das Lernprofil stellt eine Standortbestimmung der Organisation dar, bei der die Rahmenbedingungen des organisationalen Lernens ermittelt werden. Das Ziel der Analyse des Istzustandes ist es, die entscheiden-

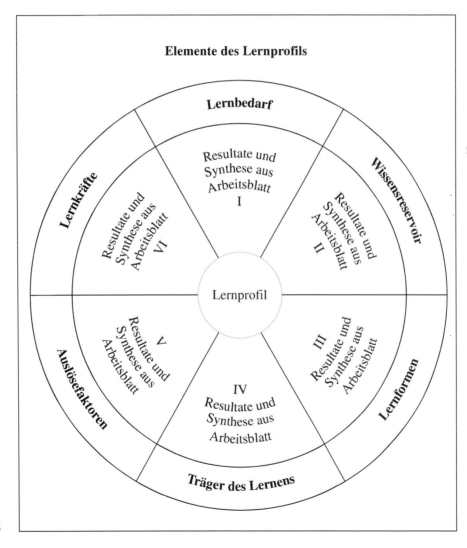

Abbildung 26

87

den Erkenntnisse über die Schlüsselfaktoren des organisationalen Lernens zu gewinnen. Die Standortbestimmung liefert Informationen über den bestehenden Lernbedarf, das derzeitige Wissensreservoir, existierende Lernformen, mögliche Träger des Lernens, interne und externe Auslösefaktoren und fördernde sowie hemmende Kräfte des Lernens (Abbildung 26, Seite 87).

Die Bestimmung des Lernprofils erlaubt, mögliche Ansatzpunkte für Förderungsansätze zu erkennen und hilft, organisatorische Mängel und potentielle Probleme einzuschätzen. Eine falsche Einschätzung des derzeitigen Zustandes kann zum Ausbleiben von Lernprozessen führen und die Gestaltungsmaßnahmen sinnlos machen, da der Kontext, innerhalb dessen Lernen stattfinden soll, auf diese Weise nicht geschaffen wird. So sind z. B. Netzwerkstrukturen für Unternehmen mit einer ausgeprägten informellen Umgangsweise nutzlos, da bereits zwischenmenschliche Verbindungen zur Kommunikation und zum Austausch von Problemlösungsfähigkeiten existieren.

Die Bestimmung des Lernprofils einer Organisation ist die Voraussetzung für weitere Förderungsansätze, da mit dessen Hilfe eine Standortbestimmung vorgenommen wird und die aktuellen Stärken und Schwächen analysiert werden. Für das organisationale Lernen gehen wir von folgenden Schritten der Analyse und Situationsbestimmung aus:

I. Ermittlung des Lernbedarfs
II. Analyse des Wissensreservoirs
III. Darstellung von Lernformen
IV. Erfassen von Auslösefaktoren des Lernens
V. Ermittlung von kritischen Trägern des Lernprozesses
VI. Kräftefeldanalyse
   a) hemmende Kräfte und
   b) fördernde Kräfte

Die Ergebnisse aus den verschiedenen Arbeitsblättern sind hier nun zusammenzufassen und in einem Profil darzulegen. Dies erlaubt uns gewissermaßen auf einen Blick die Situation zu beurteilen und eventuell auch im Zeitablauf zu vergleichen (Abbildung 27, Seite 89).

Durch die Ermittlung des *Lernbedarfs* wird deutlich, welche Faktoren im internen und externen Umfeld für die Notwendigkeit von Lernen verantwortlich gemacht werden. Aufgrund der in Arbeitsblatt I durchgeführten Analyse stellt sich die Frage, ob das Unternehmen eher aussenorientiert oder innenorientiert ist. Diese Frage läßt sich mit der Anzahl der als kritisch erkannten Faktoren aus dem internen bzw. externen Umfeld beantworten.

Die Analyse des *Wissensreservoirs* gibt Aufschluß über das Niveau in den verschiedenen Wissenskategorien und die Übereinstimmungen der derzeitig anzutreffenden offiziellen Handlungs- und Gebrauchstheorien und liefert somit Auskunft über das mögliche Auseinanderklaffen dieser beiden Theorien.

Die Darstellung der *Lernformen* erlaubt dem Organisator, Lernprozesse in der eigenen Organisation zu analysieren und somit bereits das Niveau des Lernens zu bestimmen. Die drei Kriterien – *Raum, Zeit und Bedeutung/Dringlichkeit* – sind die entscheidenden Faktoren zur Bestimmung der Ebene des Lernens. Das Kriterium Raum liefert Auskunft über die Tiefe und Breite der organisationalen Veränderung (Sind alle Unternehmensbereiche betroffen bzw. nur einzelne Abteilungen?), das Kriterium Zeit analysiert die Dauer des Lernprozesses (Ist die Veränderung kurzfristiger oder langfristiger Art?) und das Kriterium Bedeutung gibt Auskunft über die Dringlichkeit und das Risiko des anstehenden Lernprozesses. (Ist die Veränderung mit geringem oder großem Risiko verbunden?)

Die *Auslösefaktoren* sind jene Faktoren, die Lernen initiieren. Bestehen bereits Redundanzen in

Beispiele für Lernprofile als Synthese aus den Arbeitsblättern				
Lernbedarf	Umfeld (stark außenorientiert)		Umfeld (stark innenorientiert)	
Wissens-reservoir	hohe	mittlere	geringe	
	Übereinstimmung zwischen offizieller Handlungstheorie und Gebrauchstheorie			
Lernformen	Anpassungs-bedarf	Veränderungs-bedarf	Reflektions-bedarf	
Auslöse-faktoren	Bewältigung einer Krise		Nutzung von Redundanzen und freien Potentialen	
Träger des Lernens	Ausrichtung auf Individuen	Ausrichtung auf Elite	Ausrichtung auf Gruppe	Ausrichtung auf Speichersysteme
Lernhemmende Kräfte	große Anzahl von hemmenden Lernfaktoren	mittlere Anzahl von hemmenden Lernfaktoren	geringe Anzahl von hemmenden Lernfaktoren	
Lernfördernde Kräfte	große Anzahl von fördernden Lernfaktoren	mittlere Anzahl von fördernden Lernfaktoren	geringe Anzahl von fördernden Lernfaktoren	

Abbildung 27

der Organisation, so können kreative Prozesse in Gang gesetzt werden. Ist die Organisation am Rande einer Krise, sind Maßnahmen auf jeden Fall erforderlich.

Die Ermittlung der kritischen *Träger* des Lernprozesses stellt bereits den ersten Ansatzpunkt für mögliche künftige Lernprozesse dar, da sich hier herauskristallisiert, wer für Veränderungen verantwortlich ist. So ist organisationales Lernen dadurch gekennzeichnet, daß es sich entweder

– um ein stellvertretendes Lernen von Individuen für eine Organisation,
– um das Lernen von Eliten oder
– um das Lernen von Gruppen und Subgruppen oder aber
– um die Veränderung eines von allen Mitgliedern geteilten Wissens in Form von Speichersystemen der Organisation handelt.

In Arbeitsblatt V werden außerdem mögliche Förderungsmaßnahmen der Personen oder Speichersysteme ermittelt.

Die Kräftefeldanalyse liefert letztendlich eine Analyse über die *fördernden und hemmenden Kräfte* für Veränderungen. Mit diesem letzten Schritt besteht die Möglichkeit, die Lernhindernisse und fördernden Lernfaktoren zu erkennen und somit die relative Anzahl der hemmenden und fördernden Kräfte zu bestimmen. Arbeitsblatt VI ermöglicht ebenfalls ein erstes Brainstorming über den Abbau von Lernhindernissen bzw. über die Verstärkung von lernfördernden Faktoren.

Diese Analyse liefert eine Standortbestimmung der organisationalen Lernprozesse, indem Schlüsselfaktoren des Lernkonzeptes ausgewertet werden. Sie bildet den Rahmen für die weiteren Maßnahmen, da diese Standortbestimmung Grundlage für Förderungsansätze ist. Somit verdeutlicht sie die Stärken und Schwächen der Organisation und hilft, eine Entscheidung bezüglich möglichen Ansatzpunkten zur Veränderung zu treffen. Im nun folgenden Abschnitt werden mögliche Förderungsansätze diskutiert. Diese Ansätze sollen exemplarisch Wege in Richtung organisationales Lernen zeigen. Die Entscheidung über die auszuwählenden Ansätze ist abhängig vom derzeitigen Lernprofil und dem Reifegrad der Organisation. Der Reifegrad wird zu einem späteren Zeitpunkt eingehend behandelt.

Lernprofil

■ Lernbedarf

Umfeld (aussenorientierter Bedarf)	Umfeld (innenorientierter Bedarf)
☐	☐
☐	☐
☐	☐

■ Wisensreservoir

hohe Übereinstimmung in folgenden Punkten:	mittlere Übereinstimmung in folgenden Punkten:	geringe Übereinstimmung in folgenen Punkten
☐	☐	☐
☐	☐	☐
☐	☐	☐

■ Lernformen

Anpassungsbedarf bei:	Veränderungsbedart bei:	Reflcxionsbedarf bei:
☐	☐	☐
☐	☐	☐
☐	☐	☐

90

■ Auslösefaktoren

Krisenbewältigung	Nutzen von Redundanzen und freien Potentialen
☐	☐
☐	☐
☐	☐

■ Träger des Lernens

Ausrichtung auf Individuen	Ausrichtung auf Elite	Ausrichtung auf Gruppe	Ausrichtung auf Speichersystem
☐	☐	☐	☐
☐	☐	☐	☐
☐	☐	☐	☐

■ Lernkräfte

Lernhemmende Kräfte mit		
großer Wirkung	mittlerer Wirkung	geringer Wirkung
☐	☐	☐
☐	☐	☐
☐	☐	☐

Lernfördernde Kräfte mit		
großer Wirkung	mittlerer Wirkung	geringer Wirkung
☐	☐	☐
☐	☐	☐
☐	☐	☐

2. Ansätze zur Förderung von Lernprozessen

Nachdem bisher die analytischen und konzeptionellen Aspekte des organisationalen Lernens im Vordergrund standen, wird mit den hier folgenden Ansatzpunkten die Gestaltungsperspektive in den Mittelpunkt gerückt. Deshalb sollen im folgenden einige Eckpunkte für das organisationale Lernen aufgezeigt werden, die es erlauben, Maßnahmen zu ergreifen, die über eine Oberflächenkosmetik hinausgehen und die tatsächliche Veränderungen im Hinblick auf lernende Organisationen bewirken.

Aktionsschwerpunkte eines Managements des organisationalen Lernens:

Aus dem zuvor entwickelten „Lernprofil" lassen sich folgende grundsätzliche Handlungsschwerpunkte für das Management des organisationalen Lernens ableiten:

– Erfassen des Lernbedarfs
– Analyse des Wissensreservoirs und der Lernformen
– Erfassen von Auslösefaktoren
– Ermittlung der Träger der Lernprozesse
– Ausrichtung der Aktivitäten auf den Abbau von Lernhindernissen
– Entwicklung von Strategien zur Schaffung eines Kontextes, innerhalb dessen Lernprozesse sich abspielen können

Neben diesen Handlungsschwerpunkten des organisationalen Lernens soll im folgenden ein *Ordnungsschema* für die anschließenden Gestaltungsperspektiven entwickelt werden.

In der Literatur gibt es unterschiedliche Modelle zur Darstellung von Organisationen (Weisbord, 1976, Nadler/Tushman, 1977, Tichy, 1983, Burke, 1982). Obwohl diese Modelle verschiedene Aspekte von Organisationen zeigen, lassen sich Überschneidungen feststellen:

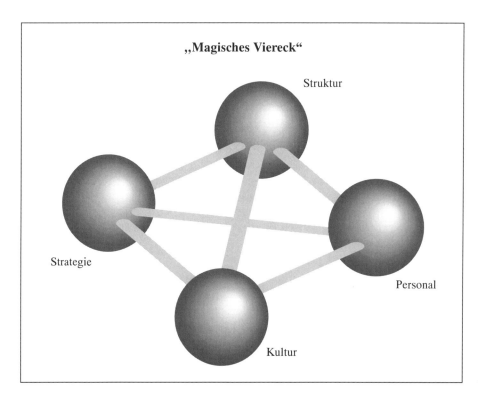

„Magisches Viereck"

Struktur

Strategie

Personal

Kultur

Abbildung 28

– Alle Modelle verdeutlichen die Beziehung zwischen Organisation und Umwelt. In unserem Schema wurde dieser Aspekt durch Strategie dargestellt.
– Alle Modelle heben die Bedeutung der Struktur einer Organisation hervor. In unserem Schema wird dieser Aspekt durch Struktur dargestellt.
– In den meisten Modellen werden Prozesse innerhalb der Organisation betont. Diese Prozesse werden zum einen als organisationales Klima, Kultur oder Sozialisation bezeichnet. In unserem Schema wird dieser Aspekt durch Kultur dargestellt.
– Die meisten Modelle betonen die Wichtigkeit des Menschen, seien es Individuen oder Gruppen innerhalb der Organisation. Wir haben diesen Aspekt mit Personal abgedeckt.

Obwohl das Ordnungsschema kein vollständiges Bild aller organisationalen Aspekte liefert, dient es als didaktisches Hilfsmittel, um den Rahmen, innerhalb dessen organisationales Lernen stattfindet, zu setzen und die Aktionsfelder des Managements zu verdeutlichen. Lernprozesse können über Strukturen, Strategien, Kultur und Personal ausgelöst und verstärkt werden. Werden diese Instrumente richtig eingesetzt, können sie als Basis für die Lernprozeßgestaltung und -lenkung betrachtet werden. Ziel ist es, die Wissensbasis zu beeinflussen, so daß Manager in der Lage sind, durch den Abbau von Barrieren, Wissen besser zu identifizieren, entwickeln, erwerben, transferieren, speichern und zu nutzen.

Wissen ist eine Ressource, die durch ihre Nutzung, Kombination und Kooperation zum Erfolg und zur Leistungerstellung von Organisationen führt. Durch die Erhöhung der Ressource Wissen werden auch die Handlungsmöglichkeiten vermehrt. Aus der individuellen und organisationalen Vertrautheit mit Prozessen und Gegebenheiten heraus, welche über längere und kürzere Zeiträume aufgebaut werden, bilden sich Kompetenzen und Fähigkeiten heraus (Badaracco, 1991; Nelson/Winter, 1982)

Dieses Ordnungsschema stellt ein didaktisches Hilfsmittel dar, um den Rahmen, innerhalb dessen organisationales Lernen stattfindet, zu setzen und die Aktionsfelder des Managements zu verdeutlichen. Dieses Ordnungsschema ist als *„magisches Viereck"* (Abbildung 28) bekannt und beinhaltet die Dimensionen Struktur, Strategie, Kultur und Personal.

Innerhalb dieses Vierecks beeinflussen sich die Elemente gegenseitig und greifen damit auf (Teil-) Prozesse des Lernens und der Veränderung zurück. Es kann an einem beliebigen Punkt angesetzt werden, von dem aus die Auswirkungen auf das Gesamtsystem „Organisation" greifen. Ob nun beispielsweise die Regel „structure follows strategy" oder „strategy follows structure" Recht behalten soll, ist nicht von Wichtigkeit, denn beide Theorien lassen sich be- und widerlegen und leisten somit keinen Beitrag zu unserem Modell. In diesem Zusammenhang soll das magische Viereck eine theoretische „Krücke" darstellen, die komplexe Zusammenhänge erklären hilft. Selbst wenn dieses Viereck eine starke Simplifizierung der Gesamtbetrachtung einer Organisation darstellt, ist es brauchbar, um das Lernen von Organisationen darin einzubetten. Denn es bedarf ganzheitlicher vernetzter Denkansätze, um eine lernende Organisation zu schaffen. Ohne Anspruch auf Vollständigkeit erheben zu wollen, haben wir diese vier Faktoren herausgehoben, da sie uns als wesentliche Punkte im Rahmen des organisationalen Lernens erscheinen. Wie jede Entscheidung ist natürlich auch unsere Unterteilung in die genannten vier Kategorien willkürlich. Dagegen läßt sich auch argumentieren, daß die vier Bereiche sich in der Prozessgestaltung überschneiden und miteinander in Beziehung stehen. Die Diskussion um das magische Viereck ist müßig, denn es geht in erster Linie um die Wege und Prozesse des Lernens und nicht so sehr um die einzelnen Faktoren. Sie bilden lediglich den Rahmen, innerhalb dessen die *Prozesse des Lernens* lokalisiert und verdeutlicht werden.

So stehen im folgenden Beiträge von

– Strategieentwicklungsprozessen,
– Kulturentwicklungsprozessen,
– Strukturentwicklungsprozessen und
– Personalentwicklungsprozessen

im Vordergrund der lernenden Organisation, da diese **Prozesse** Schlüsselwege zur Förderung des organisationalen Lernens darstellen. Wie Sattelberger (1991a: 22) dies ausdrückt: ,,Lernen zum Tagesgeschäft zu machen, die Förderung natürlicher Lernprozesse, die Eröffnung von Lernfeldern für Persönlichkeitsentwicklung, die Institutionalisierung von Lern- und Feedbacksystemen mit der Umwelt, die Gestaltung von Planungs-, Strategiebildungs- und Controllingprozessen als Lernprozeß für die Beteiligten, die Förderung von Kulturentwicklungsprozessen und die Reintegration von Lernen und Arbeiten bzw. Lehren und Führen sind Schlüsselwege zum Ausbau dieser Erfolgsposition."

Bevor wir auf die konkreten Entwicklungsfelder näher eingehen, wollen wir nochmals auf die Rolle des Wissens eingehen. Damit tragen wir der Tatsache Rechnung, daß Lernprozesse an sich nicht ,,verordnet" und gesteuert werden können: Allenfalls können positive Rahmenbedingungen bereitgestellt und Lernanreize gegeben werden. Wenn wir dagegen von Wissensmanagement reden, rücken der Gestaltungsaspekt und die Zielgröße in den Vordergrund. Die Abbildung 28a zeigt den Zusammenhang zwischen Wissensmanagement und Lernen.

Im folgenden Abschnitt steht nicht der Eingriff in die Wissensbasis im Vordergrund, sondern die Schaffung des Kontextes zur Förderung von Lernprozessen. Es gilt, mögliche Wissensbarrieren, die auf unterschiedlichen Ebenen vorhanden sind, zu erkennen und abzubauen. Zu den Barrieren, die erfolgreiche Lernprozesse behindern können, gehören strukturelle, strategische, kulturelle und individuelle Barrieren. Diese Barrieren werden im folgenden näher betrachtet.

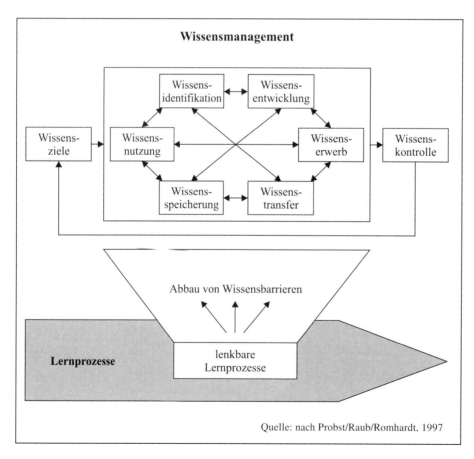

Quelle: nach Probst/Raub/Romhardt, 1997

Abbildung 28a

3. Kontexte der Förderung von Lernprozessen

3.1 Strategieentwicklung als Lernprozeß

3.1.1 Der strategische Kontext

Aufgrund der zunehmend turbulenteren Unternehmens- und Umweltsituationen sind wir im Sinne von Peter Drucker (1980) mit erhöhter Komplexität der Unternehmensführung konfrontiert. Verkürzte Produktzyklen, neue Technologien, veränderte Werthaltungen haben dazu beigetragen, daß das unternehmerische Umfeld dynamischer und vernetzter geworden ist. Die zunehmende Komplexität und die Veränderungsgeschwindigkeit tragen dazu bei, daß die Zukunft weniger prognostizierbar und die Umwelt- und Unternehmenssituationen weniger erwartbar sind (Gomez/Probst, 1993). Die Führung im strategischen Kontext sollte den Unternehmen helfen, zukunftsorientiert und langfristig zu denken, die Zukunft mitzugestalten sowie als Organisation flexibel zu agieren.

Strategieentwicklung stellt einen praxisnahen Lernprozeß dar, bei dem die Zukunft zur Ursache der Gegenwart gemacht wird (Lessing, 1991). Strategische Planung ist ein Lernvorgang darüber, wo die Zukunftschancen einer Firma liegen können. Diese Zukunftspotentiale müssen im Unternehmen an kleinsten Einheiten untersucht werden. Daraus folgt, daß bei der strategischen Planung sowohl eine Bottom-up wie auch eine Top-down Betrachtung vorgenommen werden sollte, damit einerseits eine kundenorientierte Nutzenbetrachtung, andererseits eine globale Weltmarkt- und Technologieentwicklung einbezogen wird. Allein diese Voraussetzung verdeutlicht, daß mehrere Personen an dem Prozeß beteiligt sind. Strategische Planung ist an sich ein Lernprozeß derjenigen, die sich zusammensetzen, um über die Zukunft des Unternehmens nachzudenken. Die Beteiligung der Organisationsmitglieder stellt die Basis des Lernprozesses dar, um dadurch gemeinsam die Zukunft zu erarbeiten.

Die Literatur zum strategischen Instrumentarium führt eine umfangreiche Liste von Hilfsmitteln auf, die dazu beitragen, strategische Erfolgspositionen zu suchen, die Umwelt, die Konkurrenz, den Markt, die eigene Unternehmung sowie die Werthaltungen der Führungskräfte zu analysieren (Hinterhuber, 1980; Pümpin/Geilinger, 1988). So sind z. B. klassische Instrumente wie die Bestimmung strategischer Geschäftsfelder, Umweltanalysen, Szenarienbildung, Unternehmens- und Konkurrenzanalyse, Portfolioerstellung, strategisches Controlling und Unternehmensspiele zu nennen. Es ist jedoch nicht Sinn dieser Arbeit, die zahlreichen Instrumente der strategischen Planung

Strategieentwicklung als Lernprozeß		
Spiele	Wer: Ausrichtung:	Alle Organisationsmitglieder Lernen durch Erfahrung
Szenariotechnik	Wer: Ausrichtung:	Führungskräfte (Elite) Lernen durch Hinterfragung
Strategisches Controlling	Wer: Ausrichtung:	Alle Organisationsmitglieder Lernen durch Hinterfragung

Abbildung 29

aufzuführen. Es geht vielmehr darum, Hilfsmittel herauszuarbeiten und so zu nutzen, daß sie einen Beitrag zum Lernprozeß leisten bzw. diesen auslösen. Wenn wir im folgenden drei Beispiele der umfangreichen Liste zur Strategieentwicklung betrachten, geschieht dies, um den **Prozeß des Lernens** zu verdeutlichen und anhand der Darstellung auf fruchtbare Vorgehensweisen hinzuweisen.

Hilfsmittel im Rahmen des strategischen, zukunftsorientierten und vernetzten Denkens, denen wir uns näher widmen wollen, sind die Szenariotechnik (vgl. Ulrich/Probst, 1988; Probst/Gomez, 1991), Unternehmensspiele (vgl. Senge, 1991; Dörner, 1987) und das strategische Controlling (vgl. Pümpin, Geilinger, 1988), in Abbildung 29 dargestellt.

3.1.2 Spiele der Kleinen Welt

Menschen lernen am besten durch Erfahrung. Wenn der Mensch Motorad fährt, Tennis oder Volleyball spielt bzw. ein Fahrrad repariert, dann „erkennt" er Konsequenzen aus seiner Tätigkeit und lernt. Bei diesem Prozeß des Lernens bekommt der Lernende in kürzester Zeit ein Feedback über seine Handlungen. Nach dem Prinzip des Versuch-Irrtum-Verfahrens wird gehandelt, das Verhalten beobachtet und sich dann daraufhin angepaßt. Durch solche Feedbackschleifen, die in kurzer Zeit Rückschluß bezüglich der vorangegangenen Handlungen liefern, besteht die Möglichkeit, aus Erfahrungen zu lernen, ohne daß diese zeitlich bzw. räumlich voneinander getrennt sind (Senge, 1990a; 1990b; Senge/Sterman, 1992).

Spiele der Kleinen Welt erlauben dem Manager, an real existierenden Beispielen zu lernen. Der besondere Charakter des Lernens dieser Art besteht darin, daß Zeit und Raum in einem engen Zusammenhang stehen, so daß Experimentieren, das Erkennen von Handlungskonsequenzen und damit Lernen in kürzester Zeit ablaufen. Dieses Phänomen ist nicht neu. So spielen Kinder mit Puppen, Autos, Lego oder sonstigem Spielzeug, um sich auf Interaktionen vorzubereiten, dem Straßenverkehr gewappnet zu sein bzw. geometrische Formen kennenzulernen. Diese Spielzeuge stellen nichts anderes als die Realität dar, gespiegelt in einer kleineren und behutsameren Umwelt.

Durch das Experimentieren in diesem Kosmos entdecken die Kinder Prinzipien, Handlungsmaximen und Muster, die über das Spielzeug hinausgehen und in der „weiteren Realität" anwendbar sind. Kinder lernen bereits im jungen Alter die Funktionsweise von Systemen sowie die Sprache, ohne sie jemals gelehrt zu bekommen – sie experimentieren, beobachten, ziehen ihre Schlußfolgerungen und verhalten sich entsprechend (Senge, 1990a: 313).

Das Lernen an Objekten wie Spielzeugen ist jedoch nicht auf die Kinder beschränkt. Auch Organisationsmitglieder und Manager bedienen sich solcher Mikrowelten, um zu lernen (Senge, 1990a). So werden Übungen zum Rollenverständnis, zum Team-building, zur Projektorganisation usw. eingesetzt, um die Zusammenarbeit zu verbessern. Leider ist jedoch die Palette an möglichen Übungen für Organisationsmitglieder relativ limitiert, da die meisten Aufgaben sich auf *einen* Aspekt beschränken, ohne die gesamten Zusammenhänge im System darstellen zu können. Rollenspiele konzentrieren sich z. B. auf interpersonale Kommunikationsfähigkeiten, jedoch sind sie nicht in der Lage, die Komplexität der menschlichen Interaktionen in Organisationen nachzubilden.

Durch die Entwicklungen im Computerbereich besteht nun aber die Möglichkeit, komplexe Interaktionen aus dem Managementkontext von Unternehmen nachzubilden. Diese Abbildung von Realitäten erlaubt dem Benutzer, über mentale Modelle zu reflektieren, diese zu testen und, wenn nötig, zu verändern. Mikrowelten dieser Art dienen der Ausarbeitung und dem Testen von Strategien und Handlungen, um Visionen und Regeln zu erstellen: „Langsam aber sicher werden diese Computer eine neue Form des „Übungsfeldes" für Führungsmannschaften, bei denen Gruppen zusammenarbeiten und lernen, während sie über wichtige Entscheidungen reflektieren" (Senge, 1990a: 315).

Arie de Geus (1988) beschreibt organisationales Lernen daher auch anhand von drei Wegen: Lehren, Verändern der Spielregeln sowie Experimentieren. Experimentieren ist der am wenigsten genutzte, jedoch vermutlich mächtigste Weg des Lernens (vgl. Senge, 1990a). Das Experimentieren hat den Vorteil, daß komplexe Situationen betrachtet und Strategien entwickelt werden können und dann das Resultat analysiert werden kann, ohne daß das Risiko eines Fehlschlages und die damit zusammenhängenden Sanktionen in Kauf genommen werden müssen.

Beispiel: Unternehmensspiele

Nach dem Prinzip „learning by doing" wird versucht, an tatsächlichen Problemen Strategien zu entwickeln, die der Realität auch standhalten können. Durch diese Möglichkeit werden Individuen bzw. Gruppen von Individuen gezwungen, aus einer Reihe von Optionen diejenigen auszuwählen, die unter den gegebenen Gesichtspunkten als die sinnvollsten dargestellt werden können. Nach einer Auswahl unter verschiedenen Optionen ist jedoch das Unternehmensspiel nicht beendet, sondern es gilt, für die Entscheidung einen operativen Plan auszuarbeiten, der die unternehmensinterne Verwirklichung ermöglicht. Heute sind Unternehmensspiele vergleichbar mit Generalstäben der Armee, die die unterschiedlichen Situationen des Krieges beurteilen und mögliche Handlungsalternativen und Pläne ausarbeiten. Während früher Manager nach dem Prinzip „Versuch-Irrtum" eine Organisation möglicherweise in den Abgrund gestürzt haben, gilt heute das Prinzip „learning by doing" in Mikrowelten, um das Risiko einer Bauch- oder Bruchlandung zu minimieren. Durch die technologische Weiterentwicklung in der Computerwelt besteht heute die Möglichkeit, Unternehmen weitgehend realistisch abzubilden und mit Hilfe der unterschiedlichsten Softwareprogramme Umweltsituationen wie z. B. die Marktsituation, die Wettbewerber u.a.m. nachzubilden, um eine Basis für weitere Entscheidungen des Ausgangsproblems zu erhalten. „Wie ein Pilot in einem Flugsimulator können Computerprogramme Führungskräfte durch extrem schwierige Situationen manövrieren, um während des Prozesses herauszufinden, welche (in der Standardsituation sonst nicht ausprobierten) Alternativen zur Verfügung stehen."[1] (De Geus, 1988: 13)

---

1   Übersetzung durch Autoren.

FALLBEISPIEL I

Anwendung einer Mikrowelt bei einem Planungsseminar im Unternehmen

Ein Top Management Team hat bei einem zweitägigen Planungsseminar das Lerninstrument der Mikrowelt eingeführt (Senge, 1990a). Vor vier Monaten hatte sich dieses Team darauf geeinigt, 20 Millionen Dollar Umsatz/Jahr in 4 Jahren zu erreichen. Das Team hatte sich für dieses strategische Ziel eingesetzt und war selbst davon überzeugt („committed"). Der Vorstand im Bereich Verkauf hatte aber ein ungutes Gefühl. Er wollte jedoch nicht, daß seine Kollegen glauben, daß er sich nicht für das Ziel einsetzen würde. Vor allem wollte er nicht als Neinsager dargestellt werden, speziell in Anbetracht der Tatsache, daß er den Ruf eines Problemlösers hatte.

So ging das Top-Management-Team in das zweitägige Seminar, um in Mikrowelten – Zukunftsperspektiven der betrieblichen Situation – die Konsequenzen des Verkaufsplans aufzuarbeiten. Nach kurzer Zeit wurde der Gruppe bewußt, daß diesem Plan einige Annahmen zugrunde lagen, die ihnen zunächst nicht aufgefallen waren. Der Plan sollte 20 Prozent Jahreswachstum der Verkaufszahlen aufweisen, mit einer 20prozentigen Erhöhung der Verkaufsmannschaft. Die hier zugrundeliegende Annahme besagte, daß die Produktivität des Verkaufsteams über die Jahre konstant bleibt – 20 Prozent mehr Beschäftigte – 20 Prozent mehr Output!!! Dadurch wurde die Fragestellung ins Rollen gebracht, wie das Unternehmen 20 Prozent mehr Verkaufsleute engagieren kann, die die gleichen Fähigkeiten haben wie die bereits vorhandenen, so daß der Plan erfüllt werden kann. Die Diskussion

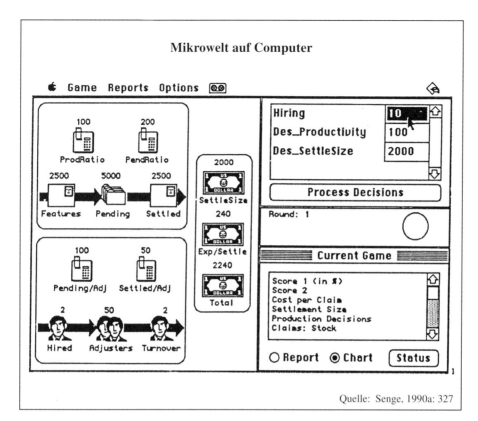

Mikrowelt auf Computer

Quelle: Senge, 1990a: 327

Abbildung 30

um erfahrene vs. unerfahrene Verkaufsleute bzw. das notwendige Training für das neue Team sowie das Abwerben von Mitarbeitern bei der Konkurrenz verdeutlichte, daß die ursprünglich aufgestellte Zahl von 20 Millionen revidiert werden mußte. Dies wurde noch deutlicher, nachdem die Annahmen in ein 4-Jahre-computergesteuertes-Modell eingebaut wurden, und damit die Verkaufszahlen errechnet wurden. Die verschiedenen Teams versuchten vergeblich, eine Strategie zu entwickeln, um die 20 Millionen überhaupt annähernd zu erreichen. Dabei hätte allein im vierten Jahr die Verkaufsmannschaft verdoppelt werden müssen (um einen Ausgleich zwischen erfahrenen und unerfahrenen Mitarbeitern zu schaffen), was wiederum die Personalkosten gesprengt hätte. Obwohl sie genügend Verkaufsleute engagieren könnten, um die 20 Millionen zu erreichen, verdeutlichte die Computersimulation, daß die Mischung der Verkaufsleute zunehmend zugunsten der Unerfahrenen drif-

ten und die durchschnittliche Produktivität dadurch sinken würde. Auf die Frage des Vorstandsvorsitzenden, ob das Top Management immer noch an dem 4-Jahres-Plan festhalten würde, antwortete keiner. Weitere kritische Punkte wurden diskutiert und verdeutlichten zunehmend, daß der Plan so nicht erfüllt werden konnte (Senge, 1990a).

Die computersimulierte Mikrowelt (siehe Abbildung 30) gab diesem Managementteam ein realistisches Bild der Zukunft. Durch die gemeinsame Konstruktion der Wirklichkeit, hatte die Gruppe gelernt, ihre Annahmen zu hinterfragen. Sie sahen, daß sie entweder ihre Ziele verändern oder ihre Verkaufsorganisation neu gestalten mußten. Das Erlebnis der Mikrowelt hat den Managern das Funktionieren des Systems vor Augen geführt und die Konsequenzen ihrer Pläne verdeutlicht.

,,... einige der interessantesten Lernerfahrungen von Mikrowelten entstehen durch das Aufzeigen der Konsequenzen für die Zukunft, indem Entscheidungen für das System Organisation durchge-spielt werden" (Senge, 1990a: 320).

Senge (1990) führt folgende Faktoren für den Erfolg von Mikrowelten in bezug auf das organisationale Lernen auf:

1. Integration von Mikrowelt und Realität
   – Offenbarung von Annahmen
   – Entdeckung von Inkonsistenzen und Unvollständigkeiten
2. Erhöhung und Verminderung des Zeitfaktors
   – Offenbarung von Kurz- und Langzeiteffekten
3. Verdichtung des Raumfaktors
   – Wahrnehmung von Konsequenzen, die am anderen Ende des Systems stattfinden
4. Isolation von Variablen
   – Kontrolle über einzelne Variablen
5. Experimentierende Orientierung
   – Neues Ausprobieren, ohne die Folgen sofort auf sich nehmen zu müssen

6. Pausen für Reflexion
   – Möglichkeit, Handlungen in Frage zu stellen
7. Theoriegeleitete Strategien
   – Komplexität des Systems erkennen durch Modellierung
8. Institutionelles Gedächtnis
   – Wissen und Erfahrungen speichern

Durch diese Faktoren sowie den Einsatz von Computern sind Mikrowelten in der Lage, real existierende Beispiele aufzuzeichnen und das Lernen zu fördern. Erst durch Gruppenprozesse wird es möglich, ein gemeinsames Bild der Wirklichkeit herzustellen und damit bestehende Werte und Normen offenzulegen. „Zukünftige Mikrowelten für Gruppen erlauben den Managern, ihre Rolle in der täglichen Welt zu spielen und die Interaktionen dieser Rollen zu verstehen." (Senge, 1990a: 337)

FALLBEISPIEL II

Tanaland oder der Umgang mit Komplexität

Der zweite Fall zeigt, wie anhand von „Simulationsspielen" ein Gefühl für die Handhabung von Komplexität erzielt werden kann. Diese Spiele dienen Führungskräften in der Aus- und Weiterbildung dazu, um Komplexität zu erfassen, Denkfehler im Umgang mit komplexen Situationen zu erkennen und die strategischen Führungsentscheidungen und Eingriffe in einem System zu verbessern. Tanaland ist eine computergesteuerte Simulation, die ein Gebiet irgendwo in Ostafrika nachempfindet (vgl. Dörner, 1989:22; siehe Abbildung 31). Mitten durch Tanaland fließt der Owanga-Fluß, der sich zum Mukwa-See verbreitert. Am Mukwa-See liegt Lamu, umgeben von Obstplantagen und Gärten und von einer Waldregion. In und um Lamu wohnen die Tupi, ein Stamm, der von

Ackerbau und Gartenwirtschaft lebt. Im Norden und im Süden gibt es Steppengebiete. Im Norden, in der Gegend um den kleinen Ort Kiwa, leben die Moros. Die Moros sind Hirtennomaden, die von Rinder- und Schaftzucht leben.

In dieser Computersimulation bekamen Versuchspersonen die Aufgabe, für das Wohlergehen der in Tanaland lebenden Bewohner und der gesamten Region zu sorgen. Die Versuchspersonen erhielten die Vollmacht, alle möglichen Eingriffe widerspruchslos durchzuführen. Sie konnten z. B. Jagdmaßnahmen anordnen, Felder düngen, Bewässerungssysteme anlegen usw. Insgesamt hatten die Versuchspersonen sechsmal die Gelegenheit, Informationen zu sammeln, Maßnahmen zu planen und Entscheidungen zu treffen. Mit diesen Maßnahmen sollten sie das Schicksal von Tanaland für die nächsten 10 Jahre bestimmen. In jeder neuen Eingriffsphase hatten die Versuchspersonen die Möglichkeit, die Ergebnisse, die Erfolge und Mißerfolge zu berücksichtigen, Entscheidungen rückgängig zu machen oder zu modifizieren.

In den meisten Fällen stieg zunächst die Bevölkerungszahl, da das Nahrungsangebot und die medizinische Versorgung sich zu Beginn aufgrund der ergriffenen Maßnahmen verbesserten. Aufgrund dessen hatten die Versuchspersonen auch das Gefühl, das Problem gelöst zu haben. Die installierte Zeitbombe, die erst in späteren Jahren aufgrund von allgemeinen Hungersnöten zum Tragen kam,

hatte einen überraschenden Effekt. Bei einer durchschnittlichen Versuchsperson kommt es etwa ab dem 88. Monat zu einer unauffangbaren Hungerkatastrophe, da die modernen Entwicklungen die Bevölkerung abhängig machen. Damit wird deutlich, daß die zunächst dringlichen Probleme (z. B. Gesundheitsfürsorge) gelöst wurden, ohne die dabei neu entstehenden Probleme im Auge zu behalten. Die Lage entwickelte sich katastrophal, weil einer asymptotisch einschwenkenden Steigerung des Nahrungsangebotes eine exponentielle Steigerung der Bevölkerungszahlen gegenüberstand.

Es gibt allerdings auch Versuchspersonen, die die Stabilisierung der Bevölkerungszahlen und

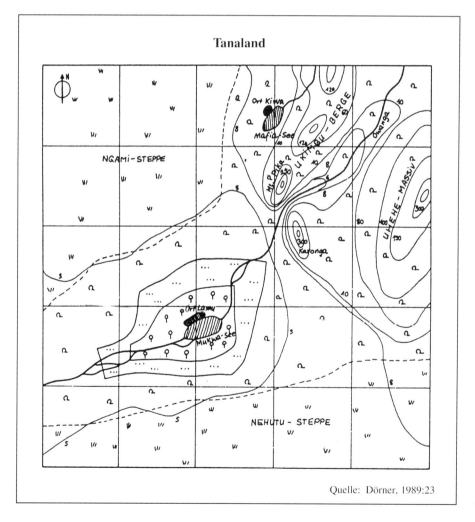

Quelle: Dörner, 1989:23

Abbildung 31

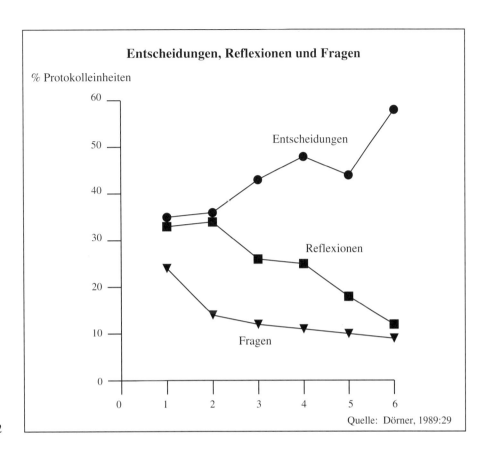

Entscheidungen, Reflexionen und Fragen

% Protokolleinheiten

Abbildung 32

Quelle: Dörner, 1989:29

insgesamt eine Anhebung des Gesamtniveaus des Lebensstandards ohne starke negative Auswirkungen erreichten. Die Gründe für den Erfolg dieser Personen lagen nicht etwa an dem Fachwissen, sondern an der ganzheitlichen Betrachtung des Systems. In einem netzwerkartigen System kann man fast nie nur einen Aspekt betrachten, sondern man lenkt immer mehrere Dinge zugleich. Die Nichtbeachtung der Nebenwirkungen kann leicht dazu führen, daß die Lösung des einen Problems andere Probleme erzeugt, da die entsprechenden Variablen des Systems negativ korreliert sind (vgl. Dörner, 1987; Ulrich/Probst, 1988; Probst, Gomez, 1991).

Dies alles kann die Ursache dafür sein, daß der Problemlösungsversuch in einem komplexen System am Ende überhaupt nichts bringt, weil man durch die Lösung des einen Problems mehrere andere erzeugt, die genauso schwerwiegend sind

wie das gelöste. So waren die Erträge von Äckern und Gärten in Tanaland deshalb so gering, weil Mäuse, Ratten und Affen sich ebenfalls beteiligten. Die Vernichtung dieser Tiere führt jedoch zu der Zunahme von Insekten, da diese von den getöteten Tieren verzehrt wurden. So können sich nicht nur Insekten vermehren, sondern es sind auch die Raubkatzen durch die Vernichtung der Mäuse, Ratten und Affen um ihre Beute gebracht worden und befallen nun den Viehbestand. Damit wird klar, daß der Erfolg einer Aktion nicht von einer Handlung abhängt, sondern von der Verknüpfung unterschiedlicher Elemente, und von der Beachtung von Neben- und Fernwirkungen; vernetztes Denken und Handeln ist deshalb für solche Problemsituationen angebracht.

Bei der Untersuchung der drei Kategorien „Entscheidungen treffen", „über die allgemeine Lage und mögliche Entscheidungen nachdenken" und

„Fragen stellen" wurde deutlich, daß zu Beginn der Versuche im Verhältnis deutlich mehr Zeit für die Kategorie Reflexion und Fragen stellen genutzt wurde und daß im Laufe der Zeit die Entscheidungssituation Vorrang erhielt (vgl. Abbildung 32, Seite 101).

Die Versuchspersonen glaubten, über die Methoden zu verfügen, die für den Umgang mit der Problemsituation von Tanaland notwendig waren. Die Versuchspersonen machten sich ein Bild der Struktur von Tanaland und agierten nun innerhalb dieses Bildes, ohne sich um die tatsächliche Realität zu kümmern (vgl. Dörner, 1987).

Bei diesem Experiment wurde deutlich, wie Denken, Wertsysteme, Emotionen und Stimmungen bei Handlungen interagieren. Die Parallelen zu realen Ereignissen waren offenkundig:

- Handeln ohne vorherige Situationsanalyse
- Nichtberücksichtigung von Fern- und Nebenwirkungen
- Nichtberücksichtigung der Ablaufgestalt von Prozessen

- Methodismus: man glaubt, über die richtigen Maßnahmen zu verfügen, weil sich keine negativen Effekte zeigen
- Flucht in die Projektmacherei
- Entwicklung von zynischen Reaktionen bei Mißerfolg.

Dies zeigt, wie ein Planspiel Realitäten simulieren kann und wie der Einzelne bzw. die Gruppe aus den sich ergebenden Situationen lernen kann. Dies ist möglich, da nach dem Spiel ein Feedback gegeben werden kann, so daß das riskante „Trial und Error" Prinzip der unternehmerischen Entscheidungen zunächst in einem Spiel getestet wird, um Fehler zu vermeiden (Dörner, 1989: 22–32). In ähnlicher Weise hat Dietrich Dörner auch ein Planspiel für die Regierung einer Stadt, genannt Lohausen, und ein Unternehmensspiel entwickelt (vgl. Dörner, 1989). Dies sind nur einige Beispiele von Simulationsspielen strategischer Natur.

3.1.3 Szenariotechnik

Szenarien sind Denkrahmen, die das Modellieren und die Darstellung potentieller Entwicklungen der Organisation erlauben und Wege möglicher Veränderungen aufzeigen. Um Maßnahmen zu planen, mit denen zielgerichtet in die Situation eingegriffen werden kann, sollte die Situation als Ganzes in der Zukunft vorstellbar sein. Aufgrund von eigendynamischen Prozessen verändern sich Situationen täglich und sind von außen nicht notwendigerweise (vorher-)bestimmbar. Der Erfolg eines Problemlösers, der die Organisation zu einer höheren Handlungskompetenz führen will, hängt von den passenden Maßnahmen für die zukünftige Situation ab. Die Situation, wie sie sich heute darstellt, ist lediglich ein Ausgangspunkt für die Maßnahmenplanung. Von größerer Bedeutung ist die Notwendigkeit der gedanklichen Antizipation von Veränderungen der Situation. Nur aufgrund eines solchen zukunftsgerichteten Denkens ist es

möglich, etwas zu unternehmen, um die sich aus zukünftigen Entwicklungen ergebenden Chancen zu nutzen oder möglicherweise eintretenden Gefahren zu begegnen (Ulrich/Probst, 1988). Im wesentlichen geht es darum, sich mit der Zukunft auseinanderzusetzen und zu erkennen, wodurch sich das Morgen vom Heute unterscheiden wird. Es ist das Ziel der Szenariotechnik, Erwartungen über zukünftige Veränderungen zu bilden, die von den Organisationsmitgliedern gemeinsam erarbeitet werden. Prognosen über die Zukunft, die mit Sicherheit eintreten, können nicht gemacht werden, da das Ergebnis von vernetzten dynamischen Prozessen oder komplexen Situationen nicht vorherbestimmbar ist. Es ist jedoch möglich, zukünftige Entwicklungen zu erkennen und auf dieser Grundlage rational begründbare Entschlüsse zu fassen. Glücklicherweise ist die Kapitulation unserer Vernunft vor der Komplexität und Eigendynamik von Problemsituationen nicht notwendig, auch wenn die Hoffnung aufgegeben werden muß, zukünftige Zustände mit Sicherheit vorherbestimmen zu können (Ulrich/Probst, 1988). Aufgrund der Tatsache, daß sich Systeme nicht beliebig verändern können, sondern innerhalb einer bestimmten Varietät bleiben, ist es andererseits möglich, Verhaltensräume zu beschreiben. Das methodische Vorgehen der Betrachtung von Veränderungsmöglichkeiten in Verhaltensräumen wird als Szenariotechnik bezeichnet.

Beispiel: Strategische Umweltszenarien
Die Beschreibung von Szenarien ist eine Betrachtung von zukünftigen Zuständen eines komplexen Systems, die auf bestimmten Annahmen beruht. Diese Annahmen sind das Resultat heutiger Informationen und deshalb mit Unsicherheit belastet. Um der Gefahr zu entgehen, daß die Situation sich nicht im ,,vorausgesagten" Verhaltensraum entwickelt und deshalb die strategischen Maßnahmen unangebracht sind, sollten mehrere Szenarien entworfen werden, so daß Strategien und Maßnahmen für die unterschiedlichen Situationen entwickelt werden können.

So kann man auch besser ein Gefuhl für das mögliche Systemverhalten entwickeln und entsprechende Lernprozesse auslösen. In der Regel werden einzelne Szenarienbereiche herausgearbei-

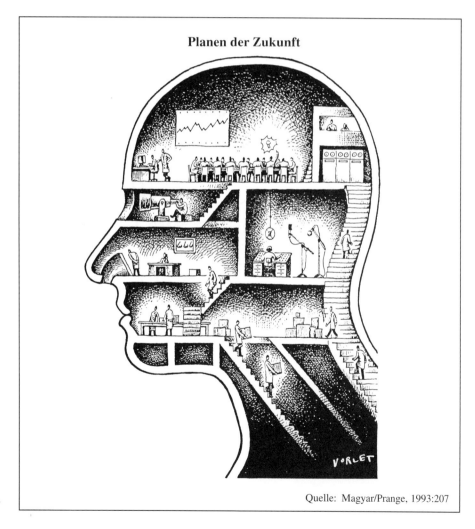

Planen der Zukunft

Abbildung 33

Quelle: Magyar/Prange, 1993:207

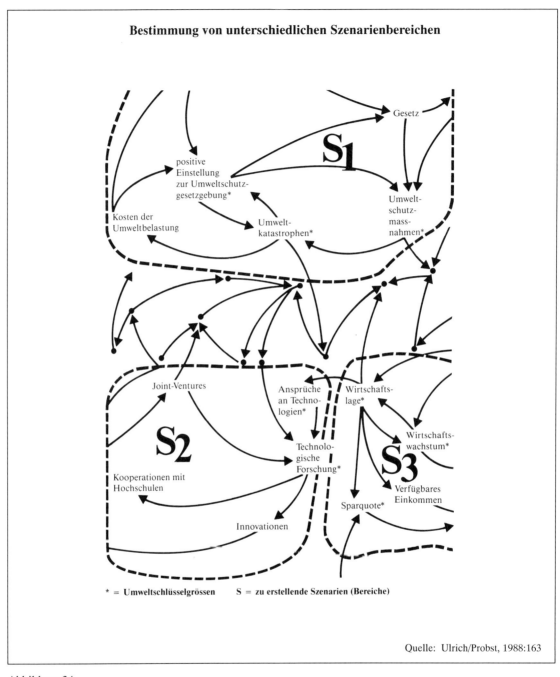

Bestimmung von unterschiedlichen Szenarienbereichen

Gesetz

positive
Einstellung
zur Umweltschutz-
gesetzgebung*

S1

Kosten der
Umweltbelastung

Umwelt-
katastrophen*

Umwelt-
schutz-
mass-
nahmen*

Joint-Ventures

Ansprüche
an Techno-
logien*

Wirtschafts-
lage*

S2

Wirtschafts-
wachstum*

Kooperationen mit
Hochschulen

Technolo-
gische
Forschung*

S3

Verfügbares
Einkommen

Sparquote*

Innovationen

* = Umweltschlüsselgrössen   S = zu erstellende Szenarien (Bereiche)

Quelle: Ulrich/Probst, 1988:163

Abbildung 34

tet und zu einem Gesamtmuster integriert (vgl. Abbildung 34, Seite 104).

In Szenarien können Organisationsmitglieder durch gruppenorientierte Workshops die gemeinsam geteilten Ansichten ihrer Firma diskutieren. Durch die gemeinsame Entwicklung der Szenarien kommt es zu einem Lernprozeß, da Annahmen hinterfragt werden und Ziele entwickelt werden, die die Grundlage für organisationales Handeln bilden. Durch den Entwurf von künftigen Zuständen und die Entwicklung entsprechender Maßnahmen baut die Organisation Handlungskompetenz auf, da bei unterschiedlichen Situationen die Organisation jederzeit bereit ist, bestehende Probleme zu lösen.

Vernetztes Denken bei der Reisebüro Kuoni AG

Kuoni ist einer der größten Reiseveranstalter in der Schweiz. Mit 1 400 Mitarbeitern bietet das Unternehmen vor allem Ferienreisen, jedoch auch Geschäfts- und Spezialreisen an. Das Umfeld, das veränderte Wirtschaftsklima sowie die darausfolgenden Strategien haben 1991 dazu geführt, daß sich Kuoni in einen Konzern umstrukturierte. Um diesen Entwicklungen Rechnung zu tragen und innerhalb der Kuoni Schweiz auf die sich wandelnde Umwelt zu agieren, wurde das vernetzte Denken und Handeln zur Hilfe genommen.

Ganzheitliches vernetztes Denken ist eine Art und Weise, die Welt wahrzunehmen, um in sie durch strategische Maßnahmen einzugreifen. Um aus einer ganzheitlichen Perspektive argumentieren und daraus die Zukunft bewältigen zu können, muß die Vielzahl der Verknüpfungen und Interaktionen eines Systems zunächst erkannt werden. In diesem Sinne war es bei Kuoni im Rahmen der Planung des Bereiches Geschäftsreisen notwendig, die unternehmensinternen Zusammenhänge zunächst in ein größeres Ganzes einzubetten und die Dynamik zu erkennen, bevor strategische Entscheide für dieses neue Geschäftsfeld getroffen wurden. Das Kennenlernen der Vernetztheit von zirkulären Wirkungsverläufen bildete die Grundlage für die Betrachtung von zukünftigen Entwicklungsmöglichkeiten und sich daraus ergebenden Handlungsalternativen (vgl. Fankhauser/ Probst, 1993).

So hat man bei Kuoni in einem ersten Schritt der strategischen Planung die Zielvorstellungen aus verschiedenen Perspektiven festgelegt, die Problemsituation abgegrenzt und diese dann modelliert. Anschließend erarbeitete eine Kleingruppe ein Netzwerk, das die Zusammenhänge der Zielgrößen und Einflußfaktoren aufzeigte (vgl. Abbildung 35, Seite 106).

Damit wurde eine Situation aus verschiedenen Perspektiven auf engstem Raum beschrieben, so daß eine integrierte Sicht der Organisation widergespiegelt wurde. Als dynamisches Modell, in dem die Zeitverläufe und die Einflußintensitäten eingeführt sind, konnte dieses Netzwerk dann für die gedankliche Simulation genutzt werden.

Um Maßnahmen planen zu können, ist es nicht hinreichend, eine dynamische Sichtweise der heutigen Situation zu entwickeln. Es ist wichtig zu wissen, wie sich die ganze Situation in Zukunft entwickeln könnte. Die Antizipation möglicher zukünftiger Veränderungen der Situation stellt eine wichtige Voraussetzung beim strategischen Planen dar.

Kuoni hat sich in diesem Sinne mit verschiedenen zukünftigen Situationsbeschreibungen in einem Gesamtnetzwerk auseinandergesetzt, und diejenigen Umweltkonstellationen untersucht, die sinnvolle künftige Entwicklungen darstellten. Die Szenariotechnik führte zu der Reflexion möglicher Zustände, mit dem Ziel, Konsequenzen und Handlungsmöglichkeiten zu durchdenken. In der Praxis wurde ein Grundszenario entwickelt, das aus der derzeitigen Sicht und aus den verfügbaren Infor-

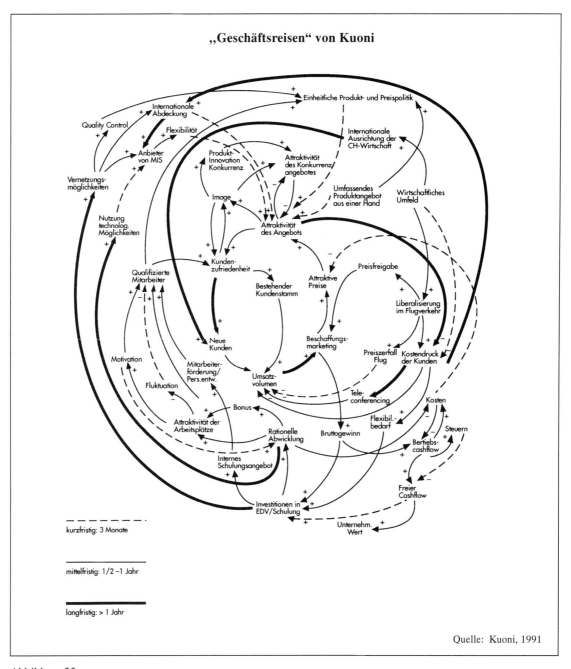

„Geschäftsreisen" von Kuoni

Einheitliche Produkt- und Preispolitik

Internationale Abdeckung

Quality Control

Flexibilität

Internationale Ausrichtung der CH-Wirtschaft

Anbieter von MIS

Produkt-Innovation Konkurrenz

Attraktivität des Konkurrenz/angebotes

Vernetzungs-möglichkeiten

Umfassendes Produktangebot aus einer Hand

Wirtschaftliches Umfeld

Nutzung technolog. Möglichkeiten

Image

Attraktivität des Angebots

Qualifizierte Mitarbeiter

Kunden-zufriedenheit

Preisfreigabe

Attraktive Preise

Liberalisierung im Flugverkehr

Bestehender Kundenstamm

Motivation

Beschaffungs-marketing

Fluktuation

Neue Kunden

Preiszerfall Flug

Kostendruck der Kunden

Mitarbeiter-förderung/Pers.entw.

Umsatz-volumen

Tele-conferencing

Kosten

Bonus

Flexibil.-bedarf

Steuern

Attraktivität der Arbeitsplätze

Rationelle Abwicklung

Bruttogewinn

Bertriebs-cashflow

Internes Schulungsangebot

Freier Cashflow

Investitionen in EDV/Schulung

Unternehm. Wert

kurzfristig: 3 Monate

mittelfristig: 1/2 –1 Jahr

langfristig: > 1 Jahr

Quelle: Kuoni, 1991

Abbildung 35

Chancen und Gefahren bei Kuoni „Geschäftsreisen"			
Szenario	Entwicklungen	Gefahren	Chancen
Grundszenario Liberalisierung (Ausschnitt)	• Preisfreigabe der Flug-tarife	• Unüberblickbares Tarifchaos	• Mit Einsatz modernster Technologie (Roboting Software) kann Markt-vorteil errungen werden
			• Volumenabhängige Einstandspreise gewin-nen an Bedeutung, Volumenkonzentration im europäischen Markt
	• Preiszerfall im Europa-Luftverkehr	• Tiefere Preise verursa-chen nicht ein wie er-wartetes höheres Passa-giervolumen	• Bedürfnis nach Mana-gement-Informationen im Bereich Reisen nimmt zu; vor allem auf internationaler Ebene
		• Umsatzabhängige Verkaufsprovisionen sinken	
	• Überalterung der Flug-geräte infolge mangeln-der Investitionen	• Flugverkehr wird auf-grund technischer Pannen unsicher	• Im Radius von 600 km wird die Bahn zur echten Alternative
Alternativ-szenario 1 (total liberalisierter Markt)	• Totaler Preiszerfall auf allen Destinationen	• Markanter Preissturz gepaart mit Über-nahmen und Zusammen-brüchen von renommier-ten Fluggesellschaften	• Neue Verhandlungen der Margen
	• • •	• • •	• • •
Alternativ-szenario 2 oder Störfallszenario	• Eskalation in der Staatskrise	• Verunsicherung des Reisemarktes. Zurück-haltung und Umorien-tierung des Verhaltens	• Neue Technologien, neue Märkte
	• Verknappung der Erdölmengen	• Erdölpreissteigerungen werden vollumfänglich auf Preise überwälzt	• Beratung „Kosten-management"
	• Bruttoinlandprodukt sinkt	• Negative Wachstums-prognosen und erhöhte Flugpreise	• • •

Quelle: Kuoni, 1991

Abbildung 36

mationen als wahrscheinliches Entwicklungsmuster erschien. Es wurden jedoch auch andere sinnvolle Entwicklungen beurteilt, die gewissermaßen Alternativszenarien – eher optimistische oder pessimistische – darstellten. Diese Szenarien, die für das Unternehmen als günstig bzw. ungünstig betrachtet wurden, bildeten die Grundlage für Eventualstrategien, die für überraschende Entwicklungen oder Störfälle in der „Schublade bereitliegen". Damit ist die Organisation in der Lage, ihre Hand-

---

Szenario: „EWR/EG-Beitritt" (August, 1991)

◼ *Annahmen:*
- weitreichender EWR-Vertrag, der einem EG-Beitritt nahekommt
- EG-Binnenmarkt schottet sich nicht nach außen ab
- positive Wachstumsimpulse aus deutschem Einigungsprozeß
- langfristiger Aufschwung im Ostblock
- weiterhin teures CH-Kapital
- Kapitalknappheit in den 90er Jahren
- anhaltender Konzentrationsprozeß

◼ *Wirtschaftliche Entwicklungen:*
Gesamteuropäische Integrationseffekte resultieren sowohl aus den Möglichkeiten eines größeren Marktes sowie aus den Wirkungen eines intensiveren Wettbewerbs.
Daraus ergeben sich grundsätzlich drei Auswirkungen:
- internationale Arbeitsteilung
- Produktivitätssteigerung
- Strukturwandel

die in ihrer zeitlichen Abfolge zum Teil parallel laufen und sich gegenseitig beeinflussen.
Internationale Arbeitsteilung: Produktion am billigsten Standort Schweiz verliert an Bedeutung.
Produktivitätssteigerung: effizientere Produktion und tieferes Preisniveau.
Strukturwandel: Produktdifferenzierung in strategische Gruppen, Konzentrationsprozeß, Bildung von strategischen Allianzen und Koalitionen.
Integrationsprozeß nach 10 Jahren:
- 4–6 Prozent Wachstumsverstärkung
- 8 Prozent tieferes Preisniveau

◼ *Reisemarkt:*
Die allgemeinen wirtschaftlichen Entwicklungen wirken sich auf zwei Arten auf den Reisemarkt aus: Durch eher kurz- bis mittelfristige branchen- und angebotsstrukturelle Effekte und durch eher langfristige nachfrageseitige Effekte.

◼ *Angebotseffekte:*
Durch die Konzentrationseffekte kommt es zu Preisdruck, und ausländische Anbieter treten auf dem Schweizer Markt auf. Sprache und kulturelle Verbundenheit wird zum sich abgrenzenden Kriterium. Es entsteht Druck zur Bildung von Kooperationen, um das Volumengeschäft zu unterstützen. Qualitätsverbesserungen bei den Marktleistungen sind notwendig, um sich vor ausländischer Konkurrenz zu schützen.

◼ *Nachfrageeffekte:*
Es kommt zur Zunahme des Marktvolumens an Reisen durch höheren Wohlstand und mehr finanzielle Mittel für Reisen. Durch die Internationalisierung kommt es zu höherer Mobilität und höherem Reiseaufkommen.

■ *Überblick über Auswirkungen:*
  – allgemeiner Preisdruck sinkende Margen
  – Sprache als zusätzliches abgrenzendes Kriterium
  – Druck zu Kooperationen im Einkaufs-, Produktions- und Vertriebsbereich auf dem Euromarkt
  – Eindringen ausländischer Anbieter im Tief- und Mittelpreissegment
  – Zunahme des gesamteuropäischen Reisevolumens infolge von langfristigen Wohlstandseffekten
  – totale Liberalisierung im Luftverkehr
  – Tarifchaos

lungskompetenz anzureichern. Diese Anreicherung der Handlungskompetenz und Wissensbasis bildet die Grundlage organisationalen Lernens. Das organisationale Lernen wurde besonders durch das gemeinsame Erarbeiten des Netzwerkes, die Analyse der Zusammenhänge und das ,,Spielen" mit möglichen Szenarien in Workshops erzielt.

Das Netzwerk diente Kuoni als Ausgangspunkt für die Entwicklung von Szenarien in den einzelnen Umweltbereichen. Auf dieser Basis konnten ein wahrscheinliches Szenario, optimistische oder pessimistische Lagebeschreibungen oder auch spezifische Fragestellungen (EWR/EWG-Beitritt, Krisenszenario für den Golfkrieg etc.) diskutiert werden.

Ein solches Szenario für den EWR/EG-Beitritt wurde für die Diskussion in verschiedenen Führungsgremien verwendet, um Konsequenzen durchzudenken. Der Ausschnitt in der Tabelle auf Seiten 108/109 gibt einen Eindruck über seine Form und Inhalte.

Nach der Entwicklung von Szenarien und der Beschreibung der möglichen Auswirkungen werden die Interpretation und die Bestimmung von Chancen und Gefahren in der Gruppe zu einem Hauptfaktor der Analyse. Das Resultat dieses Prozesses kann wie in Abbildung 36, Seite 107, dargestellt werden (vgl. Fankhauser/Probst, 1993).

Dieses Durchdenken und Interpretieren möglicher Zukunftsszenarien ist ein schöpferischer Prozeß, der mehr als nur methodisches Vorgehen erfordert. So geht es darum, eine Vielzahl von Informationen aus verschiedenen Quellen aufzunehmen und zu beurteilen, sie mit eigenen Vorstellungen zu verbinden und auf die Problemsituation anzuwenden, so daß das Wesentliche herausgearbeitet werden kann und Verhaltensmuster erkennbar werden (vgl. Ulrich/Probst, 1988).

Royal Dutch Petroleum/Shell

Die Royal Dutch Petroleum/Shell Gruppe ist ein international tätiges Ölunternehmen mit 82 000 Mitarbeitern. Für das zweitgrößte europäische Unternehmen stellt strategische Planung einen fundamentalen Prozeß des Lernens dar. Wie der Direktor des Bereichs Planung, Strategie und Organisation der Deutschen Shell schreibt, sind kontinuierliche gemeinschaftliche Lernprozesse und die sich daraus ergebenden unternehmerischen Maßnahmen Voraussetzung für den Erfolg (Hoffmann, 1993). So sind die meisten Entscheidungsvorgänge in einem Unternehmen in Wirklichkeit Lernprozesse, da die Beteiligten von unterschiedlichen Meinungen, Einstellungen und Werten ausgehen und dann in wechselseitigem Gedankenaustausch ihre Unterschiede offenlegen, so daß ein neues Bild entwickelt werden kann. Das Ergebnis solcher Gruppenprozesse ist erfahrungsgemäß von höherer Qualität und größerem Nutzen als unreflektiert gefaßte Entscheidungen einzelner Individuen. Um die Entscheidungsfindungsprozesse in Gruppen zu beschleunigen, wird bei der Shell-Gruppe versucht, mit Gedankenmodellen in Form von Szenarien zu arbeiten.

Szenarien sind das wesentliche Instrument des Lernens, da diese dem Ändern sowie dem Annähern mentaler Modelle dienen. Durch das Hinterfragen des Unternehmensfeldes, in dem die Organisationsmitglieder handeln und agieren, werden die Erfahrungen, Einstellungen und Werte herauskristallisiert.

Szenarien verhindern damit das Übertragungsdenken, d. h. der Versuchung zu erliegen, zu glauben, daß das, was heute ist, auch in 10 Jahren so sein wird. Sie zwingen den Einzelnen und die Gruppe sich mit wirtschaftlichen und gesellschaftlichen Trends auseinanderzusetzen und helfen Wechselwirkungen sowie Prinzipien unserer komplexen Welt zu erkennen. Damit kann es zu einer Änderung mentaler Modelle kommen. Um eine Annäherung von kognitiven Landkarten in einer Organisation zu bewirken, werden zum einen die Annahmen der Szenarien gemeinschaftlich bestätigt oder widerlegt sowie unberücksichtigte Chancen und Gefahren herausgearbeitet.

Im Zentrum der Szenarienbetrachtung bei Shell steht somit die Frage ,,Was werden wir tun, wenn etwas passiert?". Damit stimulieren Szenarien die Aufnahme und Verarbeitung von Frühwarninformationen. Das Ziel ist die rechtzeitige Erkennung von möglichen zukünftigen Entwicklungen, wie z. B. Strukturveränderungen oder das Aufnehmen schwacher Signale.

Bei der Shell-Gruppe beginnt dieser Lernprozeß durch die Identifizierung der relevanten Themen in den Betriebsgesellschaften. Die Planungsabteilung beginnt mit einer Umfrage bei den Organisationsmitgliedern und versucht damit die relevanten zukünftigen Themen herauszuarbeiten. Um ein ganzheitliches Bild zu entwickeln, werden zu der Szenarienbearbeitung nicht nur interne Organisationsmitglieder herangezogen, sondern auch unternehmensexterne Experten in den relevanten Interessengebieten. Nachdem diese Szenariogruppe in Workshops zwei sogenannte ,,Rohszenarien" entwickelt hat, werden diese mit den zugehörigen Organisationsmitgliedern in den Betriebsgesellschaften diskutiert und auf Regionen fokussiert. Die Planungsgruppe stellt dann ein Globalszenario zusammen, daß als Grundlage für Entscheidungsprozesse innerhalb des Unternehmens dient.

Über jedes Szenario bzw. jeden Themenbereich werden die Auswirkungen der möglichen Entwicklungen aufgezeichnet und wichtige ökonomische Daten festgehalten, so daß (prophylaktisch) Maßnahmen ergriffen werden können. In allen Betriebsgesellschaften werden von der zentralen Planungsabteilung spezielle Workshops angeboten, so daß diese (falls sie nicht an der Entwicklung beteiligt waren) über die zukünftigen Herausforderungen informiert werden.

Daraus folgt, daß die Shell-Gruppe den betriebsinternen Prozeß des Lernens als einen wichtigen Bestandteil ihrer Firma anerkennt. Durch die Beteiligung einer Vielzahl von Organisationsmitgliedern an der Szenariobildung werden mentale Modelle der Zukunft aufgebaut. Durch den interaktiven Prozeß der Änderung und Annäherung von diesen mentalen Modellen wird ein gemeinsames Bild konstruiert.

3.1.4 Strategisches Controlling

Im strategischen Controlling geht es darum, die Prämissen der strategischen Planung periodisch zu überprüfen, Fortschritte der Umsetzung der Strategien festzuhalten und entsprechende Maßnahmen und Korrekturen einzuleiten (vgl. Pümpin, Geilinger, 1988). Da die Ergebnisse menschlichen Handelns nicht vorhersehbar sind, sollten wir versuchen, zumindest durch gedankliche Simulationen die Situation besser unter Kontrolle zu halten, um die Wirkungen unserer Maßnahmen beurteilen zu können. Eine Abweichung der tatsächlichen Ergebnisse von den vorgegebenen Werten läßt auf die Notwendigkeit von Korrekturmaßnahmen – im Sinne von Anpassung der Richtlinien, Regelungen, Zielvorgaben – schließen. Neben der Erfassung der Reparaturnotwendigkeit und entsprechenden anpassungsorientierten Maßnahmen geht es im strategischen Controlling auch darum, Entwicklungsmöglichkeiten und -notwendigkeiten aufzudecken. Dies trifft insbesondere Fragen der Flexibilisierung und der Erschließung neuer Potentiale (vgl. Probst, 1993; Klimecki/Probst/Gmür, 1993). Bei komplexen und dynamischen Situationen ist es aber nicht immer möglich oder leicht, die Handlungen zu evaluieren. Um diese komplexen Situationen zu beurteilen, ist es notwendig, ein ganzheitliches Hilfsmittel des Controllings zu bilden. Mittels der Analyse von natürlichen „Regelkreisen" in einem Unternehmen kann man die für die notwendigen Korrekturmaßnahmen erforderlichen Problemlösungen erkennen. Früherkennungsindikatoren erlauben es, sich rechzeitig mit Veränderungen oder möglichen Abweichungen auseinanderzusetzen und zu agieren statt zu reagieren. Wichtig ist dabei, Feedback frühzeitig, an der richtigen Stelle und in der geeigneten Art zu geben. Mittels der Analyse von natürlichen „Regelkreisen" in einem Unternehmen kann man auch die für die Korrekturmaßnahmen erforderlichen Problemlösungen erkennen (Probst/Gomez, 1992; Ulrich/Probst, 1988). (Vgl. Abbildung 37, Seite 113.)

Beispiel: Feedback
Feedback dient zur Überprüfung eines Prozesses und ermöglicht mittels Informationsrückkoppelung ein nachträgliches Korrigieren von Handlungen, Maßnahmen, Verhaltensweisen oder Zielsetzungen. Bei strategischen Prozessen, z. B. der Einführung und Kontrolle einer Unternehmenspolitik, ist Feedback ein Evaluations- und Korrekturinstrument. Feedback dient nicht der moralischen Beurteilung, sondern der Informationsrückkoppelung innerhalb beschlossener Maßnahmen und hilft so, Verbesserungen einzuleiten, die Zukunft zu gestalten und die Notwendigkeit weiterer Kontrollen und Korrekturen abzuschätzen. Ein gutes Feedback hängt dabei einerseits von einer gezielten Überprüfung von Früherkennungsindikatoren ab, andererseits auch vom korrekten Umgang mit den rückzukoppelnden Informationen. Im menschlichen Bereich liegt die Schwierigkeit besonders im Feedback geben und empfangen. Abbildung 38, Seite 114, enthält dazu einige Regeln (Probst, 1993).

Im Rahmen des Customer-Focus-Programms bei der Asea Brown Boveri wird deutlich, daß es nicht nur um das Fordern und Fördern der Durchlaufzeiten-Reduktion, der Qualitätserfüllung und das Management der Lieferantenbeziehungen gehen darf, sondern ebenso um das Feedback. Bagdasarjanz, Geschäftsführer von ABB Drives, schreibt dazu in einer Customer-Focus Broschüre: „Feedbacken ist die laufende Rückmeldung über den Grad der Zielerreichung aus der Sicht des Chefs und unserem Umfeld. Feedbacken ergänzt das Führen mit Zielen und ist eine Information, wie die eigene Leistung im Feld ankommt ... Leben wir im Betrieb nach Fordern, Fördern und Feedbacken, erkennen wir noch stärker, wie wir gegenseitig aufeinander angewiesen sind. Im Team erreichen wir durch ehrlichen Austausch von Erwartungen, Befürchtungen und Rollenvorstellungen eine neue Zufriedenheit am Arbeitsplatz."

Bei dem Kommunikationsprozess innerhalb einer Gruppe darf das Feedback nicht linear und unilateral verlaufen. Es bedarf verschiedener, interaktiver Schleifen. Ziel dieses Prozesses ist es immer, für einen gemeinsam geteilten Austausch von Informationen zu sorgen. Jedes Organisationsmitglied und jede Gruppe muß sich über die Bedeutung der Aussagen im klaren sein und sie verstehen.

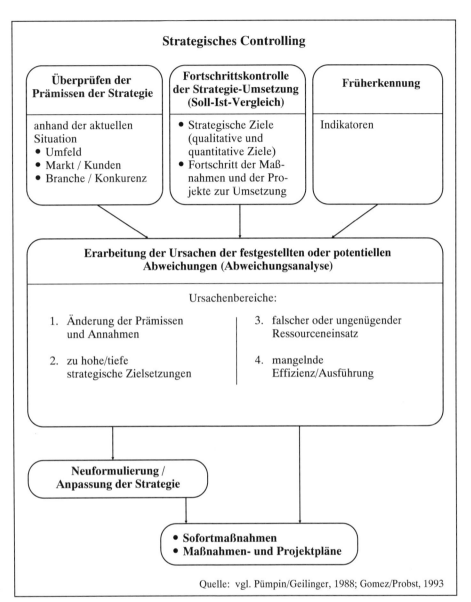

Strategisches Controlling

Überprüfen der Prämissen der Strategie	**Fortschrittskontrolle der Strategie-Umsetzung (Soll-Ist-Vergleich)**	**Früherkennung**
anhand der aktuellen Situation • Umfeld • Markt / Kunden • Branche / Konkurenz	• Strategische Ziele (qualitative und quantitative Ziele) • Fortschritt der Maßnahmen und der Projekte zur Umsetzung	Indikatoren

Erarbeitung der Ursachen der festgestellten oder potentiellen Abweichungen (Abweichungsanalyse)

Ursachenbereiche:

1. Änderung der Prämissen und Annahmen

2. zu hohe/tiefe strategische Zielsetzungen

3. falscher oder ungenügender Ressourceneinsatz

4. mangelnde Effizienz/Ausführung

Neuformulierung / Anpassung der Strategie

• **Sofortmaßnahmen**
• **Maßnahmen- und Projektpläne**

Quelle: vgl. Pümpin/Geilinger, 1988; Gomez/Probst, 1993

Abbildung 37

113

Feedback-Regeln	
Regeln für den Feedback-Geber	**Regeln für den Feedback-Empfänger**
1) Nicht urteilen oder bewerten, sondern sich auf die Wiedergabe seines persönlichen Eindrucks beschränken.	1) Feedback als Chance und Lernmöglichkeit auffassen.
2) Informationen beziehen sich lediglich auf das Verhalten des anderen in einer bestimmten Situation und beschreiben keine allgemeinen Verhaltensmuster.	2) Ein gutes Feedback beinhaltet immer einen großen Teil an wertvollen, positiv zu bewertenden Informationen, an Standpunkten, die einen bestimmte Dinge klarer sehen lassen.
3) Klare, verständliche und präzise Feedback-Informationen liefern.	3) Sich nicht vorschnell zu Defensivreaktionen und Rechtfertigungen hinreißen lassen.
4) Sowohl Fakten als auch Eindrücke – von der eigenen Person und vom anderen – weitergeben.	4) Ruhig und entspannt zuhören, nicht unterbrechen.
5) Streng zwischen Fakten und Eindrücken differenzieren.	5) Eindrücke und Empfindungen des anderen hinterfragen; im Dialog weitere Punkte klären.
6) Feedback ist nicht als Psychotherapie gedacht, obwohl es manchmal auch dazu dient, unterschwellige Konflikte aufzuzeigen und zu bewältigen.	6) Gespräch auf diejenigen Verhaltensweisen lenken, um die es im Feedback-Gespräch geht.
7) Persönliche Eindrücke dürfen sich lediglich auf die eigene Person und nie auf Abwesende beziehen.	7) Den anderen zur Formulierung seiner Eindrücke und Ideen in bezug auf die zukünftigen Änderungen ermutigen.
8) Der Gesprächspartner muß die Möglichkeit haben, zu den gelieferten Informationen Stellung zu nehmen.	8) Informationen niemals hinterher gegen den Feedback-Geber verwenden und ihm auch seine Offenheit nicht übelnehmen.

Quelle: vgl. Probst, 1993: 386

Abbildung 38

114

Maag Technic

Im Rahmen des strategischen Managements stellte sich bei Maag Technic in verschiedenen Workshops die Frage des Controllings, insbesondere der Möglichkeiten der frühen Erkennung von veränderten Prämissen und von Abweichungen in der Realisierung der Strategien. Maag Technic ist ein mittleres Unternehmen, das zur schweizerischen Dätwyler-Gruppe gehört. Es ist ein technisches Handelshaus für Industriekomponenten in der Kunststofftechnik, Dichtungstechnik, Hydraulik und Pneumatik. In einem kreativen Konstruktionsteam werden auch Teile nach Zeichnungen und Vorlagen für Form-, Dreh-, Stanzteile und Dichtungen in eigenen Produktionswerkstätten erstellt. Obwohl die Firma sehr erfolgreich ist und damit kein Leidensdruck bestand, wurden 1990 die strategischen Einheiten überprüft und definiert, die Schlüsselfaktoren aus einem Netzwerk heraus erarbeitet und verschiedene Szenarien (,,Schrumpfender, stagnierender Markt", ,,EG – Auswirkungen auf den technischen Handel") in einer grösseren Gruppe von Betroffenen analysiert. Neben der Geschäftsleitung nahmen Verantwortliche für Filialen, Verkaufsleiter, Außendienstleiter, Verantwortliche für Organisation, Logistik, Personal, Qualitätssicherung u. a. aktiv in den Workshops teil.

Die Erarbeitung der Szenarien und die Suche nach Früherkennungsgrößen zeigten besonders stark, daß eine weitgefasste Zusammensetzung der Arbeitsgruppe Sinn machte. Was sich als Resultat aus den Workshops präsentiert, sieht einfach und klar aus, seien es nun die Auflistung von Chancen und Gefahren aus den Szenarien oder die Früherkennungsindikatoren für die verschiedenen Bereiche (mitarbeiter-, leistungs-, finanzwirtschaftlichorientiert usw.; vgl. Abbildung 39, Seite 116). Von größerer Bedeutung ist jedoch der Prozeß, die Erarbeitung durch die Gruppen, die Diskussion in den Workshops und die Auseinandersetzung mit externen und internen Fachleuten. Als Beispiel sei hier nur etwa die Erarbeitung eines Wertvorstellungsprofils erwähnt, das erlaubte, Unterschiede und Bedeutung von Einstellungen zu relevanten Unternehmensgrößen zu besprechen (vgl. Abbildung 40, Seite 118).

Von Bedeutung ist für uns hier auch, daß für das strategische Controlling eine Grundlage im Früherkennungssystem geschaffen wurde. Darin setzten sich die Betroffenen nicht einfach mit harten finanzwirtschaftlichen Größen auseinander, sondern sie erarbeiteten viele weiche Signale, die langer Definitionsprozesse bedurften. Je stärker die Reflexion in den relevanten Teilen des Unternehmens dabei ist, umso eher werden Lernprozesse ausgelöst.

Dabei geht es nicht darum, daß Früherkennungsindikatoren eine Garantie für das Vorhersehen von Chancen und Gefahren darstellen. Sie zwingen jedoch zur Hinterfragung, zur Präzisierung der Signale, die es zu beobachten gilt, zur Auseinandersetzung mit anderen Abteilungen und Bereichen. Und so manches ,,Aha-Erlebnis" entsteht aus dem Erkennen von Zusammenhängen oder der Diskussion von Zeiträumen und Zeitverzögerungen, die im Netzwerk immanent vorhanden sind.

Indikatoren zur Früherkennung bei Maag Technic		
Maag Technic	Strategische Planung mit Vernetztem Denken	
Frühwarnindikator		
Bereich:	Leistungsorientiert	
Beobachtungs-Sektor:	Soziales	
Indikator:	Qualifikation der Mitarbeiter	
Zuverlässigkeit:	mittel	
Kommentar:		
Auswirkung auf:	Kundennutzen	
Was wird gemessen?	Anzahl Reklamationen	Qualifikation
Wie wird gemessen	Internes Meldesystem der Qualitätssicherung	Auswertung der Qualifikationsblätter
Wo sind die Daten?	VPEND	
Schwellenwert:	1% Fehlerquote	eine Qualifikations-beurteilung
	pro Anz. Auslief./Monat	„schwach"
Frühwarnzeit:	6 Monate (5% Fehlerquote)	12 Monate
Denkbare Antwort-Strategie:	– Schulung – vermehrte Kontrollen	– Zielvorgaben – Schulung
Zeit, bis Wirkung eintritt:	2 Monate	6 Monate

Abbildung 39

Maag Technic	Strategische Planung mit Vernetztem Denken
Frühwarnindikator	
Bereich:	Verkauf
Beobachtungs-Sektor:	Verkauf
Indikator:	Bestellungseingang in der Abteilung V12
Zuverlässigkeit:	hoch
Kommentar:	Zu- oder Abnahme des Bestellungseingangs zeigt uns, ob mehr oder weniger Maschinen produziert werden
Auswirkung auf:	Geschäftsgang aller Maagtechnic-Abteilungen (exklusiv Export)
Was wird gemessen?	Auftragseingang der Abteilung V12
Wie wird gemessen?	Veränderung des Auftragvorrats innerhalb von 4 Monaten
Wo sind die Daten?	PIKOS
Schwellenwert:	± 20 % unveränderte Tendenz
Frühwarnzeit:	5 – 6 Monate
Denkbare Antwort-Strategie:	Lageranpassung
Zeit, bis Wirkung eintritt:	3 – 4 Monate
	Quelle: Maag Technic, 1992

Abbildung 39
(Fortsetzung)

Wertvorstellungsprofil Vielfalt der Einstellungen des oberen Kaders als Diskussionsbasis						
Faktoren	**Ausprägungen**		**1**	**2**	**3**	**4**
Firmenimage	führendes Handels-unternehmen mit High-Tech-Image ⟷	Warenhaus mit Massenartikel ohne technische Beratung				
Produkteimage	Eigenmarken sowie beratungsintensive Produkte zu höheren Preisen ⟷	billige Massen-produkte ohne Beratung				
Innovationsneigung	groß ⟷	klein				
Marktleistungs-qualität	höchste Qualitäts-vorstellung, Kundennähe ⟷	ohne Bedeutung				
Umsatzwachstum	groß ⟷	gering				
Gewinnwachstum	groß ⟷	gering				
Absatzraum	umfassend, eventuell Ausland ⟷	beschränkt Inland				
Preiskonditionen	fest ⟷	flexibel				
Personalstruktur	teuer, kleine Fluktuation ⟷	kostengünstig, höhere Fluktuation				
	jüngere ⟷	ältere Mitarbeiter				
Mitwirkung Personal	starke ⟷	keine				
Gesellschafts-politische Ziele	volle Rücksichtnahme ⟷	keine Rücksichtnahme				
Risikoneigung	groß ⟷	klein				
Eigentumsverhältnisse Bindung an Holding	klein ⟷	groß				
Ökologie: Bereitschaft zu öko-logischem Denken	groß ⟷	klein				

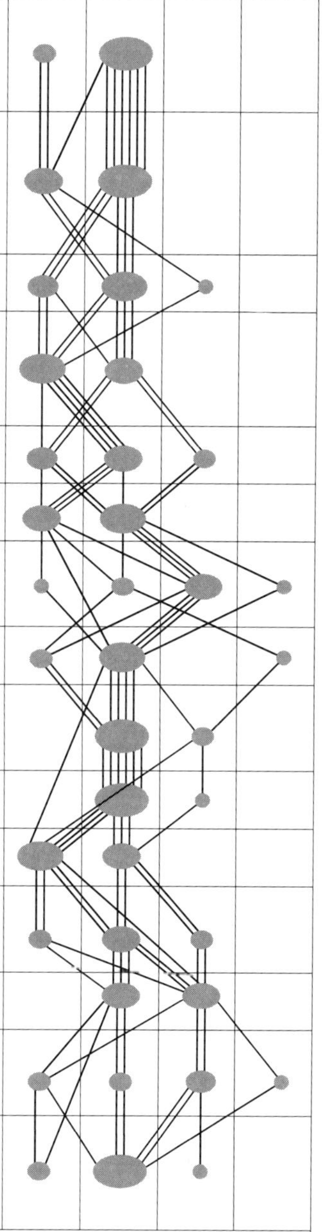

Quelle: Maag Technic, 1991

Abbildung 40

3.2 Strukturentwicklung als Lernprozeß

3.2.1 Der strukturelle Kontext

Strukturen erlauben oder fördern Handeln. Sie schließen aber auch Handlungsmöglichkeiten aus. Bestimmte Regelungen schränken unsere Bewegungsfreiheit ein, andere verstärken innovative, kreative Prozesse. Organisieren oder das Schaffen eines strukturellen Kontextes ist dazu da, einen Ordnungsrahmen für das Geschehen und die Möglichkeiten zu erstellen. Innerhalb dieses Rahmens kann ein System sich entfalten oder aufrechterhalten und verschiedene Ordnungsmuster erreichen. Formale wie informale Gestaltungsmaßnahmen und -regeln bilden die Basis. Sie sind Resultat des Systems, mitgestaltet, aber nicht völlig (voraus-) bestimmt. Die Gestaltung des strukturellen Kontextes zielt darauf ab, Rahmenbedingungen und Basisregeln zu legen, um die Anpassungsfähigkeit und Entwicklung in geeigneter Weise zu „steuern" und fördern. Dabei geht es sowohl um die Gestaltung und Verwendung der Organisationsinstrumente als auch um die Organisationsmethodik, d. h. die Prozesse des Wandels.

Um den Lernprozeß innerhalb einer Organisation zu ermöglichen, gilt es, eine Balance zwischen Kontrolle und Freiheit, Ordnung und Chaos, Stabilität und Veränderung sowie Zentralisierung und Dezentralisierung zu finden. In diesem Span-nungsfeld ist es die Aufgabe des Managements, das angemessene Maß an Strukturierung zu finden. So sind Strukturformen zu suchen, die organisationales Lernen fördern, in denen Raum für Innovationen und Kreativität geschaffen wird, Reflexion über Arbeitsprozesse möglich ist, Probleme bearbeitet und Chancen erkannt werden, Aufgaben ganzheitlich gelöst werden sowie die Mitarbeiter an Entscheidungen partizipieren können. Aufgrund dieser Kriterien geht die Suche nach Organisationsformen in Richtung temporärer, netzwerkartiger Strukturen, flacher Hierarchien, Reduzierung von Arbeitsteilung, Integration von Denken und Handeln und Planung, Durchführung und Kontrolle in einer Hand etc. (vgl. Sattelberger, 1991c; Probst, 1993). Im großen und ganzen geht es um die Schaffung von strukturellen Wegen, die Innovation, Kreativität, Reflexion und Freiräume fördern.

Es ist nicht Sinn dieses Abschnittes eine ausführliche Darstellung der möglichen strukturellen Kontexte wiederzugeben. Vielmehr sollen einige Beispiele herausgegriffen werden, die das Lernen innerhalb von Strukturentwicklung aufzeigen. Organisatorische Hilfsmittel im Sinne der Strukturmodelle, Teamorganisation, Arbeitsgestaltung usw. dienen dazu, einen grundlegenden Rahmen für Stabilität, Kreativität, Flexibilität, Einordnung usw. zu schaffen. Das Management des strukturel-

Strukturentwicklung als Lernprozeß		
Projektorganisation	Wer: Ausrichtung:	Gruppen Lernen durch Problemlösung
Netzwerkstrukturen	Wer: Ausrichtung:	Gruppen sowie System Lernen durch Austausch
Kooperationen	Wer: Ausrichtung:	System Lernen durch Erhöhung der Problemlösungsfähigkeit

Abbildung 41

len Wandels erfordert aber gleichzeitig adäquate Hilfsmittel, Vorgehensweisen und Prozesse. Darin enthalten sind besonders Projektorganisation, Kommunikationsprozesse, Kreativitätsmethoden, Umsetzungshilfen, Unfreezing-Methoden usw. (Probst, 1993). So wird im folgenden vor allem auf Prozesse und Vorgänge innerhalb des strukturellen Kontextes aufmerksam gemacht, um auf den Zusammenhang mit dem organisationalen Lernen hinzuweisen (vgl. Abbildung 41, Seite 119).

3.2.2 Projektorganisation

Da das Unternehmen eine relativ stabile Ordnung braucht, um zu funktionieren und Sicherheit zu geben, muß gleichzeitig ein spezifischer, temporärer Handlungsrahmen geschaffen werden, um mit der dynamischen Um- und Inwelt umzugehen und Lernen zu ermöglichen. So stellt die Projektorganisation eine der „permanenten" Struktur übergelagerte Form dar, die versucht, neue, sich verändernde Beziehungsmuster zwischen Organisationsmitgliedern und Institutionen zu schaffen.

Durch die doppelte Strukturierung im Sinne einer Matrix – permanente und temporäre Organisation – wird auch eine Organisation in der Organisation geschaffen. Dadurch wird gleichzeitig die Beziehungs- und Interaktionsdichte der Mitglieder erhöht. Auch in diesen Sekundär- oder Parallelstrukturen zeichnen sich heute immer neue Formen ab, je komplexer, d. h. vielfältiger, dynamischer und diskontinuierlicher die Unternehmensumwelt wird (vgl. Abbildung 42).

Diese Formen zeichnen sich verstärkt durch ein Arbeiten in kleinen, flexiblen Teams aus, mit wechselnden Machtpromotoren, fluktuierenden Hierarchien, erhöhter Risiko- und Konfliktfähigkeit. Projektteams haben keine lange Beständigkeit, werden wie Clans (Ouchi, 1981) oder Clusters (Mills, 1991) (um)geformt, kennen keine langfristigen Stellenbeschreibungen und häufig ist Führungs- und Entscheidungsmacht befristet. Dies stellt enorm hohe Anforderungen an die Flexibilität, die Kompetenzen, die Belastung und die Fähigkeiten (bezüglich Organisation, Zeitmanagement,

Parallelorganisation nach Kanter 1983	
Primärorganisation **(= Parallel-Organisation)**	**Sekundärorganisation**
• Routineoperationen – geringe Unsicherheit	• Problemlösung – hohe Unsicherheit
• Ziel ist primär auf „Produktion" ausgerichtet	• Ziel ist auf „Organisation" ausgerichtet
• begrenzte „Gelegenheiten"	• große „Gelegenheiten" (z.B. Partizipation in einer Task Force)
• feste Stellenbeschreibung	• flexible, rotierende Aufgabenzuweisung
• Qualifikation von der Aufgabenübernahme	• Qualifikation während der Aufgabenbearbeitung
• langer Dienstweg	• kurzer Dienstweg
• Zielbildung normalerweise top-down	• Zielbildung auch bottom-up
• Anreize: Gehalt Vergütungen (Prämien)	• Anreize: Lernchancen, neue soziale Kontakte, Anerkennung
• funktionale Spezialisierung	• diagonale Verknüpfung
• Führung aufgrund hierarchischer Position (Amtsautorität)	• keine hierarchisch bedingte Führung (personale Autorität)

Quelle: Kasper, 1990: 29

Abbildung 42

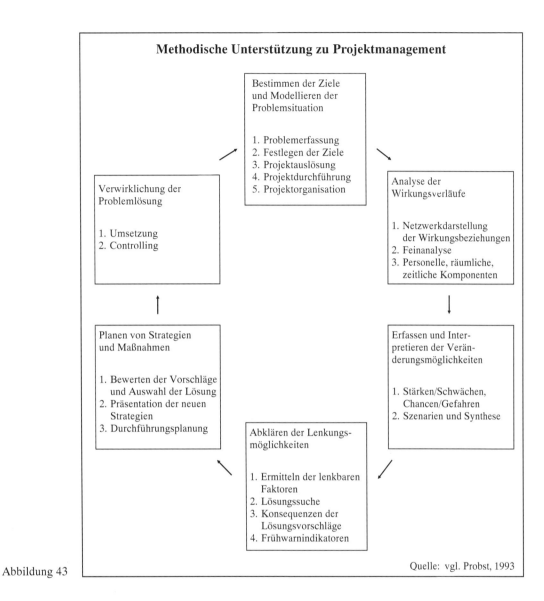

Methodische Unterstützung zu Projektmanagement

Bestimmen der Ziele
und Modellieren der
Problemsituation

1. Problemerfassung
2. Festlegen der Ziele
3. Projektauslösung
4. Projektdurchführung
5. Projektorganisation

Verwirklichung der
Problemlösung

1. Umsetzung
2. Controlling

Analyse der
Wirkungsverläufe

1. Netzwerkdarstellung
   der Wirkungsbeziehungen
2. Feinanalyse
3. Personelle, räumliche,
   zeitliche Komponenten

Planen von Strategien
und Maßnahmen

1. Bewerten der Vorschläge
   und Auswahl der Lösung
2. Präsentation der neuen
   Strategien
3. Durchführungsplanung

Erfassen und Inter-
pretieren der Verän-
derungsmöglichkeiten

1. Stärken/Schwächen,
   Chancen/Gefahren
2. Szenarien und Synthese

Abklären der Lenkungs-
möglichkeiten

1. Ermitteln der lenkbaren
   Faktoren
2. Lösungssuche
3. Konsequenzen der
   Lösungsvorschläge
4. Frühwarnindikatoren

Abbildung 43   Quelle: vgl. Probst, 1993

Integrationsfähigkeit, Konfliktbewältigung usw.) der Mitglieder (vgl. Probst, 1993; Quinn-Mills, 1991).

Beispiel: Projektmanagement
Das Projektmanagement bedarf einerseits einer methodischen wie auch strukturellen Unterstützung (vgl. Abbildung 43).

Viel schwieriger und bedeutender für ein lernorientiertes Umfeld sind jedoch die Vorbereitung der Projektmitglieder und der Betroffenen. Projektmitarbeiter sind auf diese schwierigen Aufgaben vorzubereiten und auszubilden. Dazu gehören insbesondere die Förderung eines Projektverständnisses, die Fähigkeit, mit Diversität umzugehen, Toleranz in der Teamarbeit zu üben, soziale Kompetenz aufzubauen, Führungs- und Kommunikationsfähigkeit zu verbessern, Methoden und Instrumente einzubringen (Zielsetzung, Wirtschaftlichkeitsrechnung, Evaluation, Kostenkontrolle,

---

Grundsätze des Vorgehens

- Durchführung des Projektes in eigener Regie
  (Projekt-Management)

- Optimales Ausschöpfen der eigenen Kapazitäten
  (Projektarbeit im „Milizsystem")

- Erzeugen optimaler Synergie-Effekte
  (Arbeit in vernetzten Teams)

- „Structure follows Function"

- „People follow Structure"

- Einsatz externer Berater zur fachlichen Unterstützung
  (nicht als „Chef-Ideologen" oder „Chef-Designer")

Quelle: Swissair, 1989

Durchführung in eigener Regie – warum?

- Motivation und Identifikation
  Aufgeschlossenheit für neue Ideen, Wege und Lösungen

- Akzeptanz und Durchsetzung
  Persönliches Engagement bei der Realisierung

- Aufbau von Skill
  Analyse komplexer Probleme
  Denken in strategischen Dimensionen
  Management von Veränderungen

Quelle: Swissair, 1989

Abbildung 44

Gesprächsführung, Feedback) usw. Dabei sind nicht etwa nur die „Spezialisten" eines zukünftigen Projektteams zu schulen, sondern möglichst viele Projektbetroffene. Idealerweise wird das Projektmanagement in der Praxis selbst ausgebildet und durch erfahrene interne und externe Berater begleitet. Es wird damit einerseits ein größeres Lernfeld geschaffen, andererseits ist eine bedeutend leichtere Umsetzung zu erwarten. Um jedoch

organisationales Lernen zu fördern und möglichst auszuschöpfen, sind unterstützende Begleitung, Erfahrungsaustausch, Feedback und der bewußte Aufbau von Fähigkeiten notwendig. In diesem Sinne hat Swissair seit langem die Politik, möglichst viele Mitarbeiter in den Prozeß miteinzubeziehen und Projekte in eigener Regie durchzuführen (vgl. dazu Abbildung 44 zum Gesamtorganisationsprojekt von 1987/89; in demselben Sinne

122

wurden die Projekte für eine Kooperation und die entsprechende Organisation im Fall Alcazar geführt).

Eine der wichtigsten internen Mobilisierungsmaßnahmen ist in der Initiierung von Projekten zu sehen: ,,Ein Projekt ist eine gemeinsame Anstrengung, die eine Konzentration von Energie und eine vergleichsweise intensive und gesteuerte, auf spezifische Ziele gerichtete Aktivität beinhaltet" (Etzioni, 1975: 421). Durch diese Projekte entstehen neue kollektive Interaktionsmuster und persönliche Bindungen. Projekte haben katalytische Funktion, die sich nach Etzioni auf zwei Effekte zurückführen lassen: (1) Das Zurückhalten von hierarchisch niedrigen Organisationsmitgliedern kann durch Projekte herausgehoben und als nicht sinnvolle Barriere anerkannt werden und (2) durch die Schaffung eines kollektiven Bewußtseins können (individuell) gleichsam unangreifbare und mächtige Barrieren und Zwänge überwunden werden (Naujoks, 1993). Damit steht der Weg offen für eine Eigendynamik, die die Mobilisierung von Organisationsmitgliedern beinhaltet.

Die Arbeit in Projektgruppen ist lernförderlich, muß jedoch bewußt gestaltet werden und nach bestimmten Regeln erfolgen:

- *Kultivieren:* Erfolgreiche Projektarbeiten sind herauszustellen und im Unternehmen zu verbreiten. Erfolgsstorys schaffen ein gutes Klima, Erzählungen fördern den Erfahrungsaustausch.
- *Trainieren:* Projektmanagement ist keine als selbstverständlich vorauszusetzende Fähigkeit, sondern muß trainiert werden.
- *Fördern:* Junge Mitarbeiter so früh wie möglich in ein Projektteam heranziehen und ihnen Teilverantwortung übergeben.
- *Honorieren:* Fähigkeiten in Projektarbeit und Teamfähigkeit sollten als eigenständige Punkte in die Leistungsbeurteilung aufgenommen werden.
- *Selektieren:* Neue Mitarbeiter sollten auch unter dem Aspekt der Projektmanagementfähigkeiten ausgewählt werden.

Winterthur Versicherungen

Obwohl angesichts der guten Konjunkturlage kein Leidensdruck vorlag, stellte die Winterthur Versicherung ihre Organisationsstruktur in Frage. Dieser Bereich der Winterthur Versicherungen ist im schweizerischen Nicht-Leben-Geschäft tätig und beschäftigt über 500 Mitarbeiter in der Zentrale (Generaldirektion), rund 1 600 Mitarbeiter in den Regionalorganisationen und 2 500 Mitarbeiter in den Generalagenturen. Generell ist es das Ziel der Winterthur Versicherungen, möglichst nahe am Kunden zu sein und damit die Aufgaben des Verkaufs, der Verwaltung und der Schadenregulierung möglichst dezentral wahrzunehmen. Daß sich das

Umfeld trotz gegenwärtiger Erfolge rasant verändert und weiter verändern wird, hat zu den Fragen der angepaßten und lernfähigen Organisation geführt. Zunehmender Wettbewerb, Deregulierung, Überkapazitäten, die Internationalisierung, neue Vertriebswege, die Entwicklung zum Käufermarkt, Kostendruck und -management sind nur einige Faktoren, mit denen es sich auseinanderzusetzen galt. Das ,,Reorganisationsprojekt" sollte dafür einen günstigen Kontext schaffen.

Von Anfang an wurden Projektgruppen aus allen Teilen des Unternehmens zusammengesetzt, die sich in Workshops mit den Fragen des Marktes, der

Phasen des Projektes
Der idealtypische Reorganisationsprozeß gliedert sich in sechs Phasen

Die erste Phase ist die wichtigste Phase der Reorganisation

Ausgewählte Fragen der ersten beiden Module

Problem-erfassung → Festlegen der Ziele → Projekt-auslösung → Projekt-durchführung → Projekt-organisation

Welche Probleme sieht das Top-Management?

Welche Probleme werden bereichsintern als wichtig erachtet?

Welche Problemfelder hat die externe Analyse ergeben?

Zur Lösung welcher Probleme ist eine Reorganisation die richtige Maßnahme?

Welche Ziele haben welche Priorität und welche Fristigkeit?

Werden bei der Zielformulierung alle Nebenbedingungen berücksichtigt?

Sind die Ziele mit der Unternehmenspolitik vereinbar?

Wer sind die Betroffenen, und werden sie ausreichend informiert?

Quelle: vgl. Probst, 1993

Abbildung 45

Marktbearbeitung und der zukünftigen Organisationsstruktur beschäftigten (vgl. Abbildung 45, Seite 124).

Gemäß den oben dargestellten Phasen eines Projektes hat sich ein großes Team mit den entsprechenden Fragestellungen beschäftigt. Bei der Problemerfassung ging es im wesentlichen um das Herausarbeiten der internen Probleme sowie der externen Analyse der Problemfelder. Hier wurde im Anschluß die Frage gestellt, ob eine Reorganisation eine angemessene Lösung für die analysierten Probleme darstellt. Dann wurden die Ziele, deren Prioritäten und die Fristigkeiten festgelegt. Von besonderer Wichtigkeit bei dieser Vorgehensweise ist die Berücksichtigung der Nebenwirkungen, die Überprüfung der Vereinbarkeit mit der Unternehmenspolitik sowie die Kommunikation. Nach dieser ersten Phase des Projektmanagements wurden

für interne sowie externe Projektmitarbeiter der Projektauftrag mit sämtlichen Angaben zur Struktur und zum Prozeß festgehalten. Wesentliche Inhalte dieses idealtypischen Projektauftrages waren:

1. Definition des Problems
2. Bestimmung der Projektziele
3. Projektverantwortliche
4. Teammitglieder
5. Aufgaben des Teams
6. Entscheidungskompetenzen
7. Verantwortung
8. Strukturform
9. Betroffene Unternehmensbereiche
10. Hindernisse und Bedingungen
11. Zeitplan
12. Budget
13. Kommunikationsbeziehungen

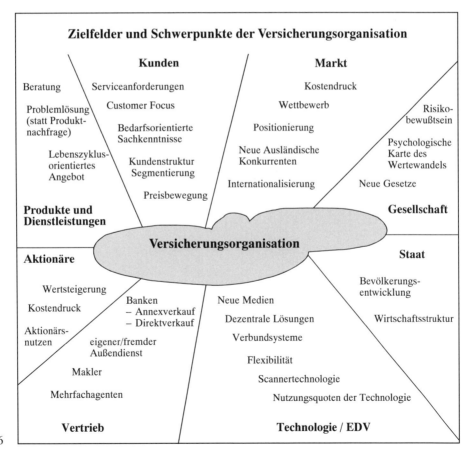

Abbildung 46

Innerhalb der einzelnen Punkte wurden zentrale Fragen gestellt, die der weiteren (Projekt-)Organisation dienlich waren. Externe Mitarbeiter und Prozeßberater nahmen dabei die Rolle der Strukturierung des Organisationsprozesses, der Moderation sowie der Vermittlung ein. Interne Mitarbeiter, bewußt abteilungsübergreifend ausgewählt, wurden mit Funktionen im Projektteam betraut und bekamen Aufgaben, Verantwortung und Kompetenzen zugeteilt.

Zu Beginn des Projektes wurden daher die Rolle der Berater des Projektteams und der Workshop-Idee diskutiert und festgehalten. Interessant ist dabei, daß auch kritisch das bisherige Projektverständnis besprochen und korrigiert wurde.

Die Kenntnis der Gründe, die eine Reorganisation und Projektarbeit notwendig machen, ist für die Bereitschaft und die Fähigkeit des Unternehmens zum Lernen von großer Bedeutung. So wurden unterschiedliche Um- und Inweltfaktoren – Technologie, Strategie, Unternehmenskultur, Machtstruktur, Unternehmenskonfiguration und Umwelt – in einem ersten Workshop untersucht, so daß die Änderungsdynamik deutlich wurde. Diese Faktoren gaben Aufschluß über die Notwendigkeit einer Reorganisation und halfen beim Vergleich der aktuellen Organisationsstruktur mit den zukünftigen Umweltanforderungen. Die Gründe für die Reorganisation wurden bewußt im interaktiven Prozeß herausgearbeitet. Nur durch diese gemeinsame Erarbeitung von Reorganisationsgründen in Projekten ist es möglich, die Ziele zu erreichen und die Schwerpunkte der neuen Organisationsstruktur zu verdeutlichen. In diesem Sinne war es für die Projektgruppe von Bedeutung, die Situation aus verschiedenen Gesichtspunkten zu analysieren (vgl. Abbildung 46, Seite 125) und anschließend Ziele zu formulieren.

Ziel der Workshops war die Überprüfung der Strukturen der Winterthur Versicherungen Schweiz. Dadurch sollte gleichzeitig die Projektorganisation an Bedeutung gewinnen. Lernprozesse durch Strukturentwicklung entstanden bei diesem Unternehmen durch den abteilungsübergreifenden Einsatz von Mitarbeitern in interaktiven Prozessen. Der Austausch diente der Erhöhung der Netzwerkdichte von Beziehungen und den dadurch ermöglichten Kommunikationsprozessen. Durch die Erhöhung der Zusammenkünfte zwischen Mitarbeitern und dem größeren zeitlichen Horizont in der Diskussion kam es zu einer verstärkten Interaktion zwischen Organisationsmitgliedern und damit auch zum Austausch von zukünftig relevantem Wissen. Dabei sollte die Projektorganisation als Parallelorganisation zur Basisorganisation bestehen. Ein Grundsatz des effektiven Projektmanagement zur Förderung von Lernprozessen liegt in der Betonung auf interaktiven Gruppenprozessen und nicht auf Instrumenten.

3.2.3 Netzwerkorganisationen

Obwohl die Idee von Netzwerken nicht neu ist, ist das Konzept eine Ressource, die bis heute nicht hinreichend für die lernende Organisation ausgeschöpft wird. Die effiziente Nutzung von Netzwerkstrategien zum Aufbau von Strukturen kann den zwischenmenschlichen Austausch von Informationen sowie die Problemlösungsfähigkeiten erhöhen.

Das Netzwerkkonzept hat sich bereits in vielen Bereichen als nutzbar erwiesen. So werden Netzwerke im Sinne einer „Round-Table"-Diskussion eingesetzt, um gemeinsam Problemlösungen zu erarbeiten. Damit ist hier ein Netz von Menschen gemeint, die über einen gemeinsamen Zweck verbunden werden. Netzwerke werden ebenfalls eingesetzt, um Verbindungen zwischen operativen Einheiten zu schaffen und ganze Organisationen zu vernetzen.

Folgende Charakteristika sind kennzeichend für strukturelle Netzwerke (Harris, 1985: 254):

1. Beziehungen sind qualitativ und abstrakt – die Organisationsmitglieder sind wichtiger als das Produkt der Beziehung (z. B. Dokumente).
2. Grenzen von Netzwerken sind nicht genau definierbar; autonome Personen, Gruppen oder Systeme handeln unabhängig voneinander.
3. Verantwortung, Entscheidungsprozesse und Macht sind über das ganze Netzwerk verteilt.
4. Personen innerhalb von Netzwerken nehmen mannigfaltige Rollen wahr – sie sind entweder Schlüsselstellen oder Verbindungsknoten.
5. Es findet eine Balance zwischen individuellem und kollektivem Interesse statt.
6. Netzwerke haben Werte und Normen, die für Kohäsion zwischen den Schlüsselstellen sorgen und als ideologischer „Klebstoff" zwischen den Einzelnen dienen.

Um Netzwerke als Instrument des organisationalen Lernens nutzbar zu machen, ist es notwendig, daß die Teilnehmer offen gegenüber Unterschieden sind und den Austausch von Meinungen, Einstellungen, Perspektiven und Ansichten zulassen. Netzwerke fordern ihre Mitglieder auf, Verständnis und Akzeptanz zu zeigen, kreative Prozesse zu fördern sowie demokratische Auseinandersetzun-gen zu stimulieren, damit Lernen auf höherer Ebene stattfinden kann. Die Auseinandersetzung ermöglicht die Hinterfragung der Zusammenarbeit und damit der zugrundeliegenden Spielregeln (Werte, Normen etc.). Damit geht es um die gemeinsamen Kommunikationsstrukturen sowie die kreative Suche nach Lösungen innerorganisationaler Probleme. Durch den organisationsinternen Aufbau von zwischenmenschlichen Beziehungen wird das Potential der Problemlösungsfähigkeit und der Handlungskompetenz erhöht. Damit wird eine Wissensbasis aufgebaut und erweitert, um in Zukunft die Probleme auf neue Art und Weise zu meistern. Die Erweiterung der Wissensbasis ist jedoch nur ein Aspekt der Möglichkeit von organisationalem Lernen. So geht es bei Netzwerken ebenso um die Möglichkeit, außerhalb der hierarchischen Strukturen zu arbeiten, Entscheidungen schneller zu treffen sowie den Korpsgeist zu fördern. „Es geht vielmehr um die Tatsache, daß in jeder Unternehmung die interpersonellen Beziehungen von großer Bedeutung sind: Beispiele sind ‚gute Kontakte' oder gar stabile Koalitionen (Cliquen, Seilschaften) für den Austausch von Informationen (‚Insider-Wissen'!), die Abkürzung von Entscheidungsprozessen (‚Obergefreiten-Dienstweg'), die spontane, unbürokratische Unterstützung in Problemfällen usw." (Neuberger, 1991: 232) Damit sind Netzwerke auf zwei Ebenen für das organisationale Lernen nutzbar. Auf der einen Seite können durch Projektarbeiten und Netzwerkbildungen die interpersonelle Dimension des Informationsaustausches sowie der Problemlösungserhöhung angereichert werden, auf der anderen Seite können die apersonalen, organisatorisch-strukturellen sowie materiellen Effekte durch die formale Installation und Nutzung der Netzwerke zum zentralen Interesse der Struktur gemacht werden. Die folgende Abbildung 47, Seite 128, versucht dieses Konzept zu verdeutlichen.

Beispiel: Heterarchie

In der gängigen Managementsprache wird Heterarchie oftmals als Gegenpol zu Hierarchie aufgefaßt, obwohl dies seiner Bedeutung nicht notwendigerweise gerecht wird (Hedlund, 1986; Türk, 1989). Das Konzept der Heterarchie beruht viel-

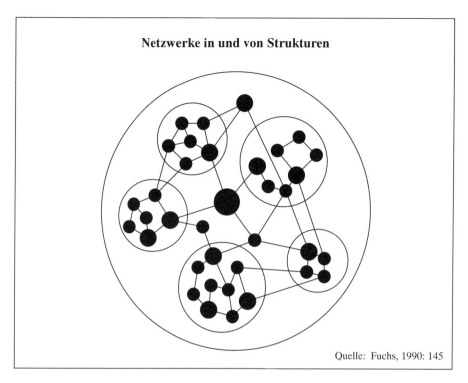

Netzwerke in und von Strukturen

Quelle: Fuchs, 1990: 145

Abbildung 47

mehr darauf, daß Organisationen polyzentrisch aufgebaut sind und nicht nach einfachen hierarchischen und zentralistischen Prinzipien funktionieren. Die Komplexität unserer Gesellschaft macht es für den Einzelnen unmöglich, die Umwelt und die einzelnen Teile zu kennen und vor allem zu beherrschen. Bestimmten Situationen ist nun einmal der eine oder andere aufgrund seiner besseren Voraussetzungen eher gewachsen. Das bedeutet, daß das Verhalten adaptiv und fließend sein muß. Das Prinzip beruht auf fluktuierenden hierarchischen Beziehungen zwischen Individuen oder Systemen, die sich je nach Bedarf, ebenso wie die für die hierarchische Ordnung ausschlaggebenden Kriterien – Kompetenz, Status, Ansehen usw. – umkehren lassen (Probst, 1993). Die Organisationseinheiten sind häufig lose gekoppelt und die Beziehungen sind nach außen nicht fixiert, so daß Koalitionen aller Art entstehen können. Aufgrund der strategischen Verantwortung der Subsysteme besitzt jede Einheit Informationen über das Ganze, so daß kritische Interdependenzen zwischen den

Einheiten entstehen. Wegweisend für Heterarchien ist die normative Kontrolle. Aufgrund dieser Eigenschaften muß es das Ziel von Heterarchien sein, Netzwerkorganisationen aufzubauen, um als Ganzes die Handlungskompetenz und die Problemlösungsfähigkeiten aufzuweisen, die die Lernfähigkeit garantieren.

Bei Honda wird versucht, dieses Prinzip der Heterarchie zu verwirklichen. So hat Honda bis heute noch keinen internationalen Hauptsitz, sondern entscheidet an dem Ort, an dem die Informationen zur Verfügung stehen. Bei Honda scheint es gelungen zu sein, situationsgerechte Vorgehensweisen zu entwickeln, die für den Entscheidungsprozeß förderlich sind. Dies beruht auf einer gemeinsamen konzeptionellen Sprache, die die Basis für Denkprozesse und Kommunikation in 40 Ländern ist. Ein leitender Angestellter bei Honda drückte es so aus, daß die totale Globalisierung Hondas erst dann erreicht sei, wenn das Unternehmen Honda in Japan nur eines von vielen globalen Unternehmen auf gleicher Stufe sei (Iikubo, 1990).

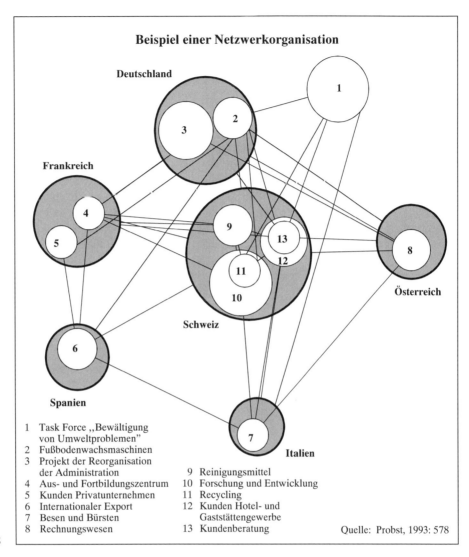

Beispiel einer Netzwerkorganisation

Deutschland

Frankreich

Österreich

Schweiz

Spanien

Italien

1 Task Force „Bewältigung
  von Umweltproblemen"
2 Fußbodenwachsmaschinen
3 Projekt der Reorganisation
  der Administration
4 Aus- und Fortbildungszentrum
5 Kunden Privatunternehmen
6 Internationaler Export
7 Besen und Bürsten
8 Rechnungswesen

9 Reinigungsmittel
10 Forschung und Entwicklung
11 Recycling
12 Kunden Hotel- und
   Gaststättengewerbe
13 Kundenberatung

Quelle: Probst, 1993: 578

Abbildung 48

Die obige Abbildung zeigt eine polyzentrische Organisationsform. Das zugrunde liegende Ordnungsschema beruht auf den Kompetenzen, die in den einzelnen Ländern geschaffen wurden. Die Netzwerkstrukturen ermöglichen die Verbindungen und den Austausch von Informationen und stellen somit den Kontext des Lernens dar. Typischerweise ändert sich im Netzwerk die Struktur, denn es „dominiert" jeweils jener Teil (bzw. die Führungskraft), der am meisten Informationen und Kenntnisse hat. Wenn sich die Situation und die Fragestellung ändert, so tritt dieser Teil in die ursprüngliche Netzwerkebene zurück und lässt Raum für andere Elemente und Potentiale. In dieser Weise läßt sich die Organisation der Geschäftsleitung von Honda, von Schläpfer Stickereien oder Forbo International interpretieren (vgl. Fälle in diesem Buch). In ähnlicher Weise lassen sich auch die Beispiele der Cluster-Organisation (Quinn-Mills, 1993), Team-Organisation (Staehle, 1991; Lawler, 1992) oder andere evolutionäre Strukturformen (Probst, 1993) interpretieren.

Forbo International

Forbo International ist weltweit führender Linoleum-Hersteller. Als internationaler Konzern mit 100 Unternehmen in einer Holdingstruktur spezialisiert sich Forbo auf Bodenbeläge und Wandverkleidung. Am Hauptsitz in der Schweiz trifft die Konzernleitung für die vier Bereiche die unternehmenspolitischen Entscheidungen.

Für Forbo gibt es beim Vernetzen von Unternehmen im Prinzip zwei Stufen. Die erste Stufe ist die Vernetzung innerhalb der einzelnen Geschäftsbereiche und die zweite vernetzt die Geschäftsbereiche untereinander. Die einzelnen Konzerngesellschaften bewegen sich auf einem bestimmten Orbit rund um eine zentral koordinierte Strategie. Jede Konzerngesellschaft hat ein Kerngeschäft mit integrierter Verantwortung für Entwicklung, Produktion und Verkauf. Allianzen können das Kerngeschäft erweitern. Die operativen Verbindungen sind Multiplikatoren der Fähigkeiten im Netzwerk und halten gleichzeitig die ganze Struktur zusam-

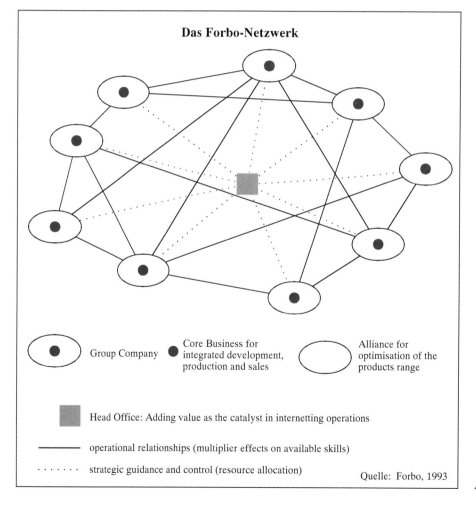

Das Forbo-Netzwerk

Group Company

Core Business for integrated development, production and sales

Alliance for optimisation of the products range

Head Office: Adding value as the catalyst in internetting operations

———— operational relationships (multiplier effects on available skills)

· · · · · · · strategic guidance and control (resource allocation)

Quelle: Forbo, 1993

Abbildung 49

men. Von den auf dem Orbit kreisenden Gesellschaften führen Verbindungen auch zum Zentrum. Sie dienen der strategischen Kontrolle und der Mittelzuteilung. Sind die Verbindungen auf allen Ebenen gut, so erhöhen sich die Geschwindigkeit der Kommunikation und der Transfer von Kompetenzen sowie das Know-how. Ein unentbehrliches Mittel für die ökonomisch sinnvolle Vernetzung ist für Forbo die interdisziplinäre Datenbank. Sie zeigt auf, wo vorhandene Ressourcen noch besser genutzt werden können. Bei Forbo kann man bei diesem System auch von einer Börse von Leistungen sowie freien Kapazitäten sprechen. So hat Forbo ein Netzwerk entwickelt, das erlaubt, die Handlungskompetenz zu erhöhen, indem organisationale Einheiten miteinander verbunden werden und Informationen untereinander ausgetauscht werden.

McDonald

Die Philosophie von McDonald besteht darin, universell standardisierte Produkte in self-service Restaurants zu verkaufen. Rohmaterialien werden innerhalb kurzer Zeit mit relativ geringen Arbeitskosten in Endprodukte umgewandelt. Die tayloristische Arbeits-Organisation erlaubt die Einstellung von unqualifiziertem Personal, trägt zu den geringen Produktionskosten bei und hilft bei der Einhaltung von Qualität, Schnelligkeit, Sauberkeit und Wert (QSSW).

McDonald ist in der Lage, diese Philosophie weltweit umzusetzen, indem sich das Unternehmen dem Franchisesystem verschrieben hat. Mit 560 000 Mitarbeitern weltweit hat die Firma 1988 einen Umsatz von ca. FRS 22,5 Milliarden erzielt (Sydow, 1992).

Die Zulieferunternehmen sind in folgenden Sektoren anzutreffen: Agrikultur, Lebensmittelindustrie, Verpackungsindustrie und Möbelindustrie. Das McDonald-Netzwerk, daß sich nun aus Firmen dieser Industrien zusammensetzt, ist durch intensive und stabile Beziehungen zwischen den Firmen gekennzeichnet. McDonald schreibt z. B. nicht nur den Zulieferunternehmen gewisse Qualitätsstandards vor, sondern auch den in der Wertkette zuvorliegenden Zulieferern. Dieser Aufbau von Qualitätsstandards wird durch die bewußte Auswahl von Zulieferverträgen sowie die ständige Kontrolle und Inspektionen garantiert. Die Initiative in Sachen Produkt- oder Prozeßentwicklung kommt nicht nur von McDonald selbst, sondern auch von den Zulieferunternehmen. Ein McDonald

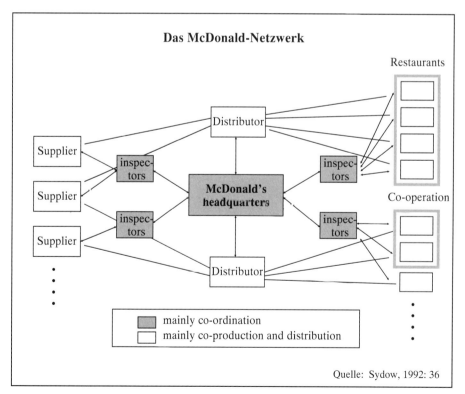

Das McDonald-Netzwerk

Restaurants

Distributor

Supplier

inspec-tors

Supplier

McDonald's headquarters

inspec-tors

inspec-tors

Co-operation

Supplier

inspec-tors

inspec-tors

Distributor

☐ mainly co-ordination
☐ mainly co-production and distribution

Quelle: Sydow, 1992: 36

Abbildung 50

132

Mitarbeiter sagte dazu: „Über die Jahre sind die Zulieferer zum Teil Erweiterungen der internen Produktentwicklungen geworden." (Love, 1988: 329) So hat McDonald in den letzten Jahren daran gearbeitet, die Zahl der Zulieferer stark zu beschränken, gleichzeitig jedoch mit den verbleibenden eine langfristige Beziehung aufzubauen. Damit konnten sie nicht nur ihre Qualität sichern, sondern auch die Netzwerkbildung zur organisatorischen Weiterentwicklung nutzen. Ein Grundsatz hinter dieser Netzwerkphilosophie bestand darin, langfristige stabile Beziehungen aufzubauen, um damit dem Netzwerk Halt zu geben (vgl. Abbildung 50, Seite 132).

Diese Strategie des „McDonaldizing" hat der Firma außer Kosteneinsparungen auch Wettbewerbsvorteile und Innovationsmomente eingebracht. Die einzelnen Restaurants werden als Teil der ganzen Familie angesehen, da sie stark in das weltweite Netzwerk eingespannt werden. Durch die Vorgabe von Standards (QSSW) sowie die Beteiligung der Franchisenehmer an Werbekampagnen wird garantiert, daß die Firmenphilosophie eingehalten wird. Damit wird deutlich, daß nicht nur ein enges Netzwerk zwischen McDonald und den Zulieferern besteht, sondern auch mit den einzelnen Franchiserestaurants. Das Kennzeichen des McDonald-Netzwerks ist die zunehmende Integration von rechtlich unabhängigen, jedoch ökonomisch abhängigen Firmen. Durch diese Konstellation werden marktdeterminierte kurzfristige Zulieferer-Produzent-Beziehungen zugunsten langfristiger kooperativer Netzwerkbildungen aufgegeben. Dadurch kann gemeinsam an Produkt- und Prozeßinnovationen, Qualitätskontrollen sowie logistischen Problemen gearbeitet werden. Dies geschieht unter anderem über Koordinationsaktivitäten wie z. B. intraorganisationelle Teams, interorganisationelle Informationssysteme sowie einer auf Vertrauen aufbauenden Organisationskultur. Und es sind gerade diese Aktivitäten, die einen Beitrag zum organisationalen Lernen leisten. Durch die gemeinsame Bearbeitung von Problemen und die Koordinierung von Aktivitäten sind die Beteiligten gezwungen, sich mit den Meinungen und Zielsetzungen der „anderen" Unternehmen auseinanderzusetzen und dies als Anstoß für organisationsinterne Veränderungen zu nutzen.

3.2.4 Kooperationen

Kooperationen stellen *eine* Form der strukturellen Gestaltung dar, die einen entsprechenden lernorientierten Rahmen bieten kann. Wenn Unternehmen aus strategischen Gründen Kooperationen eingehen, können sie ihre Schwächen teilweise kompensieren, indem sie die physischen Ressourcen, die Absatzmärkte sowie das Know-how und Kapital des Partners erschließen und damit ihre Handlungskompetenz erhöhen. Eine Vielzahl von Kooperationsformen bietet sich an, um diese Handlungskompetenz aufzubauen. So ist der Erwerb der Kapitalmehrheit an einem anderen Unternehmen – eine Akquisition – *ein* Beispiel, die vertragliche Kooperation mit oder ohne Aktienerwerb ein zweites und die Vereinbarung über die Zusammenlegung von Ressourcen in einem neu gegründeten Unternehmen – einem Joint Venture – ein drittes Beispiel (vgl. Probst, 1993: 281f.; Lorange/Probst, 1987; Lorange/Probst, 1990). Kooperationen stellen aufgrund ihrer hohen Variationsbreite eine flexible strukturelle Möglichkeit der Organisationsgestaltung dar.

Aufgrund der Notwendigkeit der Koordination und Integration auf der Ebene von Unternehmenseinheiten stellen Kooperationen eine Organisationsform dar, bei der Umweltchancen besser genutzt werden können. Dies rührt daher, daß aufgrund einer kooperativen Form neue Sensorzentren eingerichtet werden, die nicht nur Kontrollfunktion haben, sondern Informationen aus der Umwelt aufnehmen, die sonst dem Mutterhaus verwehrt bleiben. So werden frühzeitig Bedrohungen und Chancen realisiert. Bei der Form eines Joint Ventures besteht sogar die Möglichkeit, die von den Sensorzentren als Chance wahrgenommenen Möglichkeiten selbst umzusetzen. Da eine große Eigenständigkeit besteht, können die innovativen Kräfte genutzt werden, so daß neue Kernfähigkeiten und Produkte auf dem Markt getestet werden können. Bei dem Versuch, durch Kooperationen eine Umweltchance zu nutzen, kann es sich zwar herausstellen, daß weitere Ressourcen notwendig sind, jedoch können diese eventuell von den „Eltern" zugeteilt werden. Allein die Möglichkeit, frühzeitig auf Chancen (re)agieren zu können, stellt ein Handlungspotential dar, das dem Unternehmen Überlegenheit und Entwicklungsmöglichkeit gewährt. Dadurch wird gleichzeitig deutlich, daß Unternehmen ihre Reflexion auf mögliche Beziehungsgefüge und Interdependenzen richten sollten, um sich bietende Chancen zu nutzen. Durch diese Kooperationen besteht die Möglichkeit, den Unternehmenswert zu steigern und für den Zeitpunkt und die Dauer der Nutzbarkeit einen Mehrwert herzustellen.

Kooperationsformen bewirken, daß die einzelnen Einheiten oder Joint Ventures sich als Teil eines mehr oder weniger komplexen Beziehungsgeflechtes verstehen. Innerhalb dieses Systems leisten sie einen Beitrag und kooperieren miteinander, so daß ein Netzwerk von Relationen entsteht. Durch das Beziehungsgeflecht bauen sie Problemlösungsfähigkeiten auf, die dann auch der Muttergesellschaft zur Verfügung stehen und somit die gesamtorganisationale Handlungskompetenz erhöhen. Strukturelle Formen sind aus einer ganzheitlichen Sichtweise zu betrachten. Aus einer solchen Betrachtung stellen Kooperationen eine Strukturform dar, bei der die Verantwortungsträger der verschiedenen Einheiten in föderativer Weise zusammenarbeiten, ein formales und informelles Beziehungsnetz aufbauen und gleichzeitig Ergebnis von wachsender Autonomie sind. Diese Charakteristika sind Voraussetzungen organisationalen Lernens, da nur durch gemeinsame Erarbeitung von Problemen, durch Austausch von Meinungen, Informationen und Technologien sowie das richtige Maß an Freiräumen in Form autonomer Einheiten der Weg in Richtung erhöhter Handlungskompetenz führt.

Beispiel: Strategische Allianzen

Strategische Allianzen sind Kooperationsformen zwischen Firmen mit einem gemeinsamen Ziel. Eine solche Form der Zusammenarbeit kann kurzfristig in projektorientierter Form oder in langfristig angelegter Investitionsform stattfinden. So lassen sich die unterschiedlichen Integrationsformen von „Mergers and Acquisitions" über Joint Ventures bis hin zu informeller Zusammenarbeit unterscheiden (vgl. Abbildung 51, Seite 135).

Abhängig von den Motiven der Zusammenarbeit und der Stellung des Unternehmens am Markt

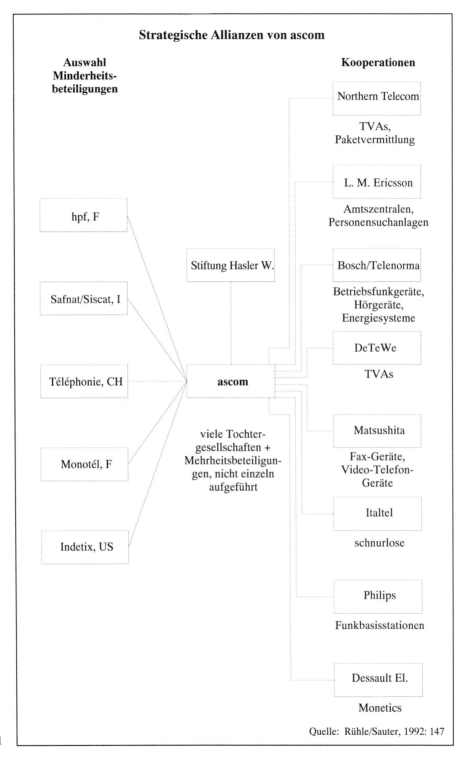

Strategische Allianzen von ascom

Auswahl
Minderheits-
beteiligungen

Kooperationen

hpf, F

Safnat/Siscat, I

Téléphonie, CH

Monotél, F

Indetix, US

Stiftung Hasler W.

ascom

viele Tochter-
gesellschaften +
Mehrheitsbeteiligun-
gen, nicht einzeln
aufgeführt

Northern Telecom

TVAs,
Paketvermittlung

L. M. Ericsson

Amtszentralen,
Personensuchanlagen

Bosch/Telenorma

Betriebsfunkgeräte,
Hörgeräte,
Energiesysteme

DeTeWe

TVAs

Matsushita

Fax-Geräte,
Video-Telefon-
Geräte

Italtel

schnurlose

Philips

Funkbasisstationen

Dessault El.

Monetics

Quelle: Rühle/Sauter, 1992: 147

Abbildung 51

(z. B. Marktführer) investieren die Firmen unterschiedlich viele Ressourcen. Aufgrund der Tatsache, daß in der Mehrzahl der Fälle mehr als ein anderes Unternehmen einbezogen ist, können unterschiedliche Motive, Investitionshöhen sowie (interne) Ziele auftreten, so daß auch der Erfolgsmaßstab auf unterschiedliche Art und Weise beurteilt wird. Aus dieser Darstellung geht hervor, daß eine strategische Allianz nicht das Endziel darstellen sollte, sondern ein Mittel ist, um sich zu entwickeln, neue Märkte zu erschließen und Managementprozesse kennenzulernen und zu internalisieren. Damit wird der Hauptaspekt eines solchen Unterfangens nicht einfach die Profitoptimierung, sondern Lernen an sich, und zwar Lernen der ganzen Organisation sein. Anstatt ein Joint Venture aus der Perspektive der ständigen Konfliktsituation zu betrachten, sollte die Zusammenarbeit wie das Heranwachsen eines Kindes verstanden werden. „Kinder" brauchen eine gewisse Zeit, um erwachsen zu werden und ihr eigenes Leben zu gestalten. Während dieses Prozesses findet ein ständiger Austausch und Lernprozeß zwischen Eltern und Kind statt.

Der Einsatz von strategischen Allianzen stellt eine fortschrittliche Managementmethode dar, mit der nicht nur ein Wachstumsziel, sondern auch ein Lernziel erreicht werden kann. Während des Formations- sowie des Evolutionsprozesses werden Einsichten zu Tage gefördert, die in anderer Form nicht möglich wären. Durch diese Erfahrung, eine Allianz zu gründen und aufzubauen, wird es möglich, die Handlungskompetenzen zu erhöhen. „Es ist ein Fehler, das einzigartige Wissen bezüglich strategischer Allianzen zu unterschätzen, da dies die allgemeinen Managementpraktiken komplementiert." (Lorange/Roos, 1992)[1]

Strategische Allianzen bieten einmalige Gelegenheiten, die Vorteile von globalen Strategien, internationaler Größe und Reichweite auszunutzen und gleichzeitig lokal genug agieren zu können, um Akzeptanz aufzubauen. Gleichzeitig sind Besitz und Verantwortung weltweit verteilt. Dieser Prototyp von transnationalen Netzwerken stellt möglicherweise die Organisationsform der Zukunft dar.

Da der Heimmarkt der Swissair zu klein ist und demzufolge die Stellung des Unternehmens in Europa zu schwach ist, hat Swissair im Mai 1990 mit der „European Quality Alliance" – Zusammenarbeit mit Austrian Airlines und SAS – einen Weg gefunden, Synergiepotentiale zu nutzen. Dank der gemeinsamen Passagier- und Frachtabfertigung sowie der Zusammenlegung von Verkaufsstellen innerhalb der EQA-Organisation steht dem Kunden ein besseres Angebot zur Verfügung. Außerdem konnten die Aufbau- und Betriebskosten reduziert werden.

Das Lernen durch und innerhalb von Allianzen findet durch die organisationale Konstellation statt. Zum einen beinhaltet eine Allianz den Austausch zwischen zwei (oder mehr) unterschiedlichen Unternehmen. Aufgrund dieser Konstellation und den damit verbundenen verschiedenen Perspektiven kommt es zu Diskussionen, die das Ziel haben, gemeinsame Wege und Visionen zu erarbeiten. Diese Kommunikation ermöglicht die Offenlegung von internen Interessen und Meinungen, so daß neue Wege konstruktiv erarbeitet werden können. Zum anderen beinhaltet eine Allianz das Aufeinandertreffen von unterschiedlichen Unternehmenskulturen und möglicherweise diversen, kulturell unterschiedlich geprägten Menschen in den einzelnen Ländern. Dies ermöglicht den Austausch von Werten und Normen und erhöht die Konfliktfähigkeit. Es bedeutet jedoch nicht, daß Konflikte in allen Variationen immer positiv sind. Die Präsenz dieser Konflikte stellt aber eine Alternative dar, das Lernen voranzutreiben, da damit der Gedankenaustausch erzwungen wird. So sind Allianzen nicht nur Mittel und Wege, auf globalen Märkten erfolgreich zu sein, sondern sie fördern auch interne Lernprozesse, die die organisationale Handlungs- und Problemlösungskompetenz erhöhen.

---

1   Übersetzung der Autoren.

Digital Equipment Enterprise (1992)

Digital Equipment Enterprise (DEE) ist ein junges Unternehmen, das aus der Verschmelzung von Unternehmensbereichen von Mannesmann-Kienzle, Philips und Digital Equipment Corporation entstanden ist.

Digital Equipment Corporation (DEC) ist ein weltweit führendes Computerunternehmen. Das aus den Vereinigten Staaten stammende internationale Unternehmen spezialisiert sich auf vernetzte Computersysteme, Software und Services. 1991 fällte Digital eine strategische Entscheidung. Aufgrund ihrer Dominanz auf dem Markt der institutionellen Abnehmer und dem zukünftigen Potential sowie dem niedrigen Know-how im Bereich des Marktes für kleine und mittelständische Unternehmen wollten sie diesen Marktbereich erobern.

Nachdem die Entscheidung für die Eroberung dieses Marktes gefällt war, stellte sich die Frage nach dem „Wie?". Innerhalb kürzester Zeit wurde klar, daß die internen Fähigkeiten und die für dieses Marktsegment notwendige Flexibilität nicht hinreichend waren, so daß nach alternativen Wegen zu suchen war. Vergangene Versuche, sich auf diesem Markt zu behaupten, waren bereits einige Male fehlgeschlagen.

Um dieselben Fehler zu vermeiden, hat die Führungsspitze des Computerkonzerns entschieden, Unternehmensteile von Philips und Kienzle zu kaufen. Diese hatten bereits Zugang zu den betreffenden Marktsegmenten und waren operativ tätig, so daß der Zugang stark erleichtert wurde. Um jedoch die vergangenen Probleme der mangelnden

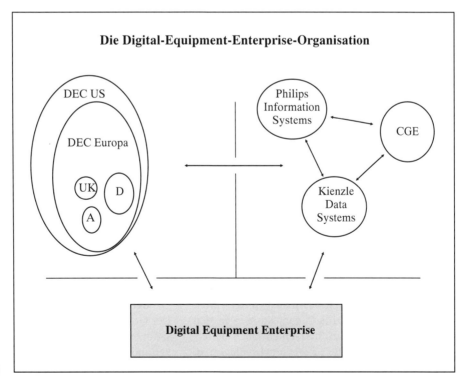

Abbildung 52

Flexibilität, der bürokratischen Strukturen sowie der hohen Kosten zu vermeiden, wurde eine neue Organisation gegründet – Digital Equipment Enterprise. Hier sollten neue Managementmethoden und -praktiken zur Anwendung kommen, die den gewünschten Erfolg möglich machen sollten. Als unabhängiges und autonomes Unternehmen hatte DEE die Möglichkeit, sich eigenständig zu entwickeln und operativ autonome Entscheidungen zu treffen.

Selbst wenn ab Juli 1993 die DEE Organisation in den meisten europäischen Ländern aufgrund von globalen internen Restrukturierungen nicht mehr existiert, so hat für Digital Equipment Corporation dennoch ein Lernprozeß stattgefunden. Warum?

In der Zeit der operativen Tätigkeiten war DEE mit einigen neuen Managementaufgaben konfrontiert. DEE mußte nicht unerhebliche Managementfaktoren der akquirierten Unternehmen miteinander in Einklang bringen; dies führte zu einer Hinterfragung der Managementphilosophie von Digital. Die *Betrachtung* folgender Aspekte ermöglicht insbesondere das *Reflektieren über den internen Lernprozeß:*

– Zweck
– Führung
– Autonomie
– Flexibilität
– Redundanz

■ **Schwierigkeiten und Probleme bei DEE**

Die mangelnde Klarheit der Ziele der DEE-Organisation ließ das Unternehmen vom *Zweck* abweichen, so daß abweichende Aktivitätsschwerpunkte gebildet wurden. Ein anderer Faktor, der das Abweichen von DEE-Zielen zuließ, war der langsame Integrationsprozeß zwischen den unterschiedlichen Organisationskulturen. Aufgrund dieser Situation war innerhalb der Organisation ein hohes Konfliktpotential vorhanden, so daß die Kommunikationskanäle relativ schlecht ausgeprägt waren.

In den einzelnen DEE Organisationen in den verschiedenen Ländern herrschten auch unterschiedlich ausgeprägte *Führungskompetenzen.* Der Mangel an Kompetenz, „Start-up"-Unternehmen zu führen, Konflikte zu bewältigen sowie die Handlungstheorie mit Leben zu füllen, führte in einigen Fällen zu Schwierigkeiten bezüglich der Integration.

Obwohl die Rolle von DEE vis a vis DEC theoretisch klar formuliert war, wurde der Grad an *Autonomie* in der Praxis nicht deutlich. So kam es zu zahlreichen Grenzfällen und Konflikten zwischen DEE und der DEC-Organisation. Die jüngere und kleinere DEE-Organisation wurde als „Kind" behandelt und mußte sich ständig bemerkbar machen, um an Informationen und Ressourcen zu kommen. Es wurde deutlich, daß einerseits klarere Grenzlinien zwischen den beiden Organisationen hätten etabliert werden müssen. Andererseits hätte ein Netzwerk für den Informationsaustausch und Problemlösungskompetenzen aufgebaut werden müssen, um Synergieeffekte nutzen zu können.

Die Unfähigkeit seitens DEC, auf Anfragen von DEE innerhalb kürzester Zeit zu reagieren, ist mit der mangelnden *Flexibilität* und dem komplexen Entscheidungsprozeß zu erklären. So mußte DEE z. B. hohe Lager aufbauen, um eigene Kundenbestellungen termingerecht zu erfüllen.

DEE war in der Lage, innerhalb eines Jahres selbständig gewisse Managementprinzipien und -praktiken aufzubauen, um die akquirierten Unternehmen in die Firma DEE zu integrieren. In dieser Zeit wurden seitens DEC kaum Hilfen zur Entwicklung angeboten bzw. Netzwerke von Ressourcen aufgebaut. Aufgrund der Tatsache, daß ständige Grenzprobleme zwischen den beiden Organisationen DEC und DEE herrschten, stellten sich einige Organisationsmitglieder die Frage, warum überhaupt zwei Unternehmen aufgebaut wurden. Diese Frage der *Redundanz* wurde schließlich mit der Entscheidung der Reintegration von DEE in DEC beantwortet. Aus den Evaluationsgesprächen resultieren folgende Überlegungen:

■ **Lehren aus dem Fall DEE bezüglich der Lernprozesse**

Der Grad an Klarheit über den Zweck der Organisation hilft bei der Erreichung von Zielen und verhindert Mißverständnisse, Konflikte und Entscheidungsprobleme. Wenn die Handlungstheorie mit der Gebrauchstheorie übereinstimmt, dann herrscht Vertrauen, so daß die Organisationsmitglieder sich mit ihren Aufgaben beschäftigen können, anstatt sich mit unklaren Aussagen und Beziehungskonflikten auseinanderzusetzen.

Führungsfähigkeiten für neu gegründete Unternehmen mit kulturellen Integrations- und Autonomieproblemen sind unterschiedlich von operativ bereits aktiven Unternehmen ohne Abgrenzungs- und Kulturprobleme. Aufgrund dessen sind Managementkompetenzen gefordert, die dieser Situation jeweils Rechnung tragen. Dies bedeutet, daß künftig die Selektionskriterien neu beurteilt werden sollten.

Der Grad an Autonomie versus Kontrolle sollte von Anfang an deutlich gemacht werden, so daß Grenzprobleme mit der Muttergesellschaft bezüglich der Kundenbasis sich nicht in vollem Umfang entfalten können. Die Regelung der Autonomiefrage stellt einen entscheidenden Aspekt in der operativen Tätigkeit dar, da bei Unklarheit Konfliktsituationen vorprogrammiert sind. Die Notwendigkeit, ein Netzwerk von Ressourcen und Problemlösungsfähigkeiten aufzubauen, wurde als kritischer Faktor identifiziert.

Entscheidungsprozesse und Konfliktlösungsmechanismen müssen diskutiert werden und bei Notwendigkeit auch angepaßt werden. Die Akzeptanz und die Flexibilität bezüglich unterschiedlicher interner Managementprinzipien sollte durch interorganisationale Regelungen von Konfliktsituationen abgestimmt werden.

Der Transfer von Wissen innerhalb der ganzen Organisation stellt einen wesentlichen Faktor des Lernerfolges dar. Dieses Netzwerk von Wissen ermöglicht das erfolgreiche Management von künftigen Akquisitionen und den Austausch von Problemlösungsstrategien.

3.3 Kulturentwicklung als Lernprozeß

3.3.1 Der kulturelle Kontext

Kultur ist ein im Rahmen von Lernprozessen erworbenes Wissens- und Erkenntnissystem, das der Interpretation von Erlebnissen (Erfahrungswissen) und der Genese von Handlungen (Aktionswissen) dient (Klimecki/Probst, 1990). Somit ist Kultur ein „implizites Phänomen", das in gemeinsamen Werten und Orientierungen zum Ausdruck kommt (Steinmann/Schreyögg, 1991). Kultur stellt also ein Muster aus Werten, Normen, Deutungen etc. dar. Managementhandeln kann nicht unabhängig vom kulturellen Kontext gesehen werden, weil dieser das Deutungsmuster für die Erfassung, Bewertung und Interpretation des Handelns liefert. Durch die internen und externen Interaktionen entsteht ein Bezugsmuster, das den Organisationsmitgliedern als Orientierungsrahmen für Interpretationen dient. Durch das mehrheitlich geteilte Bezugsmuster können organisationale Handlungen und Wahrnehmungen eingeordnet werden und somit stellt Kultur den Rahmen des ganzen Systems dar.

Wenn Kultur das Resultat des Systems als Ganzes ist, dann muß der Umgang mit Veränderungen sowie Lernen wohl eher als ein Bereitstellen von Rahmen- und Prozessbedingungen für die Wahrnehmung bzw. Interpretation von Kultur verstanden werden (Klimecki/Probst, 1990:61). Da Ler-nen die Notwendigkeit von veränderten Bezugsrahmen und unterschiedlichen Werten und Normen einschließt, stellt Kulturentwicklung einen wesentlichen Weg in Richtung organisationales Lernen dar. Damit steht im Gegensatz zu anderen Kulturkonzepten die Vorgehensweise bzw. die Prozessorientierung im Vordergrund. Kulturgestaltung für organisationales Lernen läßt sich somit als Prozesskultivierung und Sinnvermittlung verstehen.

Kulturentwicklung in unserem Verständnis ist das Bereitstellen von Kontexten, die auf materieller sowie symbolischer Ebene eine Basis für Interpretationen liefern (Klimecki/Probst, 1990). Solche Kontexte können unter anderem Sprachformen, Zeremonien, Kommunikationsprozesse, Entwicklung von Leitbildern und Führungsgrundsätzen sein.

Anhand von Beipielen werden wir im folgenden den kulturellen Kontext für Lernprozesse herausarbeiten. Entwicklungsprozesse von Leitbildern, Image- und Selbstbildanalysen sowie Kommunikationsprozesse stellen Hilfsmittel der Kulturentwicklung dar, innerhalb derer sich Lernprozesse abspielen können (vgl. Abbildung 53).

3.3.2 Leitbildentwicklung

Das Unternehmensleitbild stellt eine klare Auflistung und Definition von permanenten Werten und

Kulturentwicklung als Lernprozeß		
Leitbildentwicklung	Wer: Ausrichtung:	Führungskräfte (Elite) und Gruppen Hinterfragung von Werten, Normen, Zielen
Kommunikationsforen	Wer: Ausrichtung:	Individuen und Gruppen Hinterfragung von Werten und Normen
Imageanalysen	Wer: Ausrichtung:	Organisationsmitglieder Hinterfragung von Werten und Normen

Abbildung 53

Zielen einer Institution dar. Es dient als Bezugsrahmen für das Selbstverständnis und das Verhalten (Probst, 1993). Es geht jedoch nicht nur um den Inhalt des Leitbildes, sondern um den Prozeß der Entwicklung. Das Leitbild und die Art seiner Einführung und Anwendung entscheiden mit über die Kultur eines Unternehmens. Hier ist es besonders wichtig, wenn sich viele Betriebsangehörige mit dem Inhalt identifizieren können. Dies kann jedoch nur über Gruppenprozesse geschehen, bei denen die Organisationsmitglieder zu einer „shared vision" – zu einem gemeinsamen Bezugsrahmen – kommen. Wie wir uns mit dem Inhalt identifizieren, hängt davon ab, wie wir unsere Wirklichkeit konstruieren. Diese Konstruktion bestimmt, wie das Leitbild interpretiert wird und welche Chancen, Risiken und Grenzen dies für das Handeln darstellt. Die Hauptaufgabe besteht darin, Sinn zu vermitteln.

Die Leitbildentwicklung dient somit der Schaffung einer Systemidentität, der „Herstellung" von Sinn bzw. der Prägung oder Beeinflussung der Systemkultur. Dies geschieht durch Gruppenprozesse, bei denen die Wirklichkeit der Alltagswelt gemeinsam konstruiert wird. Dieser Prozeß, der eine geteilte Wirklichkeitskonstruktion zum Ziel hat, gewährleistet, daß ein Sinnzusammenhang aller Handlungen im System entsteht. Er dient als Grundlage der Identität und des Wir-Gefühls der Systemmitglieder. Dies ist wohl auch gleichzeitig das Hauptanliegen einer Unternehmenskultur. Denn Kultur vermittelt Sinn, stellt den Bezugsrah-

men für Handeln her und dient als normatives Orientierungsraster.

Es stellt sich die Frage, wie die Leitbildentwicklung dem organisationalen Lernen dienen kann. Durch den internen und externen Interaktionsprozeß kommt es zu einem reflexiven Prozeß, der das Netz von Werten, Normen, Glaubensvorstellungen sowie normativen Orientierungen in Frage stellt. Damit können bestehende Ziele verändert bzw. angepaßt werden. Die Leitbildentwicklung stellt somit ein Instrument mit Sinnstiftungspotential dar, das die Basis einer gemeinsam getragenen Kultur darstellt.

Inwieweit die Grundsätze des Leitbildes dann tatsächlich im Unternehmensalltag angewandt werden, hängt in hohem Maße von der Akzeptanz der Formulierungen ab. Wenn sich die Organisationsmitglieder im Prozeß der Erstellung eines Leitbildes mit dem Inhalt identifizieren konnten, so besteht eine hohe Wahrscheinlichkeit, daß das Leitbild den kulturellen Rahmen bildet, innerhalb dessen das organisationale Lernen stattfindet.

Beispiel: Leitbilder
Leitbilder stellen grundlegende Ausrichtungen und langfristige Ziele und „Leitplanken" dar. Sie beinhalten daher in der Regel die wesentlichsten Absichtserklärungen und Werte zu den leistungswirtschaftlichen, sozialen und führungsorientierten Bereichen. Als Beispiel soll das neue Leitbild der Rentenanstalt dienen.

Leitbild der Rentenanstalt (1993)

1. Zielsetzung

Wir wollen in Europa die führende, unabhängige Personen-Versicherungsgesellschaft mit Schwerpunkt im Lebensversicherungsgeschäft sein.

Mit unseren Produkten und Dienstleistungen schaffen wir für unsere Kunden Vertrauen, Sicherheit und Nutzen. Damit übernehmen wir eine wirtschaftliche und soziale Aufgabe. Die daraus erwachsende gesellschaftliche Verantwortung nehmen wir im Rahmen der wirtschaftlichen Möglichkeiten aktiv wahr.

2. Geschäftsausrichtung

In der Schweiz wollen wir unsere heutige Position als Marktführerin festigen und unseren Marktanteil im Einzel- und Firmenkundengeschäft ausbauen. Unsere Stärken sind die Marktverankerung und die grosse Anzahl bestehender Kundenbeziehungen. Durch unser Auftreten am Markt wollen wir den Kundenbestand erhalten, pflegen sowie gezielt ausbauen. Wir bearbeiten den gesamten Markt und betreuen die Kundengruppen differenziert nach ihren Bedürfnissen mit unterschiedlichen Produkten, Vertriebskanälen und Dienstleistungen. Die Ausschöpfung von Marktchancen ausserhalb der Schweiz stellt die Hauptquelle unseres zukünftigen Wachstums dar. Damit wird das internationale Geschäft zusätzliche Bedeutung erlangen. Im europäischen Wirtschaftsraum wollen wir unsere Position verstärken, indem wir uns von den grossen nationalen Anbietern differenzieren. Wir profilieren uns in Segmenten, in denen unsere Vorteile als international starke Gruppe zum Tragen kommen.

Weltweit wollen wir uns in erster Linie auf internationale Kunden konzentrieren. Wir wollen dazu unser Netzwerk punktuell verstärken und damit unseren Marktanteil in der internationalen Kundenbetreuung weiter ausbauen. Im weiteren werden wir die Voraussetzungen schaffen, um längerfristig attraktive Wachstumsmärkte durch eigene Präsenz zu erschließen.

3. Kooperationen

Allianzen mit unterschiedlichen Partnern sind für uns ein Mittel, um neue Vertriebskanäle für unsere Produkte zu erschließen, unser Dienstleistungsangebot zu ergänzen und Synergien zu schaffen. Dabei wählen wir die für die einzelnen Märkte und Segmente jeweils geeigneten Partner und Kooperationsformen und schließen abrundende Akquisitionen nicht aus.

4. Eigenkapitalbasis

Eine starke Eigenkapitalbasis ist ein wichtiges Element unserer Entwicklung und unseres Erfolgs. Deshalb schaffen wir die Voraussetzungen, um auch die Finanzmärkte für die Finanzierung unserer Strategien zu nutzen.

5. Ausrichtung auf den Kunden

Unsere Wettbewerbsüberlegenheit liegt
- in der Schaffung von erkennbarem Kundennutzen mit innovativen Produkten und Dienstleistungen
- in einer vorbehaltlosen Orientierung aller Mitarbeiterinnen und Mitarbeiter am Kunden.

6. Leistungen

Wir wollen unsere Leistungen auf die Bedürfnisse von Kundengruppen ausrichten. Dazu werden wir die notwendigen Mittel soweit wie möglich den Geschäftsverantwortlichen zuweisen und so wenig wie nötig zentralisieren. Im Hinblick auf Kundenbedürfnisse und Wettbewerbsentwicklungen wollen wir das Produkt- und Dienstleistungsangebot laufend überprüfen und Synergien zwischen Segmenten und Märkten ausschöpfen. In versicherungstechnischer Hinsicht legen wir Wert auf kundenfreundliche Tarifformen und Überschuss-Systeme, die auf anerkannten Prinzipien beruhen und zu einem gesunden Versicherungsbestand beitragen. Durch die Bildung angemessener Rückstellungen wollen wir, unter Berücksichtigung künftiger Entwicklungen, die Interessen unserer Versicherten wahren.

Ein professioneller und effizienter Vertrieb ist eine wichtige Voraussetzung für unseren Erfolg. Wir wollen unseren Vertrieb auf Kundensegmente ausrichten und in der Gruppe alternative Vertriebskanäle erschließen. Service und Kundendienst wollen wir im Rahmen der Wirtschaftlichkeit an den Bedürfnissen der Kunden orientieren. Dazu werden wir Arbeitsabläufe vereinfachen, qualitativ verbessern und beschleunigen.

Wir wollen mit Informatik- und Kommunikationstechnologie alle wesentlichen Geschäftsfunktionen erstklassig und benutzerfreundlich unterstützen. Durch einheitliche Standards, Werkzeuge sowie internationalen Transfer von Wissen und Lösungen setzen wir unsere Fähigkeiten auf Gruppenebene wirksam ein. Bei Investition werden wir Nutzen und Kosten ermitteln und deren Verhältnis optimieren.

Bei eigenen Kapitalanlagen wollen wir mit unserem Ertrag, gemessen an anerkannten Leistungs- und Ratingkriterien, bei adäquatem Risiko zur Spitzengruppe gehören.

Für spezifische Kundenbedürfnisse werden wir im Rahmen der eingegangenen Verpflichtungen verschiedene Anlageformen mit unterschiedlichen Ertrags-/Risikoprofilen anbieten.

7. Unternehmenskultur

Wir streben eine gemeinsame Unternehmenskultur an, die von Leistungsorientierung, Partnerschaftlichkeit und gegenseitiger Achtung geprägt ist. Jeder leistet seinen Beitrag zu einem offenen und vertrauensvollen Klima.

Wir wünschen uns Mitarbeiterinnen und Mitarbeiter, die unternehmerisch denken, konflikt- und teamfähig sind und Risikobereitschaft sowie Entscheidungsfreudigkeit aufweisen. Wir unterstützen sie in der Wahrnehmung ihrer Verantwortung und sind bereit, ein entsprechendes Verhalten auch anzuerkennen.

8. Organisation

Für die Entwicklung und Umsetzung unserer Geschäftsstrategien bilden wir unternehmerische, geschäftsverantwortliche Einheiten mit unterstützenden zentralen Funktionen. Den Geschäftseinheiten gewähren wir eine hohe Autonomie, weisen ihnen die notwendigen Mittel zu und führen sie ergebnisorientiert.

Die Organisationsform jeder Geschäftseinheit ist im Rahmen der Gruppenstruktur auf die Umsetzung ihrer Strategie ausgerichtet. Sie fördert Kundennähe, Flexibilität sowie dezentralisierte Ergebnisverantortung und betont Teams statt funktionale Hierarchien.

9. Mitarbeiterinnen und Mitarbeiter

Fähigkeiten und Leistungswille unserer Mitarbeiterinnen und Mitarbeiter sind die Voraussetzungen unseres Erfolges.

Als internationales Unternehmen wollen wir ein im Wettbewerbsvergleich attraktiver Arbeitgeber sein. Herausfordernde Aufgaben, ein markt- und leistungsgerechtes Entlöhnungssystem und entsprechende Entwicklungsmöglichkeiten tragen dazu bei.

Wir sehen in der Förderung der Mitarbeiterinnen und Mitarbeiter in persönlicher und fachlicher Hinsicht eine wichtige Führungsaufgabe und setzen uns für die Ausschöpfung von deren Fähigkeiten ein.

10. Führung

Wir führen partizipativ, ziel- und ergebnisorientiert sowie mit sozialer Kompetenz. Wir delegieren Verantwortung und Kompetenz so weit als möglich und unterstützen unsere Mitarbeiterinnen und Mitarbeiter in konstruktiver und anerkennender Weise.

Wir bauen die bestehenden Führungsinstrumente weiter aus, mit dem Ziel, das Markt-, Ertrags- und Kostenbewusstsein auf allen Stufen zu fördern.

Im Rahmen unserer Laufbahnplanung wollen wir unsere Talente in unterschiedlichen Funktionen fördern und internationale Entwicklungsmöglichkeiten anbieten.

Führungsfähigkeiten, Geschäftsverständnis, Fachkompetenz und Leistung sind die maßgeblichen Kriterien für Beförderungen.

Quelle: Rentenanstalt, 1993

Swisscontrol

Im Rahmen eines Projektes bei Swisscontrol wurde die Leitbildentwicklung als Mittel eingesetzt, eine Identität zu finden und eine Leitplanke für das Denken und Handeln der „neuen" Unternehmung zu schaffen (vgl. Probst, 1989). Aus der Radio Schweiz AG heraus entstanden per 1. Januar 1988 drei „neue" Gesellschaften. Eine davon ist die Swisscontrol – Schweizerische Aktiengesellschaft für Flugsicherung. Sie ist verantwortlich für die sichere und wirtschafliche Abwicklung des Zivilflugverkehrs auf den Flughäfen Zürich-Kloten, Genf-Cointrin, Bern-Belp, Lugano sowie im Schweizer Luftraum. Die Fluglotsen bewältigen jährlich rund 1,2 Millionen Bewegungen im kontrollierten Luftraum, wobei Tagesspitzen aus bis zu 1 300 Flugbewegungen bestehen können. Die Swisscontrol beschäftigt 800 Mitarbeiter.

Durch die internen strukturellen Veränderungen sowie die externen Turbulenzen der Flugsicherung wegen des zunehmenden Flugaufkommens stand die Swisscontrol 1988 stark unter Druck. Die Leistungsfähigkeit, die Qualität, die Sicherheit und die Wirtschaftlichkeit wurden zu zentralen Größen, die eine Abgrenzung und Orientierung der Organisation nötig machten.

Mit der Entwicklung eines Leitbildes sollten die eigenen Werthaltungen zum Ausdruck gebracht und die Leitsätze für die Zukunft formuliert werden. Für die Ausrichtung eines Unternehmens ist es wichtig, daß eine gemeinsame Basis geschaffen wird, die ständig überprüft wird. Um Sinn zu finden, die Kräfte zu konzentrieren und sinnvoll in einem kollektiven System zu entscheiden und zu handeln, muß eine Vision geschaffen werden, die von den Mitarbeitern getragen und verstanden wird. Anhand der Leitplanken oder der Leitziele werden die Aktivitäten kanalisiert und entwickelt. Ein Leitbild erarbeiten heißt erst einmal Sinn finden in den zu erfüllenden Aufgaben und Verantwortlichkeiten.

Wie kann aber ein Leitbild zum Anliegen des gesamten Unternehmens gemacht werden? Um eine gemeinsame Basis herzustellen ist es wichtig, daß im Entwicklungsprozeß möglichst viele Betroffene beteiligt sind. Es ist sinnvoll, nicht nur die obersten Führungskräfte zu beteiligen, sondern die gesamte Mannschaft von Organisationsmitgliedern an dem Leitbild zu orientieren. Das Leitbild muß gelebt werden und unmittelbare Wirkung für alle zeigen. Die Vorgehensweise bei der Entwicklung muß gleichzeitig mit einem Maßnahmenplan verbunden werden, so daß die unmittelbare Wirkung des Leitbildes deutlich wird (vgl. Abbildung 54, Seite 145).

Der Inhalt eines Leitbildes sollte zunächst aus einer Zwecksetzung des Unternehmens bestehen. Dazu gehören die allgemeinen Ziele und das „wofür" das Unternehmen überhaupt existiert (siehe Seite 142 unter 1. Zielsetzung des Rentenanstaltbeispiels). Im Rahmen der folgenden Punkte werden die Werthaltungen des Unternehmens fixiert, wobei nicht die Werte an sich im Vordergrund stehen, sondern die Ausprägung, die Realisierungsmöglichkeit sowie die Handlungsabsichten. Es handelt sich innerhalb dieses Rahmens um die Darstellung der allgemeinen unternehmenspolitischen Ziele in den finanzwirtschaftlichen, leistungswirtschaftlichen, sozialen und führungsbezogenen Bereichen. Es ist jedoch ebenfalls wichtig, gleichzeitig einen Maßnahmenplan zu entwickeln, der die gemeinsam geteilten Werthaltungen umzusetzen sucht.

Der Prozeß der Entwicklung ist dadurch gekennzeichnet, daß sich die Beteiligten über die postulierten Werte einig werden. Vorgelagert ist jedoch der wichtige Lernprozeß der Hinterfragung und kritischen Überprüfung. Während des Prozesses der Formulierung eines Leitbildes müssen sich die Organisationsmitglieder mit den Unternehmenswerten auseinandersetzen und gleichsam die Sinnfrage stellen. Durch die Hinterfragung besteht die Möglichkeit, bestehende Verhaltensmuster kritisch zu überprüfen und, wenn nötig, Veränderungen in Gang zu setzen. Selbst wenn das Leitbild fertiggestellt ist, sollte eine ständige Überprüfung

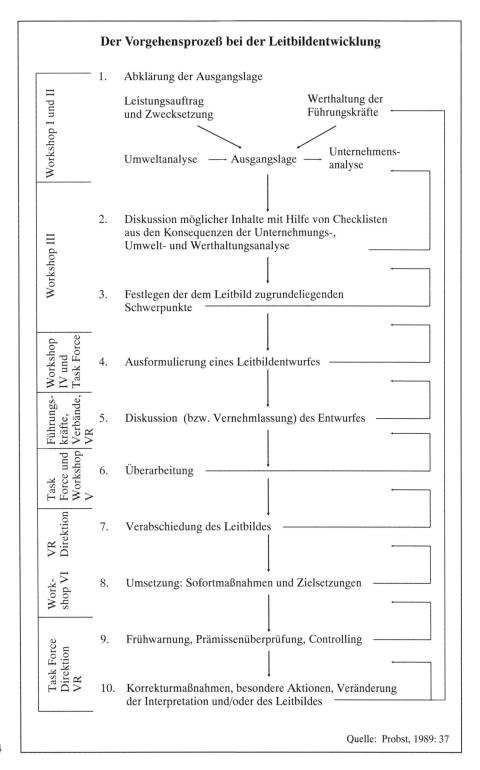

Der Vorgehensprozeß bei der Leitbildentwicklung

Workshop I und II

1. Abklärung der Ausgangslage

Leistungsauftrag und Zwecksetzung

Werthaltung der Führungskräfte

Umweltanalyse — Ausgangslage — Unternehmensanalyse

Workshop III

2. Diskussion möglicher Inhalte mit Hilfe von Checklisten aus den Konsequenzen der Unternehmungs-, Umwelt- und Werthaltungsanalyse

3. Festlegen der dem Leitbild zugrundeliegenden Schwerpunkte

Workshop IV und Task Force

4. Ausformulierung eines Leitbildentwurfes

Führungskräfte, Verbände, VR

5. Diskussion (bzw. Vernehmlassung) des Entwurfes

Task Force und Workshop V

6. Überarbeitung

VR Direktion

7. Verabschiedung des Leitbildes

Workshop VI

8. Umsetzung: Sofortmaßnahmen und Zielsetzungen

Task Force Direktion VR

9. Frühwarnung, Prämissenüberprüfung, Controlling

10. Korrekturmaßnahmen, besondere Aktionen, Veränderung der Interpretation und/oder des Leitbildes

Quelle: Probst, 1989: 37

Abbildung 54

145

stattfinden und, wenn nötig, sollten Anpassungen vorgenommen werden. Nur durch den Prozeß der Hinterfragung und der ständigen Überprüfung ist organisationales Lernen auf höherer Ebene möglich.

Folgende Elemente, die zum organisationalen Lernen beitragen können, charakterisieren die Vorgehensweise bei einer Leitbildentwicklung:

1. Individueller Charakter

Leitbilder mögen im Resultat ähnlich sein, sie sind jedoch im Entwicklungsprozess und in der Interpretation aufgrund des Kontextes, der Situation sowie der Wahrnehmung unterschiedlich.

2. Partizipativer Ansatz

Aufgrund der strategischen Ausrichtung eines Leitbildes sind die obersten Führungskräfte bei der Entwicklung nicht wegzudenken. Dies bedeutet jedoch nicht, daß die übrigen Organisationsmitglieder ausgeschlossen werden oder sein sollten. Sie müssen vielmehr über das Leitbild und seine Erarbeitung orientiert werden und in Projektgruppen diese Orientierung für das eigene Handeln interpretieren. Ohne Partizipation entsteht meist nur ein Dokument, das kaum umgesetzt und gelebt wird. Deshalb ist es wichtig, sich mit dem Leitbild identifizieren zu können.

3. Zukunftsorientierung

Ein weiterer wichtiger Aspekt des Leitbildes ist die Zukunftsorientierung. Bevor jedoch entschieden wird, wohin das Unternehmen geht, sollten die derzeitige Umwelt analysiert und daraus die Chancen und Gefahren für die Zukunft entwickelt werden. Wenn dieses Ziel erreicht wurde, sollten Vorstellungen, Wünsche und Ideen integriert werden, die dann auf ihre Realisierbarkeit hin zu prüfen sind.

4. Umsetzungsplan

Mit der Entwicklung eines Leitbildes sind Maßnahmen festzulegen, die die Konsequenzen aufzeigen und den Beteiligten das Gefühl und die Sicherheit geben, daß auch tatsächlich etwas geschieht. Dabei sollte nicht vergessen werden, daß nicht alles sofort geschehen kann. Aufgrund dessen ist

es wichtig, daß sich die Betroffenen der möglichen Verzögerung in der Umsetzung bewußt sind und die Erwartungen bezüglich der Resultate dementsprechend angepaßt werden. Die Rahmenbedingungen der Umsetzung und die Prioritäten sind festzulegen. Die Umsetzung erfolgt an sich über kleine Projekte in Abteilungen, Gruppen oder über Individuen. Das bedeutet, daß die Leitvorstellungen ausdifferenziert werden und für die einzelnen Abteilungen konkretisiert werden. Das Leitbild bildet sozusagen den Ausgangspunkt für Ziele und Handlungen und hat Koordinierungs- und Integrationsfunktion.

5. Kommunikation

Das Leitbild und der Entwicklungsprozess sollten über möglichst viele Kanäle und so offen und realitätsnah wie möglich kommuniziert werden. Dabei handelt es sich um eine Aufgabe, die periodisch wiederholt werden sollte. Dieser entscheidende Faktor beinhaltet das Informieren über die Hintergründe, die Entstehung, die Inhalte, die Konsequenzen und Maßnahmen für die Umsetzung (z. B. Workshops in den einzelnen Abteilungen). Der Entwicklungs- und Einführungsprozess muß durch eine adäquate und ehrliche Informationspolitik begleitet sein. Den obersten Führungskräften kommt dabei die bedeutende Aufgabe zu, den Inhalt von Anfang an vorzuleben (und so zu kommunizieren).

6. Innovation

Das Leitbild muß ein innovatives Element in sich tragen. Dies bedeutet, daß die Entwicklung des Leitbildes als eine Veränderung des Bezugsrahmens begriffen werden sollte. Die Mehrheit der am Entwicklungsprozess Beteiligten muß einen Wandel im Orientierungsrahmen erkennen. Mit anderen Worten: es müssen konkrete Impulse von der Leitbildentwicklung ausgehen.

7. Controlling

Das Controlling der Umsetzung und die Frühwarnung ermöglichen die Überprüfung der Ausgangsprämissen. Dabei stellt sich die Frage, ob die Grundannahmen immer noch Gültigkeit haben oder sich bereits verändert haben. Stimmen die

Situationsbeschreibungen noch, auf die wir unsere Entscheide gestützt haben? Sind die Szenarien, die wir zu Grunde gelegt haben, immer noch sinnvoll? Ausserdem sind die Fortschritte unserer Handlungen darauf zu überprüfen, ob sie die Leitbildvorstellungen auch respektieren. Ziel ist es, eine effektive und effiziente Realisierung des Leitbildes anzustreben (vgl. Probst, 1989).

Implementierung des Leitbildes		
Voraussetzungen für Gesamtverhalten schaffen	**Orientieren Informieren Kommunizieren**	**Individual- und Gruppenverhalten unterstützen**
Auf der Geasamtebene der Unternehmung sind Strukturen und Prozesse so einzurichten, daß das Leitbild eingeführt und aufrechterhalten werden kann.	Informieren über den Hintergrund, die Entstehung, die Inhalte, die Konsequenzen und Maßnahmen im Rahmen des Leitbildes (Führungskräfte, Mitarbeiter und Öffentlichkeit).	Methodische Hilfen für die Einführung, die Aufrechterhaltung und das Controlling. Unterstützung und Überwachung der Veränderung der Verhaltensweisen in der individuellen und der Gruppenarbeit.
Maßnahmen: Stufengerechte „Leitbilder" (funktionsspezifische Interpretation) Führungsstruktur, Schulungsplan, Rechnungswesen usw. überprüfen Strategien, Pläne, Budget	**Maßnahmen:** Workshop „Umsetzung" (Wie kann das Leitbild in meinem Bereich realisiert werden?) Interne Mitteilungen Mitarbeitergespräch PR-Maßnahmen	**Maßnahmen:** MBO stufengerecht persönliche Arbeitstechnik Mitarbeiterbeurteilung Task Force Sitzungstechnik

Abbildung 55

3.3.3 Kommunikationsforen

Kommunikation ist die Übertragung von Informationen zwischen Systemen, welche diese zur Weiterentwicklung ihrer „Systemcodes" benutzen (Lutz, 1992). Dies bedeutet, daß Menschen innerhalb von Organisationen sich der Kommunikation bedienen, um kulturelle Werte und Normen zu entwickeln und Veränderungen wahrzunehmen. Was ist in diesem Zusammenhang unter einem „Code" zu verstehen? „Es ist jener Satz von Informationen, der darüber entscheidet, welchen Ausschnitt aus seinem Umfeld ein Organismus wie wahrnimmt (Wahrnehmungsfilter), wie er die aufgenommenen Informationen gewichtet und bewertet, wie weit er sie heranzieht zu seiner Weiterentwicklung (etwa zur Erweiterung des im Kopf gespeicherten Wirklichkeitsmodells), und was für Handlungen (Signale, physische Einwirkungen) nach außen er daraus ableitet (wobei der Code die verfügbaren Handlungs- und Ausdrucksmuster bestimmt)" (Lutz, 1992: 104). Genetischer Code, Persönlichkeit sowie Kultur sind Begriffe aus der Biologie, Psychologie sowie Soziologie, die den oben angeführten Code charakterisieren. Dieser gibt Auskunft über die Beschaffenheit des Umfeldes, über sich selbst sowie über das im Umfeld bewahrte Verhalten.

Kommunikationsforen dienen dem organisationalen Lernen, da sie für die Entwicklung solcher Codes verantwortlich sind und dadurch die bestehenden Werte und Normen hinterfragt werden. Die Codes der Beteiligten werden durch den Prozeß der Kommunikation angereichert und verändert. Dadurch entsteht die Kultur, die nichts anderes darstellt als die gemeinsam konstruierte Wirklichkeit der Beteiligten innerhalb eines sozialen Systems.

Dabei ist die Erkenntnis wichtig, daß die Identifikation der Mitarbeiter mit den Aufgaben, dem unternehmerischen Denken und Handeln sowie der Blick fürs Ganze allein durch inner- und überbetriebliche *Kommunikation* geschaffen wird. Hohe interne Kommunikationsqualität bringt Transparenz in das betriebliche Geschehen und erhöht die Integration von komplexen Zusammenhängen, so daß der Blick für das Gesamtsystem erweitert wird. Als Parameter für organisationales Lernen im Sinne der Kulturentwicklung dient die Kommunikation der Identifikation mit Grundsätzen und Wertvorstellungen sowie der Erhöhung der Problemlösungsfähigkeit durch den Prozeß des Austausches von Informationen.

Beispiel: Annahmenanalyse

Da Annahmen die Basis sämtlicher Entscheidungen und Handlungen darstellen, ist eine Schlußfolgerung nur dann stichhaltig, wenn die Annahmen korrekt sind. In den meisten Fällen glauben Individuen, daß die Zukunft das gleiche beschert wie die Vergangenheit, daß jeder gleich ist, gleich denkt und das gleiche will, daß Menschen rational entscheiden, daß Organisationen nach dem Effektivitätskriterium strukturiert sind, daß Kunden den Nutzen des Produktes leicht erkennen können usw. Mit anderen Worten akzeptieren Menschen Annahmen, die sie kaum hinterfragen. Doch fehlt hier die plausible Grundlage, denn diese Annahmen können gerade auch im umgekehrten Sinne funktionieren. Um eine gemeinsame Grundlage für Entscheidungen zu bilden, ist es notwendig, Kommunikationsforen zu initiieren. Hier besteht die Möglichkeit, bestehende Annahmen der Beteiligten zu testen, diese Annahmen, Werte und Normen gemeinsam neu zu entwickeln und die Basis für künftige Zusammenarbeit zu legen (Kilmann, 1984: 139 ff.).

Die Annahmenanalyse ist ein Weg, die Werte und Normen einer Organisation zu hinterfragen und so organisationales Lernen zu begünstigen. Durch Diskussion in und zwischen Gruppen werden alternative Erklärungen sowie unterschiedliche Ansichten offengelegt und die Möglichkeit geboten, diese zu hinterfragen und auf ihre Gültigkeit zu überprüfen. Durch diese Hinterfragung wird der Prozeß der Lernens in Gang gesetzt. Die Annahmenanalyse ist häufig auch ein fester Bestandteil des strategischen Controllings (vgl. Probst/Gomez, 1991).

Eine Annahmenanalyse besteht in der Regel aus 6 Schritten (Kilmann, 1984: 144):

1. Aufstellen von strategischen Alternativen in Form von Schlußfolgerungen
2. Zuteilung von Gruppen zu den Schlußfolgerungen
3. Durchführung der Annahmenanalyse in Gruppen
4. Durchführung der Annahmenanalyse zwischen Gruppen
5. Lösung und Synthetisierung von Annahmen
6. Ermittlung der gemeinsamen Schlußfolgerung

Die Durchführung dieser Schritte sollte zu einer Offenlegung der zugrundeliegenden Annahmen führen und damit den Weg in Richtung Veränderungslernen aufzeigen.

Volkswagen AG

Das Durchführen der Annahmenanalyse kann am Beispiel von Volkswagen demonstriert werden. Volkswagen steht vor dem Problem, einen strategischen Plan für das 21. Jahrhundert zu entwikkeln.

Schritt 1:
Es stehen folgende Alternativen zur Auswahl:

1. Konzentration auf die Herstellung von ,,wirtschaftlichen Wagen", um mit der ausländischen Konkurrenz im Wettbewerb zu bleiben.
2. Spezialisierung auf das ursprüngliche Konzept der Produktion von ,,kleinen Wagen für das Volk".
3. Diversifikation in andere Arten des Transports, wie z. B. Lastwagen, Elektrowagen etc.

4. Diversifikation in andere Märkte, um die zyklischen Schwingungen der Automobilindustrie auszugleichen.

Die Aufstellung dieser relativ extremen Positionen erlaubt die Hervorhebung der Unterschiede zwischen den einzelnen Alternativen und ist Grundvoraussetzung für die folgende Annahmenanalyse.

Schritt 2:
Im Falle von Volkswagen werden ca. 50 Mitarbeiter aus unterschiedlichen Bereichen, Marketing, Produktion, Forschung und Entwicklung etc. sowie Externe ausgewählt, die dann den einzelnen strategischen Alternativen nach freier Wahl zugeordnet werden. Damit ist die Grundlage für die Auseinandersetzung geebnet.

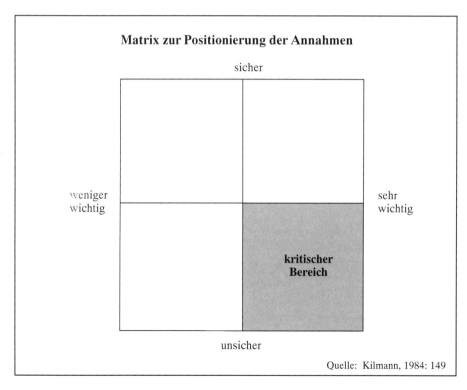

Matrix zur Positionierung der Annahmen

sicher

weniger wichtig

sehr wichtig

kritischer Bereich

unsicher

Quelle: Kilmann, 1984: 149

Abbildung 56

Schritt 3:

Im folgenden werden alle internen und externen Faktoren aufgelistet, die die strategische Alternative beeinflussen. Im Anschluß werden 5–10 Annahmen über diese internen und externen Faktoren aufgestellt, die die Schlußfolgerung bestätigen (z. B. die Automobilindustrie erlebt vorläufig keine Belebung, ausländische Konkurrenz nimmt zu etc.). Danach stellen sich folgende Fragen für die Gruppe: Sind die Annahmen gleichgewichtig? Sind die Annahmen auch realistisch? Anhand einer Matrix (vgl. Abbildung 56, Seite 150) können die sicheren von unsicheren Annahmen sowie die wichtigen von den weniger wichtigen Annahmen unterschieden werden.

Schritt 4:

Nachdem jede Gruppe sich mit den eigenen Annahmen auseinandergesetzt hat, findet ein Austausch der Gruppen über ihre Annahmen statt. Jede Gruppe muß ihre Annahmen präsentieren und hinterfragen lassen, so daß eine offene Diskussion zustande kommt. Diese Diskussion bildet die Grundlage für die gruppeninterne Veränderung von Annahmen. Im Falle von Volkswagen ist es schwierig zu sagen, welche Alternativen die höchste Wahrscheinlichkeit des Erfolges haben, jedoch

ist es wichtig, die Annahmen zu hinterfragen, so daß eine solide Grundlage für eine Entscheidung gelegt wird.

Schritt 5:

Nachdem jede Gruppe ihre Annahmen nochmals ändern konnte und dann vorlegt, wird eine neue sogenannte synthetisierende Gruppe gebildet, die in einer gemeinsamen Diskussion die existierenden Annahmen analysiert und interpretiert.

Schritt 6:

Aus dieser Diskussion sollte letztendlich eine Entscheidung über die Annahmen in Form einer von allen Gruppen entwickelten Annahmenmatrix fallen.

Die Durchführung der Annahmenanalyse erlaubt die Offenlegung und den Austausch von Informationen aller Beteiligten und stellt damit Teil des organisationalen Lernprozesses dar. Durch die Analyse werden individuell wahrgenommene Realitäten der Öffentlichkeit zugänglich gemacht und hinterfragt. Der Prozeß des Austausches von Informationen bietet somit die Möglichkeit, intersubjektive Wirklichkeitskonstruktionen herzustellen und dadurch die Identifikation der zugrundeliegenden Normen und Werte zu erhöhen.

3.3.4 Imageanalyse

Das Betriebsklima eines Unternehmens ist als wichtiger Arbeitsfaktor erkannt worden, denn die Arbeitsumwelt spielt im Zuge von verfallenden Strukturen eine identitätsbildende Rolle in den Unternehmen. Unternehmen treten häufig als stabilitätsschaffende Systeme auf, innerhalb derer Arbeiten und Lernen ineinander übergehen. So leistet die Analyse des Betriebsklimas einen wichtigen Beitrag zur Feststellung von Identifikations- und daraus resultierenden Motivationslücken. Sie gibt aber auch die Möglichkeit, Wahrnehmungen an die Mitarbeiter zurückzuspielen und einen Reflexionsprozess auszulösen.

Beispiel: Imagebarometer
Imagestudien können als Frühwarnindikatoren von großem Nutzen sein. Dabei werden oft sowohl ein externes Image (in der Gesellschaft, bei den Kunden, in der politischen Umwelt) und ein internes Image (,,Wie sieht uns der Mitarbeiter?") erhoben. Solche Imageprofile helfen nicht nur, sich zu positionieren, sondern auch sich zu hinterfragen oder Veränderungen frühzeitig zu erfassen und Korrekturmaßnahmen einzuleiten. Diese Wahrnehmungen externer und interner Betroffener wirken sich auf die Kundenzufriedenheit, die Verkäufe und/oder die Mitarbeiterqualität und den Mitarbeiterstamm bei Bewerbungen aus. Dabei geht es hier nicht darum, ob Wahrnehmungen begründet sind oder nicht. ,,Wahr ist letzlich, was (für) wahr genommen wird". Bei Messungen der Kundenzufriedenheit ist es daher wichtig, sich über den Inhalt der Resultate zu einigen und bei Enttäuschung nicht mit einfachen Entschuldigungen zu reagieren. Vielmehr geht es darum, die Ergebnisse zu analysieren und zu diskutieren, Hauptkomponenten und Zusammenhänge aufzuzeigen und bewußt zu machen, Wissen zu erhöhen und Aktionen auszulösen.

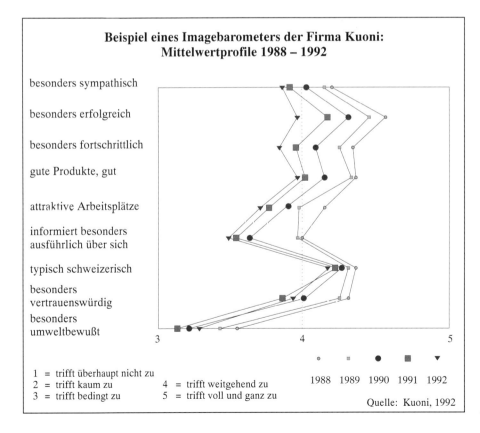

Abbildung 57

152

Sowohl bei Kuoni, HP wie ABB werden Image-Radar-Systeme ausgewertet und für Lernprozesse genutzt. Im Rahmen der Unternehmensentwicklung wird das Imageresultat bei Kuoni jeweils analysiert, für ein Benchmarking als Basis genommen und mit möglichen Maßnahmen versehen. Bei ABB hat dieses Instrument im Rahmen des CUSTOMER-FOCUS-Programms eine besondere Bedeutung erhalten. Eine zentrale Radarfunktion hat die Messung der Kundenzufriedenheit. ABB-Drives schlägt hierzu folgende Erhebungsgrundlagen

vor, die sich in ein mehrstufiges System einfügen.

Hier wurde erkannt, daß die Erhaltung oder Verbesserung der Kundenzufriedenheit einfacher und kostengünstiger ist, als die Gewinnung neuer oder die Rückgewinnung alter Kunden. Auch hier reihen sich die Erhebungen in ein ganzes Programm der Erfassung, Auswertung, Auseinandersetzung und Erarbeitung von Prioritäten und Aktionsplänen ein. Nur die Gesamtheit der einzelnen Schritte einer Imagestudie können Lernprozesse auslösen.

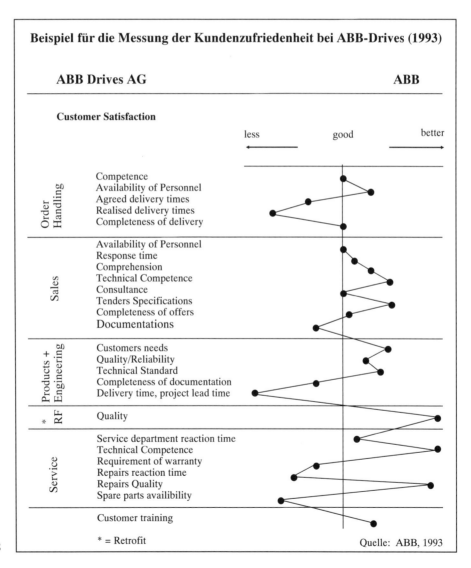

Abbildung 58

153

Hewlett-Packard GmbH

Hewlett-Packard GmbH Deutschland ist ein Unternehmen im Bereich der Informationstechnologie, das sich auf die Herstellung von Meß- und Datentechnikprodukten spezialisiert. Als größte Auslandstochter eines amerikanischen Konzerns war die HP GmbH 1985 mit einer Imageanalyse beschäftigt. Neben einer externen Imagestudie wurde komplementär eine interne Studie durchgeführt.

Die Philosophie von HP besteht darin, daß Erfolg eines Unternehmens nur durch das Zusammenwirken aller Mitarbeiter an den Unternehmenszielen erreicht werden kann. Diese gemeinsamen Ziele müssen realistisch sein, von jedem Mitarbeiter verstanden werden und den Grundcharakter des Unternehmens widerspiegeln. Dabei besteht der Grundsatz des Unternehmens darin, fähige und kreative Mitarbeiter einzusetzen, Begeisterung und Motivation bei Mitarbeitern zu stimulieren sowie Integrität und kooperative Zusammenarbeit zu fördern.

Hewlett-Packard ist der Ansicht, daß zufriedene und motivierte Mitarbeiter ein Maximum an Effektivität und Leistung erreichen können und es deshalb im Interesse des Unternehmens ist, wenn ein positives, internes Image besteht. Aufgrund dieses Gedankenzusammenhangs hat HP 1985 eine interne Umfrage gestartet. Unter dem Motto „Mitarbeiter haben das Wort" wurden die Mitarbeiter um ehrliche Antworten auf eine Vielzahl von Fragen gebeten. Die Ergebnisse der Untersuchung nehmen in der Firmenkultur von HP einen hohen Rang ein. Sie sollen nämlich Auskunft über die innere Situation des Unternehmen geben und vor allem auch Theorie und Praxis der Firmenzielerfüllung vergleichen helfen. Die Betroffenen wurden so bewußt zu Beteiligten im Lernprozeß über Veränderungen im Image- und Problembarometer gemacht.

Dieses interne Imagebarometer verdeutlicht das Betriebsklima der Organisation und gibt auch Auskunft über notwendige Verbesserungsmaßnahmen.

Im Vordergrund stehen dabei die Personal-Mitteilungen in denen die Resultate präsentiert und vom Geschäftsführer und Personalleiter kommentiert werden (vgl. Openline bei HP GmbH).

Bis zu diesem Zeitpunkt der Imagemessung hat jedoch nur ein geringer Lernprozeß stattgefunden. Erst als HP in Feedback-Gruppen die Resultate und Problembereiche analysierte und mögliche Schritte entwickelte, entstanden gewichtige Lernprozesse. So hat HP in den einzelnen Unternehmensbereichen Analysegruppen gebildet, die sich mit einer detaillierten Auswertung der Probleme sowie der Erarbeitung von praktikablen Lösungsvorschlägen beschäftigen. Zunächst bekamen Mitarbeiter durch ein spezielles Training Hilfestellung bei der Analyse und Interpretation. Diese wurden dann in Analysegruppen integriert. Die Lösungsvorschläge, die erarbeitet wurden, sollten Veränderungen der Gegebenheiten oder auch Erklärungen sein. Antworten auf folgende Fragen sollten geliefert werden:

1. Welche unserer Entscheidungen, Ziele, Firmenkulturbegriffe bedürfen der Erläuterung?
2. Wo würden wir gerne etwas verbessern, können es aber nicht?
3. Wo wollen wir etwas verändern? Wie und warum tun wir es?

Durch die wiederholte Überprüfung des internen Images, des Feedbacks an die Mitarbeiter und der gemeinsamen Erarbeitung von Lösungsvorschlägen werden Lernprozesse gefördert. Die Überprüfung des Images selbst gibt lediglich Auskunft über die Verhältnisse. Erst das Feedback und die gemeinsame Hinterfragung von Werten und Normen in Gruppen ermöglicht Reflexion über die HP-Ziele. Dadurch wird nicht nur eine gemeinsam geteilte Wirklichkeit aufgebaut, sondern Veränderungsprozesse im Sinne von Lernen werden bewußt in Gang gesetzt und gefördert.

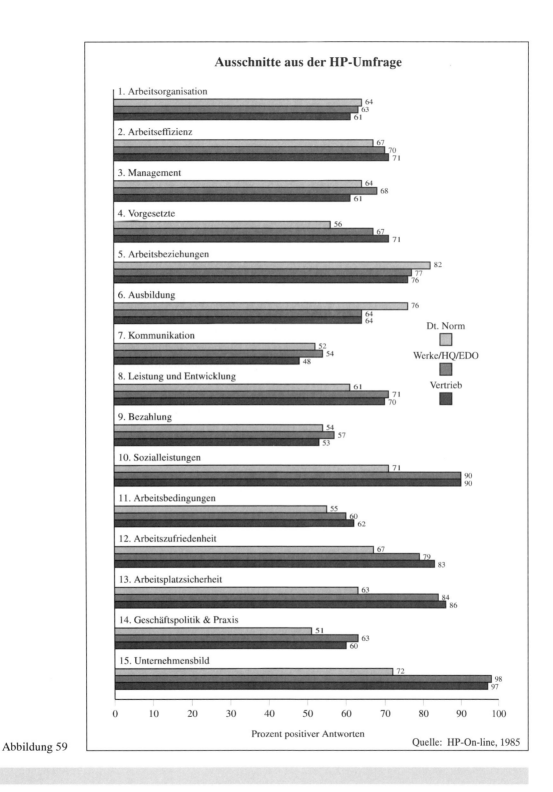

Abbildung 59

155

3.4 Personalentwicklung als Lernprozeß

3.4.1 Der personelle Kontext

Da menschliche Interaktionen die Basis der organisationalen Handlungen sind und den Rahmen für organisationales Lernen bilden, wird auch im folgenden der personelle Kontext als ein Eckpunkt des Lernens aufgeführt. Das Zentrum der Auseinandersetzung innerhalb dieses Kontextes stellen jedoch nicht die individuelle Weiterbildung im traditionellen Sinne, sondern interaktive Prozesse dar. Individuelle Entwicklungsmotivation und Kommunikationsfähigkeit sind lediglich „Medien" des organisationalen Lernens. Persönliche Werthaltungen, Interessen und Ansprüche stellen Knotenpunkte im Netz der Organisation dar. Erst die Verbindung dieser Knotenpunkte im Netzwerk kann zu organisationalem Lernen führen. Eine zentrale Aufgabe des Personalmanagements wird darin bestehen, diejenigen Handlungskompetenzen der Organisationsmitglieder zu fördern, die organisationale Lernprozesse im Sinne des interaktiven Austausches begünstigen. Dabei stehen insbesondere Konzepte der partizipativen, gruppenorientierten Lerngestaltung im Vordergrund. Die Gruppe, Einheiten aus zwei oder mehr Personen, nimmt innerhalb des Systems eine zentrale Katalysatorfunktion zwischen Individuum und Organisation ein, da individuelle Handlungsspielräume durch arbeitsorganisatorische Konzepte (autonome Gruppen, Lernpartnerschaften etc.) den Wissenstransfer ermöglichen (Pawlowsky, 1992).

Somit ist innerhalb des personellen Kontextes der Aufbau von interkultureller, kommunikativer und partizipativer Kompetenz ein Schwerpunkt des Lernens. Im folgenden werden Beispiele für interaktive Maßnahmen herausgearbeitet, die organisationales Lernen ermöglichen. Wir konzentrieren uns auf lernpartnerschaftliche Instrumente, arbeitsplatznahe Strukturen und die individuelle wie gruppenorientierte Nutzung von kognitiven „Landkarten".

3.4.2 Lernpartnerschaftliche Beziehungen

Lernprozesse in Organisationen sind in der Regel durch Interaktionen zwischen Menschen gekennzeichnet. Deshalb scheint es besonders wichtig, Organisationsmitglieder und ihre Lernbeziehungen zu betrachten und diese auf ihren Beitrag zum organisationalen Lernen zu überprüfen.

Angesichts der zunehmenden Dynamik und Komplexität des Umfeldes kann Lernen in Zukunft nicht (nur) Aufgabe einer betriebsinternen Aus- und Weiterbildungsabteilung sein. So ist die zu-

Personalentwicklung als Lernprozeß		
Lernpartnerschaftliche Beziehungen	Wer: Ausrichtung:	Individuen und Gruppen Austausch und Hinterfragung von Werten und Normen
Arbeitsplatznahe Interventionen	Wer: Ausrichtung:	alle Organisationsmitglieder Integration von Lernen und Arbeiten
Kartenzeichnen „cognitive mapping"	Wer: Ausrichtung:	Individuen und Gruppen Hinterfragung von Werten und Normen

Abbildung 60

Beispiele für lernpartnerschaftliche Beziehungen			
Instruktion, Coaching und Mentorenverhalten im Vergleich			
Vorgesetztenverhalten Dimension	Instruktion	Coaching	Mentorenverhalten
Fokus	Konkret anstehende Aufgabe	Längerfristige Arbeitsergebnisse	Individuum, das sich entwickelt
Zcitspanne/ -dauer	Ein oder zwei Tage	Von einem Monat bis zu einem Jahr	Über eine gesamte Karriere oder das gesamte Leben hinweg
Ansatz des Helfens	Erklären, zeigen, anweisen, kontrollieren, Feedback	Gemeinsames Durcharbeiten von Problemen bzw. Situationen mit dem Ziel, neue Fähigkeiten auszuprobieren und zu erwerben.	Als Freund und Partner handeln: Zuhören, Fragen stellen und Gegenpositionen einnehmen, um den Bewußtseinsstand des anderen zu erweitern
Beabsichtigte Ergebnisse für den Lerner	Prognostizierbare und standardisierbare Leistungsfähigkeit für eine bestimmte Aufgabe zu einem bestimmten Zeitpunkt	Erweiterung der Kompetenz des einzelnen, unabhängig zu arbeiten und neue Probleme kreativ zu lösen	Infragestellung von bisherigen Annahmen von ,,Arbeits- und Lebenspositionen" und Klärung von Zukunftslinien
Mögliche Ergebnisse für den Helfer	Befriedigung und Kontrolle von Standards	Genugtuung über Lerner, der sich mit Motivation und Eigeninitiative entwickelt	Fragen für den Mentor selbst; Erfüllung
Quelle: Sattelberger, 1991a: 210			

Abbildung 61

nehmende Differenzierung von Bildung gekennzeichnet durch das Problem des Lerntransfers sowie der Fremdsteuerung des Lernens (Sattelberger, 1991b). Wie soll die Aus- und Weiterbildungsabteilung den Mitarbeitern die Anwendung der Theorien in der Praxis vermitteln? Der Ruf nach der Integration von individueller und organisationaler Entwicklung wird daher immer lauter, so daß Lernen als Teil des Arbeitsprozesses auftritt. Die Trennung von Lehren und Lernen soll zugunsten der ,,Vernatürlichung des Lernens" aufgehoben werden (Sattelberger, 1991b). Dabei wird gleichzeitig die klassische Trennung von Prozessen der individuellen Selbstentwicklung bzw. den Prozessen der Unternehmensentwicklung aufzuheben sein, damit künftig beide integriert werden können. Um diesen Schritt in Richtung Verknüpfung von individuellem und organisationalem Lernen im Arbeitsumfeld zu schaffen, werden neue Wege des Lernens gefordert. In diesem Kontext geht es also um die Aktivierung von lernpartnerschaftlichen Beziehungen im betrieblichen Alltag, die das System der herkömmlichen Arbeitsteilung überwinden und kollektives Lernen ermöglichen.

Unabhängig davon, ob diese Konzepte der lernpartnerschaftlichen Beziehungen als Instruktion, Coaching, Mentoring oder Entwicklungsallianzen bezeichnet werden, handelt es sich hierbei um zwischenmenschliche Beziehungen innerhalb von Systemen, die Austauschprozesse zur Grundlage haben. Die Prozesse, die sich dabei abspielen, umfassen die Erweiterung der eigenen Wahrnehmung und des Bewußtseins, die Assimilierung neuer Informationen und die Gestaltung neuer persönlicher Bezugsrahmen und Handlungspläne (Sattelberger, 1991a).

Die durch Sattelberger (1991a) von Megginson (1988) übernommenen Beziehungsformen unterscheiden sich nach den Aspekten Fokus, Zeit, methodischer Ansatz und Ergebnis und geben Aufschluß über die unterschiedlichen Formen von partnerschaftlichen Beziehungen (vgl. Abbildung 61, Seite 157).

Hierbei handelt es sich um Beispiele von zwischenmenschlichen Beziehungen, die durch Identifikation bzw. Überprüfung von Werten und Normen eine Änderung des Verhaltens herbeiführen können.

Beispiel: Personale Entwicklungsallianzen
Betrachten wir die Schaffung von *personalen Entwicklungsallianzen* innerhalb von Unternehmen. Was kann man zunächst darunter verstehen? Personale Entwicklungsallianzen sind unternehmensinterne Allianzen zwischen Organisationsmitgliedern (unabhängig von deren Position), die ein gegenseitiges Interesse an der eigenen sowie der organisationalen Entwicklung haben. Durch gegenseitige Vereinbarungen von Erwartungen sowie die Festlegung der Erwartungen in (schriftlichen) Verträgen entsteht eine Allianz. Die Interdependenz der jeweiligen Personen stellt ein natürliches Element des Prozesses der Vereinbarung dar. Inhaltlich kann sich diese Allianz mit den unterschiedlichsten Themen auseinandersetzen, angefangen von arbeitsspezifischen Problemstellungen über organisationsbedingte Aufgaben bis hin zu persönlichen Problemen.

Personale Entwicklungsallianzen umfassen das Coaching- sowie das Mentoringkonzept. Das Coachingkonzept stellt tendenziell bestimmte Arbeitsergebnisse in den Vordergrund, während das Mentorenkonzept sich mit dem Individuum über die gesamte Karriere beschäftigt. Kritische Situationen, die tendenziell personale Entwicklungsallianzen im Sinne von Coaching erfordern, sind:

– Vorbereitung auf eine erste bzw. neue Führungsaufgabe
– Auslandseinsatz
– Bewältigung herausfordernder, innovativer Projekte
– Beurteilungsverfahren etc.

Situationen, die tendenziell Mentoring erfordern, sind:

– Überwindung eines Kulturschocks
– Herstellung einer Balance zwischen Beruf und Privatleben
– Vorbereitung auf den Ruhestand etc.

Nachdem die inhaltliche Festlegung der Beziehung ausgehandelt wurde, legt die vertragliche Vereinbarung nicht nur die Ziele und den Zeitraum der Beziehung fest, sondern auch die Erwartungen, die Wege der Zielerreichung, den Informationsaustausch sowie den Nutzen. In der Regel sollte eine Allianz so lange dauern, wie beide Personen einen Vorteil durch diese Allianz wahrnehmen können. Eine Allianz kann unabhängig von der Position der einzelnen Organisationsmitglieder und unabhängig von Alter, Geschlecht, Kulturunterschieden und Funktionsbereichen gegründet werden. Der Hauptaspekt bleibt dabei der gegenseitige Austausch von Informationen, um die Hinterfragung der Werte und Normen voranzutreiben und damit organisationales Lernen auf höherer Ebene zu fördern.

Digital Equipment Corporation

Das Konzept der Kerngruppen (Core Groups), die bei Digital Equipment eingesetzt werden, stellt eine Möglichkeit dar, durch den Einsatz von personalen Entwicklungsallianzen die Hinterfragung von Werten und das bewußte Aufeinandertreffen von Gebrauchstheorien und offiziellen Handlungstheorien zu fördern. Kerngruppen erfordern die freiwillige Teilnahme von kulturell, geschlechtlich, hierarchisch sowie bezüglich anderer Kriterien unterschiedlichen Organisationsmitgliedern an Problemauseinandersetzungen. Durch die Freiwilligkeit der Teilnahme in solchen „Kerngruppen" besteht die Möglichkeit, eigene und organisationale Grenzen und die Überbrückung dieser Grenzen zu erkennen. Eine solche Gruppe soll bei Digital in der Regel aus nicht mehr als 16 Personen bestehen. Sie setzt sich aus Zweiergruppen zusammen, die ein gemeinsames Kriterium aufweisen (z. B. zwei Franzosen, zwei Frauen, zwei Homosexuelle etc.). Diese Gruppe trifft sich jeden Monat für einen ganzen Tag mit einer neutralen organisationsinternen Person, um über Probleme der Zusammenarbeit zu sprechen. Das Ziel dieses Programms besteht darin, die (Wert-)Urteile über bestimmte Personengruppen abzubauen, um eine vorurteilsfreie Grundlage der weiteren organisationalen Zusammenarbeit zu schaffen. Damit werden Gruppen von Personen innerhalb der Organisation gezwungen, sich mit ihren eigenen Werten auseinanderzusetzen und eine neue Basis für die Zukunft zu kreieren.

3.4.3 Arbeitsplatznahe Interventionen

Ein Beispiel für die Förderung von organisationalem Lernen besteht in der arbeitsplatznahen, aktiven Einbeziehung von Mitarbeitern. Für Argyris (1990) besteht darin die wichtigste Komponente, um organisationale defensive Routinen abzubauen. Die Idee, die hinter diesem Ansatz steht, besagt, daß die Fähigkeiten und Fertigkeiten von Individuen so genutzt werden, daß sie ohne die Autorität eines Vorgesetzten effektiv arbeiten können. Da Individuen die Fähigkeit haben zu lernen und ihr Potential kaum je voll ausgenutzt ist, besteht eine hohe Wahrscheinlichkeit, daß bei interaktiven arbeitsplatznahen Lernprogrammen die Organisationsmitglieder umdenken lernen. Dabei wird das alte Managementmodell, das auf der Vermeidung von peinlichen und bedrohlichen Situationen beruht, immer wieder hervortreten, jedoch werden einige Individuen auch zu anderen Werten und Normen eines neuen Managementmodells übergehen. Der Abbau der organisationalen defensiven Muster durch die Integration von Lernen und Arbeiten in Form von arbeitsplatznahen Partizipationsmaßnahmen ist deshalb ein wichtiger Faktor für den Abbau obsoleter Verhaltensweisen.

Versteht man unter organisationalem Lernen das Lernen der ganzen Organisation, dann genügt es nicht, wenn einzelne Individuen in der Organisation lernen. Da Organisationen durch die Einrichtung von Regeln, Institutionen, Routinen, Rollen und Schemata, die das „richtige" Handeln festlegen, gekennzeichnet sind, zielt ein Organisationslernen auch auf die Veränderung dieser formalen Programme ab (vgl. Neuberger, 1991). Damit innerhalb einer Organisation eine Vielzahl von Menschen miteinander interagieren und koodiniert zusammenarbeiten können, ist es notwendig, Regeln aufzustellen, damit das Handeln einem bestimmten Erwartungsschema folgt. Die Organisationsmitglieder können sich dann an diesem Schema orientieren. Nach Neuberger (1991) müssen diese Erwartungen formalisiert (schriflich und einheitlich festgelegt) sein und zeitlich, sozial und sachlich generalisiert und verbindlich gemacht werden, so daß in künftigen Situationen vorhersehbar gehandelt wird bzw. bei der Auswechslung von Personen diese sich jederzeit zurechtfinden. Damit

geht es also nicht um die individuelle Kreativität oder den analytischen Verstand, sondern um allgemeingültige Festlegungen, die den Rahmen für die Zusammenarbeit bilden. Neuregelungen müssen aufgrund dieser Vorgaben bekannt gemacht werden und dem Prozeß der Formalisierung, Generalisierung und Verpflichtung unterworfen werden. So sind alle Personalentwicklungsmaßnahmen zu begrüßen, die sich diesen Anforderungen unterwerfen. Damit wird auch dem Ruf nach der Prozeßhaftigkeit des organisationalen Lernens Rechnung getragen. So geht es nicht nur um die Bereitschaft der Individuen, bestimmte Verhaltensmuster zu revidieren, sondern auch um das Schaffen von Bedingungen, die ein permanentes Lernen zulassen (Neuberger, 1991).

Folgende Rahmenbedingungen der Personalarbeit sind Beispiele für arbeitsplatznahe Strukturen, die den *Rahmen für Lernen* im Sinne von formalisierbaren Regelungen bilden:

– *Rotationsprinzip,* um allzu enge Netzwerke, Besitzstandsdenken, Abteilungsblindheit, Group Think etc. zu bekämpfen und damit den Weg für neue Erkenntnisse zu öffnen.
– *Projektarbeiten* mit immer wieder neu zusammengesetzten Gruppen, um die Konfrontation von unterschiedlichen Werten und Normen, Meinungen, Perspektiven und Vorschlägen zu ermöglichen. Sie durchbrechen Hierarchien und Abteilungsschranken, so daß der offene Austausch von Sichtweisen möglich ist.
– Aufbau eines *Vorschlags- und Innovationswesens,* das – neben den formalen Zuständigkeiten – Kanäle für Veränderungsideen schafft und somit kreative Ideen fördern kann.
– Umgestaltung der *Anreiz- und Belohnungssysteme* (Entgelt, Aufstieg, Arbeitsbedingungen, Statussymbole) in einer Art und Weise, daß innovative Lösungen von Problemen und kreative Vorschläge für die Zukunft honoriert werden (Neuberger, 1991).Vgl. Abbildung 62, Seite 161.

Beispiel: Lernorientierte Projektarbeit und Workshops
Projekte sind zeitlich befristete, einmalige Aufgaben, die zusätzlich zu den routinemäßigen erfüllt

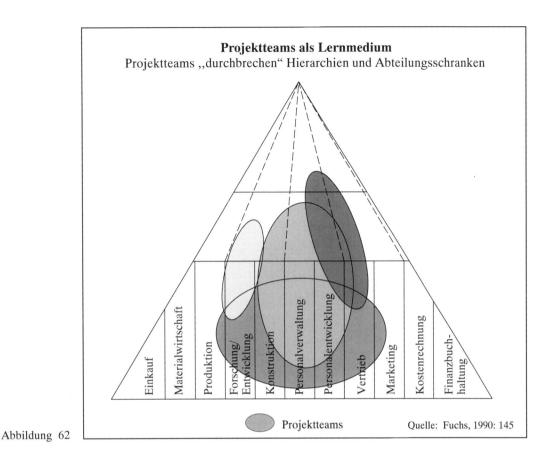

Projektteams als Lernmedium
Projektteams „durchbrechen" Hierarchien und Abteilungsschranken

Einkauf · Materialwirtschaft · Produktion · Forschung/Entwicklung · Konstruktion · Personalverwaltung · Personalentwicklung · Vertrieb · Marketing · Kostenrechnung · Finanzbuchhaltung

Projektteams   Quelle: Fuchs, 1990: 145

Abbildung 62

werden, wobei Spezialisten aus unterschiedlichen Funktionsbereichen zusammenarbeiten. Ebenso wie das Unternehmen interne Ordnung braucht, um zu funktionieren, muß auch organisationales Lernen von Individuen in einen Handlungsrahmen eingebettet werden, um die Früchte des Lernerfolges weiterleiten zu können. Projektarbeiten als Handlungsrahmen dienen demnach der gemeinsamen Lösung von Problemen, mit denen sich die Organisation auseinandersetzen muß.

Selbst wenn keine Entscheidung optimal sein kann, da nicht alle Informationen berücksichtigt worden sind, muß, je nach den angestrebten Zielen und den eigenen Kompetenzen, der bestmögliche Rahmen für Lernen geschaffen werden. Durch die funktionsübergreifende Zusammensetzung der Projektteilnehmer wird die Möglichkeit geschaffen, eine Vielzahl von Perspektiven, Meinungen

und Vorschlägen zu berücksichtigen, so daß die Wahrscheinlichkeit geringer wird, Informationen ausgelassen zu haben (vgl. Abbildung 63, Seite 162).

Es ist nicht verwunderlich, daß bei einer multidisziplinären Besetzung die Ziele aufgrund der unterschiedlichen Standpunkte und Sichtweisen hinterfragt und möglicherweise neu definiert werden. Von besonderer Bedeutung bei der Gruppenarbeit in Projekten ist demnach die Konfrontation und Hinterfragung von bestehenden Verhaltensmustern und die Suche nach der bestmöglichen Lösung, so daß das Problemlösungspotential erhöht wird.

Für die erfolgreiche Projektarbeit ist es wichtig, sich der Vorgehensweise bewußt zu werden und diese Schritte im folgenden auch einzusetzen (vgl. Probst 1983 und S. 121 ff. in diesem Buch).

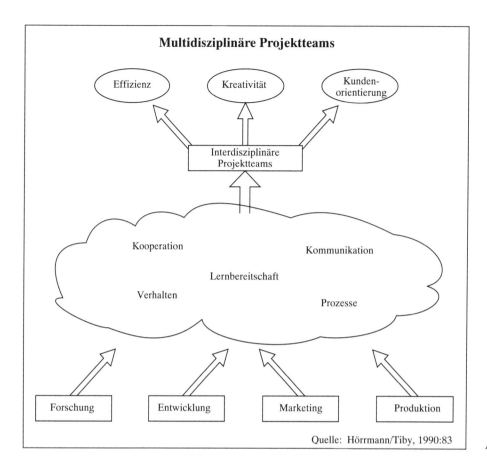

Multidisziplinäre Projektteams

Effizienz

Kreativität

Kunden-orientierung

Interdisziplinäre Projektteams

Kooperation

Kommunikation

Lernbereitschaft

Verhalten

Prozesse

Forschung

Entwicklung

Marketing

Produktion

Quelle: Hörrmann/Tiby, 1990:83

Abbildung 63

Diese Elemente der Projektarbeit sind verantwortlich für die Schaffung eines Kontextes, innerhalb dessen Lernprozesse stattfinden können. In weiteren Schritten geht es dann um den eigentlichen Problemlösungsprozess. Auch diese Schritte sollen so gestaltet werden, daß Lernprozesse ausgelöst und gefördert werden. Darin enthalten sind etwa ein Denken und Analysieren in Netzwerken, das Spiel mit Leitrahmen und Szenarien, die Überprüfung von systemischen Regeln oder kybernetische Controllingprozesse und die Früherkennung (vgl. Probst, 1993). Durch diese Prozesse werden bestehende Regeln und Normen hinterfragt und Interaktionen aufgebaut, die den Weg in Richtung Lernen auf höherer Ebene öffnen.

Projektgruppen können auch als Feedback für die Organisation dienen. Durch eine neue Zusammensetzung von Teammitgliedern wird ein bestimmter Personenkreis ausgegliedert, der gewissermaßen das interne und externe Funktionieren der Organisation aus einer anderen Perspektive beurteilen kann. So können Projektgruppen, die in Kontakt mit externen Ausstellungen, Konferenzen sowie Messen sind, den Dialog mit der externen Umwelt aufrechterhalten und ein Netzwerk von Beziehungen aufbauen. Das ist jedoch auch innerhalb der Organisation möglich. Die neue Zusammensetzung des Projektteams ermöglicht durch die unterschiedlichen Beziehungen den Aufbau von neuen informalen Interaktionen und fördert somit auch interne Netzwerke. Diese Netzwerke sind Voraussetzung für ein effektives Feedbacksystem, das der Organisation Informationen über das interne und externe Funktionieren liefert und so zur Entwicklung beitragen kann.

Aare-Emmenkanal AG

Die Aare-Emmenkanal AG (AEK) ist eine in Solothurn ansässige Firma, die im Bereich Energie/Telecom tätig ist. Damit die Mitarbeiter des Unternehmens die unternehmensinternen Zielsetzungen kennen und sich daran orientieren können, wurde *in einem Workshop* mit der Methode des Mindmappings Leitbild *und* Strategie *vertiefend bearbeitet und visualisiert.*

Langjährige, neue und auch potentielle Mitarbeiter sollten sich als Teil der Firma fühlen können. Das Unternehmen hatte festgestellt, daß die Problematik nicht bei dem bisherigen Leitbild an sich liegt, sondern bei der Umsetzung der Inhalte in das tägliche Arbeitsleben. Ein Leitbild wirkt in dem Maße, wie es die Vorstellungen des gesamten Systems vereint und als lebendig empfunden wird. *AEK setzte sich das Ziel,* mit Hilfe des Mindmapping *sowohl* die Umsetzung zu erleichtern, als auch einen institutionellen Lernprozeß zu starten.

Die Methode des Mindmapping ermöglicht es den Organisationsmitgliedern, sich ein mentales Bild *von* der Organisation *und ihren Zielen* zu schaffen. Dieses zunächst individualistisch angelegte Instrument wurde jedoch nicht einfach in der ursprünglichen Form eingesetzt, sondern *vor allem auch in* Gruppenprozessen *zur korrektiven Konkretisierung/Visualisierung* genutzt. Mit Hilfe der Beraterfirma ergocom, *einem Spezialisten auf diesem Gebiet, entstand so im Gruppenprozeß ein mentales Modell der zu implementierenden Inhalte (Borer/Broggi, 1991).* Vgl. Abbildung 64, Seite 164.

Die ganzheitliche Visualisierung von Leitbild und Strategie bei gleichzeitiger Konzentration auf das Wesentliche ermöglichte es den Organisationsmitgliedern, sich eine gemeinsame kognitive Karte zu bilden. Durch die lebendige Darstellung entsteht eine bleibende Wirkung. Die Karte kann jedoch jederzeit wieder zur Diskussion gestellt, in Gruppenprozessen verändert oder erweitert werden. Mit der obigen Darstellung wurden jedoch nur einzelne Aspekte der Organisation herauskristallisiert. Um die organisationsweite Beteiligung an der Erarbeitung eines solchen Bildes zu erleichtern, wurde im folgenden die Mindmap innerhalb der Firma verteilt und Diskussionen angeregt. Das so entstehende Feedback wurde in einem zweiten überarbeiteten Bild berücksichtigt (vgl. Abbildung 65, Seite 165).

Dieses baut auf den Ergebnissen des ersten Organisationsbildes auf, erweitert durch zusätzliche Informationen sowie Feedback, das in mündlicher und schriftlicher Form vorlag. Nur durch diesen Prozeß der gemeinsamen Konstruktion der Wirklichkeit wurde organisationales Lernen erreicht. Die Organisation und ihre Teile wurden analysiert, hinterfragt und visualisiert. Die dabei verwendeten Methoden unterstützten den Prozeß optimal. In einem abschließenden Schritt wurden die derart erarbeiteten Inhalte durch ergocom strukturell und graphisch aufbereitet und zum definitiven Leit*bild* zusammengeführt. Die gewählte Vorgehensweise bietet die besten Voraussetzungen, daß das Leitbild AEK bei den Organisationsmitgliedern lebendig wird und bleibt.

Visualisierung des Ergebnisses der Gruppenprozesse „Leitbildentwicklung AEK"

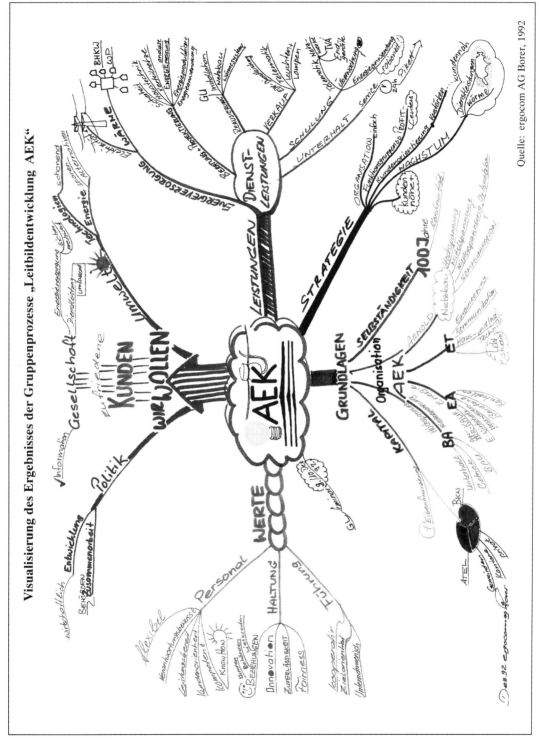

Quelle: ergocom AG Borer, 1992

Abbildung 64

Korrigiertes Mindmap nach Feedbackprozessen

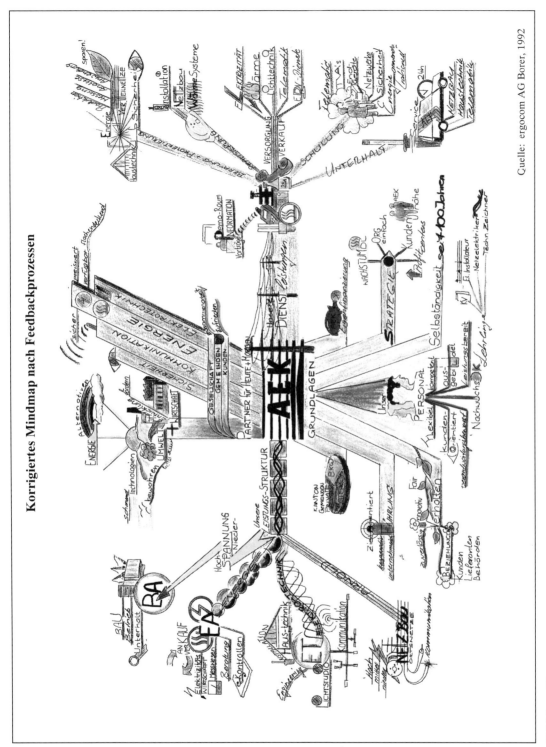

Quelle: ergocom AG Borer, 1992

Abbildung 65

165

3.4.4 Kartenzeichnen

Wir leben in einer Welt, die aus unseren Ideen, unserem Wissen, Gedächtnis, Plänen und unseren Bildern zusammengesetzt ist. Diese bestimmen, wie wir sprechen, denken und wie wir uns präsentieren. Sie sind jedoch auch dafür verantwortlich, welche Teile der Realität von uns als wissenswert, interessant und wichtig aufgefaßt werden. Viele Wissenschaftler haben den Gedanken einer konzeptionellen Karte („conceptual map") als Metapher für dieses System der Repräsentation der Realität bezeichnet. Eine Karte (map) ist ein verwebtes Netz von Interpretationen, die durch implizite Eindrücke von Interessen und Ängsten geformt wird, die den Aspekten Ausdruck verleiht, und die bestimmt, wann Handlung nötig ist. Es ist eine kognitive Darstellung der Welt und des Individuums.

Wenn wir an Manager denken, die mit Ambiguität umgehen (müssen), stellt „mapping" ein nützliches Instrument dar, die mentalen Vorgänge zu repräsentieren. Wie die Karten im Handschuhfach des Autos bzw. die Karten der „Neuen Welt" sind diese Hilfestellungen, um den Zusammenhang zwischen Annahmen und Handlungen herzustellen. Diese Karten sind nicht immer korrekt, nie vollständig und bedürfen ständig weiterer Revision (McCaskey, 1982: 14 ff.).

Die Abbildung 66 verdeutlicht, daß Karten aufgrund der menschlichen Vorstellungskraft einen Aspekt hervorheben können und damit das reale Bild „verzerren". Durch die Möglichkeit der Revision stellt „mapping" einen fundamentalen Prozeß der Handhabung von Ambiguität dar, da auf alten Karten neue Abschnitte eingezeichnet und/oder ausgewechselt werden können.

Organisationen, Gruppen sowie Individuen verwenden Karten, um sich ein Bild der Realität zu (ver)schaffen und dieses als Grundlage für Handlungen zu nehmen. In der Mehrheit der Fälle werden diese Karten so verwandt, daß die bestehenden Realitätsabbildungen bestätigt werden. Argyris/ Schön (1978) bezeichnen dies als die „self-seal-

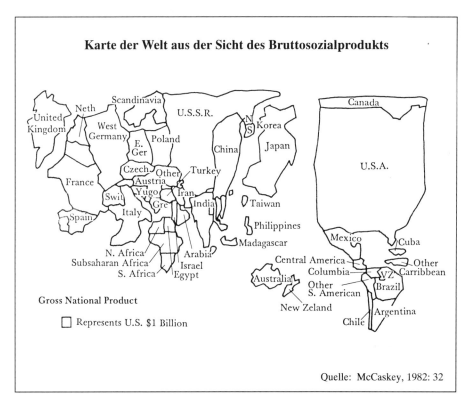

Karte der Welt aus der Sicht des Bruttosozialprodukts

Gross National Product

☐ Represents U.S. $1 Billion

Quelle: McCaskey, 1982: 32

Abbildung 66

166

ing"-Qualität von Karten. Da Faktoren, die nicht ins Bild passen, Ängste verursachen können, werden diese häufig ignoriert und aus dem Bild „ausgeschnitten". Ein anderer Grund für die schwierige Veränderung von Karten liegt darin, daß sie nur schwer und langsam erstellt werden können. Der Aufbau eines Bildes der Realität muß zunächst bestätigt werden und bedarf der Verifikation durch Interaktion mit anderen. Aufgrund dessen stellt das Loslassen einer Karte einen „kleinen Tod" (little dying) dar. Das Bedürfnis nach Stabilität wird bei Menschen sowie bei Systemen oftmals unterschätzt. Das Festhalten an der Vergangenheit ist durchaus ein verständlicher Prozeß und das Sterben einer Karte zur Etablierung eines neuen Bildes ist mit großem Aufwand, Unsicherheit und Verlust verbunden. Entsprechend muß ein solcher Prozeß gewürdigt werden.

Bevor der Prozeß des „little dying" jedoch vorangetrieben werden kann und neue, veränderte Karten aufgebaut werden, vollziehen sich einige Schritte. In Organisationen scheinen bei Krisen, Konflikten oder Problemen folgende Vorgänge stattzufinden:

- *Schock* – Mitarbeiter werden sich über die Bedrohung bestehender Strukturen im Klaren
- *Defensive Haltung* – alte Karten werden festgehalten und verteidigt
- *Kenntnisnahme* – alte Karten werden verglichen und hinterfragt
- *Adaption und Veränderung* – neue Karten und Strukturen sowie der dahinterstehende Sinn werden konstruiert.

Diese Prozesse sind Voraussetzung für Lernen durch gruppenorientierte Personalentwicklung. Durch die gemeinsame Hinterfragung von Annahmen und die Entwicklung von Karten, die die Werte und Normen integrieren, kann die Grundlage für eine gemeinsame Zusammenarbeit geschaffen werden.

Beispiel: Mapping („cognitive maps")
Mapping stellt ein individuelles sowie kollektives Instrument der bildliche Darstellung von kognitiven Wissensstrukturen dar. Durch die symbolische Darstellung des Mapping wird versucht, die Wirklichkeit strukturiert zu erfassen. Auf der individuellen sowie auf der organisationalen Ebene wird das vorhandene Wissen klassifiziert und eingeordnet. Nur durch den interaktiven Prozeß des Austausches der Inhalte und der zugrundeliegenden Prämissen ist es möglich, organisationale Lernprozesse zu fördern. Damit entstehen die „cognitive maps", die dann den Bezugsrahmen für weiteres Handeln bilden.

Um jedoch diesen Bezugsrahmen bilden zu können, müssen alte Bilder zunächst hinterfragt werden. Das Aufbrechen mentaler Modelle und Interpretationen ist ein nicht zu vernachlässigender Prozeß. Durch kognitive Verzerrungen und falsche Analogienbildung werden die aktuellen mentalen Modelle bestätigt und verhindern somit Lernen. Nur durch bewußte Gegenmaßnahmen ist es möglich, die Folgen dieser Verzerrungen zu bewältigen. Die folgende Abbildung verdeutlicht die unterschiedlichen Arten der Verzerrung, ihre Folgen sowie möglichen Gegenmaßnahmen (vgl. Abbildung 67, Seite 168).

Maßnahmen zur Vermeidung typischer Interpretationsfehler auf Individualebene		
Kognitive Verzerrung	Folge	Gegenmaßnahme: „Hinterfrage Deinen Entscheidungskontext"
Verfügbarkeit	Wahrscheinlichkeit von leicht erinnerbaren Ereignissen wird überschätzt	Laß schwer zugängliche Informationen nicht unter den Tisch fallen!
Selektive Wahrnehmung	Erwartungen verfälschen die Beobachtung der strategierelevanten Variablen	Berücksichtige auch zunächst eher unwichtige Variablen!
Illusorische Korrelation	Ermutigte glauben, daß unzusammenhängende Variablen miteinander korrelieren	Überprüfe die vorgenommenen Korrelationen!
Konservatismus	Ignorierung von Vorhersagen, die auf neuen Informationen basieren	Revidiere Voraussagen, wenn neue Informationen dies nötig machen!
Gesetz der kleinen Zahl	Überschätzung der Repräsentativität von wenigen Beispielen für größere Populationen	Schliesse nicht von Einzelbeispielen auf die Allgemeinheit!
Tendenz zur Mitte	Nivellierung von breit streuenden Daten	Berücksichtige auch Extrema!
Wunschdenken	Wahrscheinlichkeit des erwünschten Ergebnisses wird viel zu hoch eingeschätzt	Unterschätze die Wahrscheinlichkeiten der unerwünschten Ergebnisse nicht!
Beherrschbarkeits- illusion	Überschätzung der persönlichen Kontrolle des Ergebnisses	Überschätze Deinen Einflußbereich nicht!
Logische Rekonstruktion	„Logische" Rekonstruktion von Ereignissen, an die man sich nicht genau erinnern kann	Versuche nur Ereignisabläufe zu rekonstruieren, die Du genauer kennst!
Prognosefähigkeit	Überschätzung der Vorhersagbarkeit früherer Ereignisse	Schätze Deine Prognosefähigkeit realistisch ein!
Verfügbarkeit	Die erste Analogie, die in den Sinn kommt, wird verwendet	Suche gründlich nach der geeignetesten Analogie bzw. Metapher!
Undifferenziertheit	Über-Simplifizierung durch Anwendung 1) zu einfacher 2) nur einer Analogie für hochkomplexe Probleme	Verwende bei Bedarf mehrere oder differenziertere Analogien bzw. Metaphern!
Fehlende Ver- gleichbarkeit	Negierung kritischer Unterschiede zwischen der bestehenden Situation und der verwendeten Analogie	Beachte Unterschiede zwischen der Situation und der „analogen Situation"!
Ausschließlichkeit	Ausschließliche Verwendung der Analogie bei Problemdefinition und -lösung wegen Überschätzung der Lösungskraft	Setze Analogien und Metaphern nur unterstützend ein!

Quelle: nach Naujoks, 1993 und Schwenk, 1988

Abbildung 67

Mindmapping bei der ABB Industrie AG

Mindmapping ist eine Methode, um sich Notizen zur Planung, Problemlösung, sowie zur Kreativitätsfindung zu machen (Svantesson, 1992). Der zunächst zugrundeliegende Denkvorgang ist ein chaotischer Prozeß, der keinen geradlinigen, logischen Weg verfolgt. Gedanken folgen vielen Wegen gleichzeitig und Mindmapping versucht diese Gedanken bildlich festzuhalten und damit kreative Prozesse auszulösen. Demnach ist Mindmapping ein Instrument, das Vorstellungskraft mit Struktur und Bilder mit Logik verknüpft (vgl. Abbildung 64 und 65, Seite 164ff.).

Zunächst wird in der kreativen Phase zu einem zentralen Begriff alles aufgeschrieben, was die Person mit dem Begriff assoziiert. Ausgehend vom Mittelpunkt werden alle Wörter festgehalten, jedoch ohne jegliche Struktur. Nachdem die Ideen auf Papier gebracht worden sind, findet ein Gespräch mit einer anderen Person über das Thema statt. Hierbei werden Begriffe gruppiert, Oberbegriffe gefunden und Rubriken gekennzeichnet. Diese werden graphisch und farbig hervorgehoben, so daß ein klares Bild des ursprünglich zentralen Begriffes entsteht. Somit entsteht eine nach ausgewählten Kriterien strukturierte Mindmap,

die den ursprünglich gewählten Sammelbegriff für diese Person am besten abbildet.

Mindmapping stellt ein Instrument dar, das dem Gehirn hilft, Informationen funktionskonform darzustellen (Buzan, 1993). Da das Gehirn primär mit Schlüsselbegriffen arbeitet, sollten die Aufzeichnungen symbolisch mit zentralen Ideen dargestellt werden. Mit Hilfe dieser Methode können neue Ideen geboren werden und Probleme gelöst werden. In der Unternehmenspraxis stellt dieses Konzept ein hilfreiches Instrument dar, da durch den interaktiven Austausch dieser Mindmaps Probleme gelöst werden können. Individuelle kognitive Muster werden durch Gespräche ausgetauscht und somit der Organisation zur Verfügung gestellt. Als Instrument der Personalentwicklung dient es den Lernprozessen, da durch die Entwicklung der kognitiven Strukturen die organisatorische Wissensbasis mit Problemlösungsstrategien erhöht wird.

Bei der ABB-Industrie-AG wurden mit diesem Instrument beispielsweise die Zusammenhänge, Instrumente, Ziele und Vorgehensweisen der Mitarbeiterentwicklung festgehalten und in den größeren Kontext des lernenden Unternehmens gestellt (vgl. Abbildung 68, Seite 170).

Mind Map über Mitarbeiterentwicklung bei der ABB Industrie AG

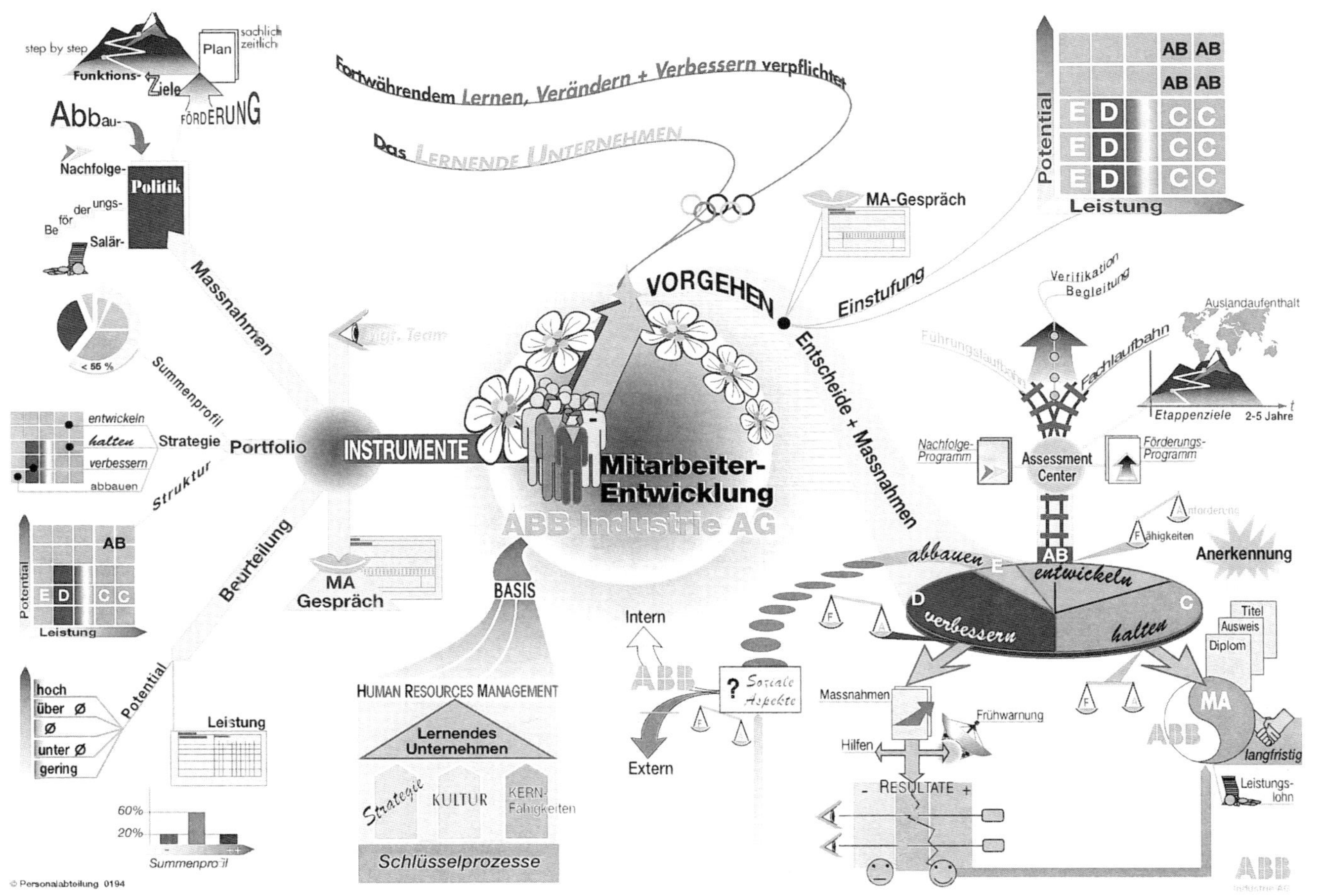

Quelle: ABB Industrie AG, Borer, 1994

Abbildung 68

COCOMAP und ORGMAP

COCOMAP ist ein System, das hilft, Wissen in Form von kognitiven Karten zu repräsentieren (Lee et al.,1992: 28). Dieser Prototyp der Repräsentation von kollektiven Karten erlaubt die Konstruktion von organisationalen Entscheidungssituationen durch das Festhalten von Interpretationen, den Austausch von Wissen sowie Feedback.

Durch den Prozeß der Umwandlung von individuellem Wissen in dynamische, interaktive und globale Sichtweisen wird das Gedächtnis der gesamten Organisation angereichert. Wichtig ist jedoch, den Prozeß der Umwandlung im Auge zu behalten. So sind die Interaktionen zwischen Gruppenmitgliedern in konstruktiven Diskussionen, Debatten und Entscheidungsfindungsprozessen die Grundvoraussetzung für das Aufstellen eines solchen organisationalen Gedächtnisses. Durch das Festhalten von Situationen im Gedächtnis können alte Fälle analysiert werden und für neue Situationen genutzt werden. COCOMAP kann durch vergangene Problemanalysen und Brainstorming der Gruppe zu einer Interpretation von Problemsituationen kommen. Die Strukturierung von interpretierten Problemen unterstützt kognitive Prozesse innerhalb von Gruppeninteraktionen und bietet die Möglichkeit des Feedbacks. Somit stellt COCOMAP ein interessantes Instrument der Darstellung von Problemsituationen dar und ermöglicht Organisationen zu lernen, indem kollektive Interaktionen stattfinden, die dann später als spezifischer Fall abgebildet werden.

ORGMAP ist ein Diagnoseinstrument zur Analyse von organisationalen Strukturen und Verhalten (Berkes, 1987). Auf der Grundlage von Kommunikations- und Entscheidungsprozessen sowie Funktionen wird anhand von Computerprogrammen die Funktionsweise der Organisation abgebildet. Das Ziel dieser Methode ist die Darstellung des tatsächlichen Ablaufs von Geschäftsvorgängen. Als Instrument versucht ORGMAP die Beziehungen zwischen Organisationsmitgliedern und

Gruppen zu untersuchen. Der wesentliche Bestandteil des organisationalen Lernprozesses besteht in der interaktiven Diskussion der Resultate. Folgende Schritte charakterisieren ORGMAP:

1. Analysieren und Verstehen
2. Vereinbaren von Zielen
3. Auswahl von Teilnehmern
4. Erarbeiten des Instrumentes zur Datenkollektion
5. Kollektion von Daten und Analyse
6. Interpretation
7. Entwicklung von Aktionsplänen
8. Implementation von Aktionsplänen
9. Follow-up

Als Mappinginstrument versucht ORGMAP den interaktiven Austausch zu fördern, interne Kommunikations- und Entscheidungsprozesse zu analysieren und Beziehungen zwischen Organisationsmitgliedern aufzuarbeiten. ORGMAP wird vor allem im Rahmen von Organisationsanalysen durch Berater benutzt (vgl. Abbildung 69, Seite 172).

In einer ähnlichen Form ist bei Digital Equipment Corporation das Topmapping entwickelt worden, um Unternehmensmodelle mit Kunden zu entwickeln und Informationsflüsse und Entscheidungen zu simulieren und zu analysieren (vgl. Abbildung 70, Seite 173).

Alle diese Mapping- Beispiele sind jedoch wiederum nicht als Resultat von besonderem Interesse für das Lernen, sondern in ihrem Entwicklungsprozess. Im Vordergrund steht die interaktive Erarbeitung der Karte, die Kommunikation der Beziehungen und Abhängigkeiten, die (geistige) Simulation der Verhaltens- und Veränderungsmöglichkeiten. An diesen Prozessen und Fähigkeiten im Umgang mit Veränderungen mißt sich auch die Reife des organisationalen Lernens.

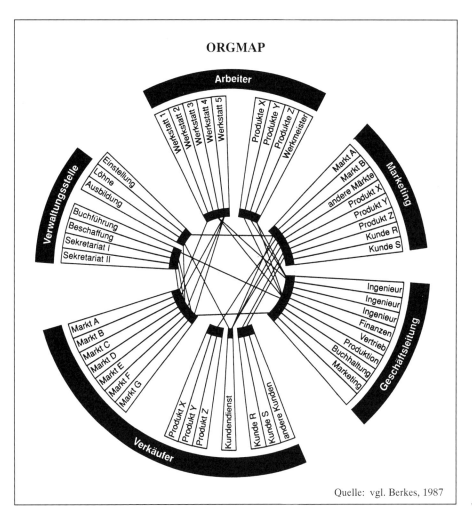

ORGMAP

Quelle: vgl. Berkes, 1987

Abbildung 69

Top Mapping

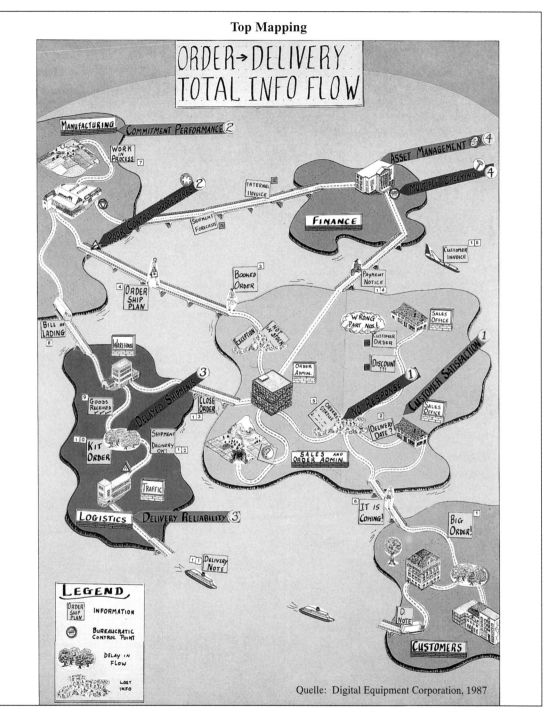

Abbildung 70

Achtes Kapitel

Vom Kennen, Können und Wollen
im organisationalen Lernen

Organisationen sind lernfähig und sie müssen lernen, mit unbekannten künftigen Situationen umgehen zu können. Schnell ist über diese Aussage ein Konsens gefunden. Wir haben aber auch gesehen, daß es nicht so einfach ist, einen klaren gemeinsamen Nenner zu finden, um Lernen von Organisationen zu definieren und zu erfassen. Noch schwieriger und diverser wird der Meinungsaustausch, wenn es um die Beeinflussung oder Gestaltung der Lernprozesse geht. Doch liegt gerade in dieser Diversität und Schwierigkeit ein ungeheures Potential. Idealerweise sollte sich ein Unternehmen mit dieser Diversität und seinen Schwierigkeiten der Lerngestaltung auseinandersetzen.

1. Definitionen des Lernens

Die Literatur zum Lernen von Organisationen zeigt Unsicherheit und grobe Unterschiede im Auslegen des Konzeptes. Eigentlich ist man sich nur einig, daß es ein solches Phänomen gibt und daß bei Nicht-lernen ein Vorwärtskommen ausgeschlossen ist, da gegenwärtige Verhaltensweisen einfach wiederholt werden, bei neuen Anforderungen die bewährten Reaktionen versagen und die Entwicklung einer Unternehmung schlicht nicht möglich ist (vgl. Klimecki/Probst/Eberl, 1994; Garvin, 1993; Senge, 1990).

Definitionen des Lernens beantworten nur unzureichend die kritischen Fragen wie: Was ändert sich durch das Lernen wirklich? Was löst es aus? Wie ist es zu messen? Sicher kann das Vorhandensein von Instrumenten kein Gradmesser für Lernen sein. Genügt es aber, wenn Denkweisen oder Überlegungen vorhanden sind? Oder müssen die veränderten Verhaltensweisen bereits beobachtbar sein? Wir haben uns auf die Unterscheidung von Gebrauchstheorien und offiziellen Handlungs- oder Bekenntnistheorien gestützt und gehen davon aus, daß eine Verhaltensänderung zu verzeichnen ist. Es genügt nicht, als Beobachter zu interpretieren, daß ein Potential zur Veränderung vorhanden ist, nur weil Systeme, Denkweisen und Instrumente dazu offiziell im Unternehmen vorliegen. Wichtig ist, daß wir erkennen können, wie diese interpretiert und eingesetzt werden. Wir haben deshalb

organisationales Lernen dahingehend definiert, daß es sich

„um die Fähigkeit einer Institution handelt, als Ganzes Fehler zu entdecken, diese zu korrigieren sowie die organisationale Wert- und Wissensbasis zu verändern, so daß neue Problemlösungs- und Handlungsfähigkeiten erzeugt werden".

Einzuschließen sind auch die Fähigkeiten, Handlungsstrategien und -kriterien auf ihre Sinnhaftigkeit zu überdenken und neu zu definieren, Chancen zu erkennen und wahrzunehmen.

2. Vom Kennen – den Lerninstrumenten für Lernprozesse

Nun ist es deshalb so wichtig, eine Definition des Lernens zu besitzen, weil wir nur so wirklich erfahren können, ob ein System gelernt hat oder nicht. Es ist nicht aus der Existenz eines Instrumentes zu schließen, daß dieses auch entsprechend genutzt wird. Total Quality Management steht in Europa vielleicht als Instrument im Raum, wird jedoch häufig als Qualitätskontrolle verstanden, sehr spezifisch auf bestimmte Aspekte reduziert und wird kaum über ein „Committment" aller Beteiligten seine Wirkung zeigen.

Genauso sind die von uns aufgezeigten „Instrumente zur Gestaltung von organisationalen Lernprozessen" zu relativieren. Wir haben bewußt nicht die Instrumente im Detail behandelt, und wir haben nicht versucht, eine umfangreiche, allumfassende Liste von lernfördernden Instrumenten oder Hilfen zum Abbau von Lernhindernissen aufzustellen. Dies ist unseres Erachtens nicht sinnvoll, ja es wäre geradezu irreführend. Ein und dasselbe Instrument kann lernfördernd und lernhemmend sein! Abhängig ist seine Wirkung von der *Art* der Verwendung. Wie wird es interpretiert, wie wird es implementiert, wie wird es verwendet – kurz, im Vordergrund steht die Art und Ausrichtung des **Prozesses**.

Führung durch Zielsetzung (MBO) kann beispielsweise in einer direkten, zielvorgebenden und individualistischen Weise verstanden und angewendet werden, sie kann aber auch in einem partizipativen, gruppenorientierten, interaktiven Sinne Verwendung finden. Im ersten Fall wird das Instrument eher lernhemmend sein. Es wird getan, was erwartet wird, Initiativen und Reflexionen entfallen, weil sie wenig nützlich sind. Kreativität und Risikofreudigkeit werden ausgeschlossen, häufig findet man eine indifferente Haltung oder gar eine Abkoppelung. Im zweiten Fall wird kommunikativ der Gedankenaustausch gefördert, Reflexionen werden aufgenommen oder gar belohnt, Zielrahmen diskutiert und hinterfragt, eine Situation in Evaluationsgesprächen wird im Sinne eines „Gewinn-Gewinn-Prozesses" analysiert. Dadurch wird das Instrument für Lernprozesse genutzt.

Wir haben deshalb Felder für Instrumente zur Lernförderung abgesteckt und Beispiele angeführt, die Lernprozesse auslösen und unterstützen können. Sie lagen in den Bereichen Struktur, Strategie, Kultur und Human Resource Management. Mindestens so wichtig wie (wenn nicht noch wichtiger als) das Erarbeiten der Felder und Instrumente für das Fördern von Lernen ist die Festlegung der Art und Weise, *wie* die Instrumente zu verwenden sind. Aufgrund dessen lag der Schwerpunkt von Kap. VII auf den Prozessen der Förderung von Lernen. Die Instrumente sind sozusagen institutionelle Hilfsmittel für Lernen und sind daher Mindestvoraussetzung für die Förderung von organisationalem Lernen. Aber auch bei noch so guter Auswahl und Reflexion des Einsatzes *kann Lernen nicht „gemacht"* werden.

3. Vom Können – der Machbarkeit des Lernens

Wie bereits deutlich geworden sein sollte, ist Lernen nicht machbar, sondern vielmehr das Resultat von *Selbstprozessen*. Es kommt aus den Systemen selbst heraus und kann nicht auf einzelne Maßnahmen, Instrumente, Personen usw. reduziert werden. Wie beim Individuum meinen wir, daß Lernen von Organisationen nicht definitiv gestaltet werden kann, daß man das System nicht einfach lehren kann, was es zu tun hat, wie es zu denken oder welche Verhaltensweisen es aufzuweisen hat. „Man kann einen Menschen (und eine Institution,

Anmerkung der Autoren) nichts lehren. Man kann ihm nur helfen, es in sich selbst zu entdecken", schrieb einst Galileo Galilei. Lernen ist somit nicht aufzwingbar, sondern ein emergentes Produkt des Systems.

Organisationales Lernen im Sinne der Entwicklung von neuen Verhaltensmustern oder eines neuen Problemlösungspotentials kann daher nicht gemacht bzw. dem System aufgezwungen werden. Es können vielmehr Kontexte geschaffen werden, die Lernprozesse fördern, bestimmte Richtungen ermöglichen und Rückkopplungen verstärken (Probst, 1987). Es ist aber immer das sich selbstorganisierende System, das handelt, wählt und entscheidet.

Damit sind wir vermutlich beim wesentlichsten Punkt überhaupt angelangt. Die Grenzen der Machbarkeit resultieren nicht etwa in Resignation, sondern in einer **Prozessorientierung**. Wir müssen Kontexte schaffen, die (Selbst-)Prozesse auslösen, deren Verwirklichung erlauben, sie kanalisieren und unterstützen. Solche Prozesse des Lernens können in den genannten Bereichen der Strategieentwicklung, der Strukturentwicklung, der Kulturentwicklung und der Personalentwicklung realisiert werden. Neben dem *Wissen* um die Instrumente, die in diesen Bereichen *nützlich und sinnvoll* sein können, geht es auch darum, diese im Prozeß einsetzen zu können, sie lernfördernd zu gestalten, und die Möglichkeiten für Lernen zu nutzen. Es ist wichtig zu erkennen, was lernmäßig getan werden kann, welche Potentiale in welchem Moment freizusetzen sind und wie Lernprozesse über Rahmen (Denkrahmen, Leitlinien, Rahmenbedingungen …) gelenkt werden können. Dazu müssen den Teilnehmern wie dem Gesamtsystem auch die Fähigkeiten gegeben werden zu lernen. Zu solchen Fähigkeiten zählen wir die Kommunikation, die Interaktion, die Analyse und die Schaffung von Transparenz. Kommunikation ermöglicht den Akteuren, sich über verschiedene Wirklichkeitswahrnehmungen und -interpretationen interaktiv durch eine gemeinsame Sprache zu verständigen und sie für die Umwelt transparent und zugänglich zu machen. Dies schafft den gemeinsamen Bezugsrahmen, innerhalb dessen Lernprozesse stattfinden können.

4. Vom Wollen – der Bereitschaft zum Lernen

Lernen von Organisationen hängt jedoch noch von einem dritten Faktor ab, den wir in diesem Buch wenig behandelt haben. Ohne diesen Faktor wird es nicht zu Lernprozessen und damit zu Verhaltensänderungen kommen. Wir haben gesagt, daß Lernen nicht gemacht werden kann, sondern aus dem System *selbst* heraus kommen muß. Wenn der Mensch oder eine soziale Institution als Ganzes nicht will, so kann kein Lernen erzielt werden. Es ist die „lernende Organisation", die entscheidet, ob sie zum Lernen bereit ist. Menschen und Organisationen müssen dazu *bereit und fähig sein,* Erwartungen, Werte, Erfahrungen, Handlungen usw. in Frage zu stellen, sie zu einer Änderung zur Verfügung zu stellen und sie in neue, unbekannte Bahnen zu lenken.

Organisationales Lernen resultiert in sozialen Systemen nicht nur aus dem Kennen und Können, sondern auch aus dem Willensakt zur Veränderung. Dies bedeutet für das Unternehmen, die Bereitschaft zu zeigen, das interne Potential zu erweitern und zu bereichern sowie den Dingen eine sinngebende Ordnung mit Blick auf die ethischen Grundlagen zu geben.

5. Reifegrad der Organisation

Welche Gestaltungsmaßnahmen nun tatsächlich ergriffen werden hängt stark vom Reifegrad der Organisation ab. Denn wenn interne oder externe Berater organisationale Lernprozesse initiieren wollen, müssen sie die Organisation dort abholen, wo sie steht. Demnach erlaubt die Bestimmung des Reifegrades zum einen, mögliche Gestaltungsansätze zu erkennen und zum anderen potentielle Konflikte, die entstehen können, besser einzuschätzen.

Die Feststellung des Reifegrades einer Unternehmung ist wichtig, auch wenn dies nicht einfach ist. Das Niveau der Organisation bezüglich des Lernens ist nämlich keine absolute, sondern eine relative, stadiumsbezogene Größe. Organisationales Lernen beschreibt demnach eine qualitative Veränderung des Bezugsrahmens, der sich mit der Zeit wandelt. Eine falsche Einschätzung des Reifegrades kann entweder zu einer Über- oder zu einer Unterforderung des Systems führen. Eine Überforderung bedeutet, daß die eingesetzten Gestaltungsmaßnahmen keinen Transfer zu den Organisationsmitgliedern zulassen, da diese die Maßnahmen entweder nicht verstehen oder als sinnlos betrachten. So können partizipative Formen der Gesprächsführung für Unternehmen mit jahrelangen bürokratischen Strukturen zunächst eine Überforderung sein, da die Organisationsmitglieder keine Erfahrung mit partizipativen Prozessen haben und nicht gelernt haben, sich argumentativ in solche Prozesse einzubringen (vgl. Klimecki/ Probst/Eberl, 1994). Wenn jedoch die Betroffenen der Lernprozesse keine Möglichkeit geboten bekommen, sich einzusetzen und ihr Potential auszuschöpfen, können Gestaltungsmaßnahmen auch eine Unterforderung für das System bedeuten.

Wollen wir nun als Akteure feststellen, wo sich denn unsere Unternehmung befindet, welches gewissermaßen ihr Reifegrad bezüglich des organisationalen Lernens ist, so müssen wir alle 3 zuvorgenannten Kriterien miteinbeziehen: *Kennen, Können, Wollen* (vgl. Abbildung 71, Seite 180). Dies muß in dreidimensionaler Form zu einer Standortbestimmung führen. Die kritischen Faktoren lassen sich folgendermaßen definieren:

– Kennen: das Niveau der Lerninstrumente
– Können: das Niveau der Lernfähigkeit
– Wollen: das Niveau der Lernbereitschaft.

Wie aus den Definitionen sichtbar geworden sein sollte, ist der Reifegrad nicht einfach in quantitativen Größen meßbar. Das Niveau der Lerninstrumente, der Lernfähigkeit und der Lernbereitschaft sind stadiumsbezogene Größen und nicht objektiv bestimmbar. Damit beruht die Bestimmung des Reifegrades auf der Interpretationsleistung der Beobachter und ist aufgrund dessen subjektiv. Die Analyse des Reifegrades ist also nicht naturwissenschaftlich exakt durchführbar, sondern ist Resultat von subjektiven Wirklichkeitskonstruktionen. Damit bleibt immer ein Grad an Ungewißheit über die Interpretationsleistung. Um dennoch zu

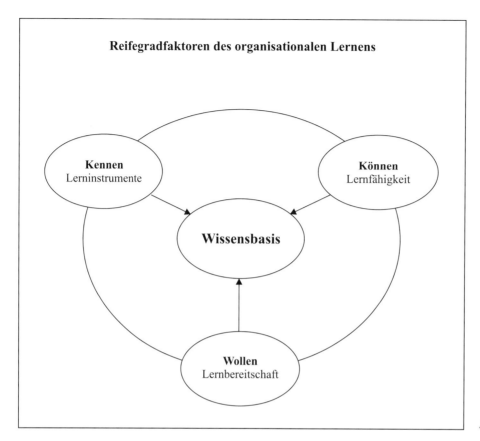

Abbildung 71

einer Einschätzung des Reifegrades zu kommen, werden einige Kriterien vorgeschlagen. Diese Kriterien des Reifegrades müssen sich an den drei Faktoren – Kennen, Können und Wollen – ausrichten. Verschiedene Fragen werden dazu im folgenden gestellt.

Natürlich stellt sich einmal die Frage, welche *Instrumente* für Lernprozesse vorhanden sind. Ist ein Leitbild vorhanden, das Reflexionen über die Einstellungen der Unternehmung gegenüber Leistungen, Finanzen, Mitarbeitern usw. erlaubt? Ist ein Informationssystem vorhanden, das die notwendigen Signale für eine Früherkennung zur Verfügung stellt? Besteht ein formales oder informales Netzwerk, das den Austausch von Problemlösungsstrategien begünstigt? Bestehen Entwicklungsallianzen innerhalb der Organisation, die die Werthinterfragung und die Akzeptanz des Anderssein erlauben?

Damit aber Lernen in Organisationen ausgelöst werden und stattfinden kann, muß auch die *Fähigkeit* vorhanden sein, Instrumente dafür zu nutzen. Das Instrument allein ist keine Garantie. Die Organisation muß fähig sein, über Zielkonflikte zu diskutieren, Kritik in einem Feedbackgespräch entgegenzunehmen, Verhandlungen durchzuführen, die Zielverwirklichung kritisch zu hinterfragen und offenzulegen und im Gruppenkontext darüber nachzudenken. Schulungsmaßnahmen müssen den Mitarbeiter oder eine Gruppe befähigen, eine Situation zu analysieren, Stärken und Schwächen darzulegen, mögliche Lösungen kreativ aufzulisten und zu evaluieren und das eigene Vorgehen in Frage zu stellen.

Letztlich muß für die Beteiligten oder für Gruppen aber auch ein *Interesse* aus sich selbst heraus vorliegen. Warum soll ich eine Veränderung angehen, sie akzeptieren oder gar unterstützen? Sehe ich

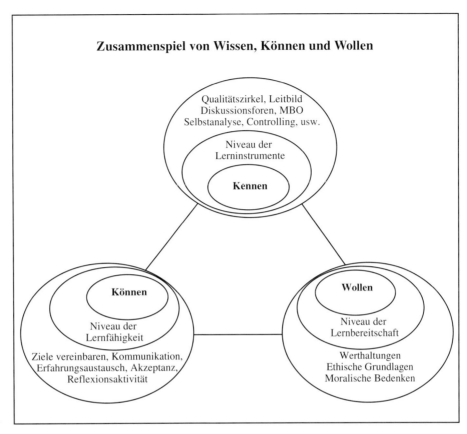

Zusammenspiel von Wissen, Können und Wollen

Qualitätszirkel, Leitbild
Diskussionsforen, MBO
Selbstanalyse, Controlling, usw.

Niveau der
Lerninstrumente

Kennen

Können

Niveau der
Lernfähigkeit

Ziele vereinbaren, Kommunikation,
Erfahrungsaustausch, Akzeptanz,
Reflexionsaktivität

Wollen

Niveau der
Lernbereitschaft

Werthaltungen
Ethische Grundlagen
Moralische Bedenken

Abbildung 72

den Sinn für einen solchen Lernprozeß? Haben wir einen gemeinsamen Sinnbezug, der uns erlaubt, eine Vielfalt von individuellen Interpretationen zu akzeptieren, sich damit auseinanderzusetzen, Meinungen auszutauschen, Vertrauen in den anderen zu haben? Wir *wollen* dann Lernen, wenn unsere Wertvorstellungen betroffen sind und weil wir den Veränderungen einen Sinn abgewinnen können.

Es sollte deutlich geworden sein, daß diese drei Ebenen die zentralen Faktoren zur Bestimmung des Reifegrades darstellen. Bei der Bestimmung des Reifegrades im Bereich *Kennen* werden die Instrumente, die Hilfsmittel der Organisation, analysiert. Dies umfaßt alle Interventionsformen, die sich für die Realisierung von organisationalem Lernen instrumentalisieren lassen, also z. B. Leitbilder, Führungsgrundsätze, Job Rotation, Projektarbeiten etc. Hierbei handelt es sich vor allem um Instrumente, die die Selbstentwicklungskräfte in

einem sozialen System stärken (vgl. Klimecki/Probst/Eberl, 1994). Wichtig bei dieser Analyse ist jedoch, die Tatsache im Auge zu behalten, daß es nicht nur um die Anzahl, sondern auch um die prozessorientierte Anwendung der Instrumente geht. Damit werden folgende drei Kriterien der Bestimmung von Kennen vorgeschlagen:

- Anzahl der Instrumente zur Lernförderung
- Anzahl der Instrumente zum Abbau von Lernhindernissen
- Prozessorientierung der Instrumente

Wir schlagen vor, die Analyse (Anzahl und Prozessorientierung) der Instrumente gemäß der in Kap. VII entwickelten Bereichen – Strategie, Struktur, Kultur und Personal – vorzunehmen.

Nun sind die Ergebnisse der Analyse des Faktors Kennen nicht hinreichend für die Einschät-

181

zung des Reifegrades. Es kommt darauf an, ob die Organisation fähig ist, mit den einzelnen Instrumenten umzugehen. Folgende Kriterien können beispielhaft zur Beurteilung der Lernfähigkeit, des *Könnens* herangezogen werden:

– Fähigkeit zur Kooperation und Partizipation (demokratisch/autoritär)
– Fähigkeit der Kommunikation und Schaffung von Transparenz (Diffusion/Konzentration)
– Fähigkeit zur Problemanalyse und Lösung von komplexen Aufgaben (analytisches Vorgehen und ganzheitliche Problemlösung)
– Fähigkeit zur Speicherung von Wissen (Geschichten/Anweisungen)

Damit werden die in den Kontexten ablaufenden Prozesse von Lernen analysiert.

Um nun den Reifegrad letztendlich bestimmen zu können, muß auch die Bereitschaft der Organisation analysiert werden. Dabei stellt sich die Frage, ob die Organisation Interesse an Lernprozessen hat. Folgende Kriterien sind für die Beurteilung der Akzeptanz von Lernprozessen von zentraler Bedeutung:

– Herstellung eines sinngebenden Rahmens
– Aufbau auf ethischen Grundlagen
– Schaffung eines gemeinsamen Wertebewußtseins

Der Reifegrad eines Unternehmens ließe sich etwa folgendermaßen darstellen:

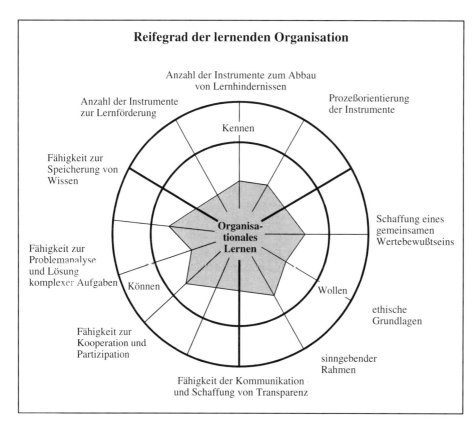

Abbildung 73

Wir haben gesehen, daß für eine Reifegradbestimmung Instrumente, Fähigkeit und Bereitschaft notwendige Bestandteile sind. Aber wenn wir den Reifegrad eines Unternehmens festgelegt haben und nun wissen, wo wir das Unternehmen abholen können, wie ist dann *Lernen zu erzielen?* Wie sind Lernfelder anzugehen? Wie können wir Lernprozesse angehen und so „steuern", daß wir ein neues Ordnungsmuster erreichen, das uns entsprechendes Verhalten erlaubt?

Ordnung kann in sozialen Systemen auf vielfältige Weise entstehen. Ein Ordnungsmuster besteht aus dem ständigen Austausch von Handlungstheorien; Handlungstheorien, die von den Mitgliedern und Gruppen einer Unternehmung geteilt werden. Ein solches neues Ordnungsmuster kann aus den verschiedensten Ausgangslagen heraus entstehen. Dasselbe Resultat von Lernprozessen kann also in Unternehmen mit verschiedenen Gegebenheiten erreicht werden. Aber aus Unternehmen mit gleichen Voraussetzungen können auch ganz verschiedene Resultate erzielt werden. Von Bedeutung ist dabei der Einsatz von Lerninstrumenten, die Nutzung von Fähigkeiten und der Ausdruck des Lernwillens.

6. Legoprinzip

Wenn wir auf ein neues Lernniveau hinarbeiten wollen, so ist in einem sozialen System immer an mehreren Orten gleichzeitig anzusetzen. Wir werden Reflexionen und Veränderungen gleichzeitig im Strukturbereich und im Kulturbereich, im strategischen und im personalen Bereich vornehmen. Wichtig ist, daß wir erkennen und wissen, wohin wir wollen, die Fähigkeiten klar erfassen und die notwendigen Instrumente in der richtigen Kombination zur Verfügung stellen. Wie Bausteine werden die gegebenen Instrumente und Fähigkeiten jeweils zusammengesetzt, damit sie *passen.* Damit sind die hier vorgeschlagenen Förderansätze des organisationalen Lernens „Werkzeuge des Lernens". Die Beispiele sind deshalb als Bausteine des organisationalen Lernens aufzufassen, sie bilden die Eckpunkte für organisationale Veränderungen. Aus diesem Repertoire von Handlungsalternativen sollten jene Bausteine eingesetzt werden, die als Knotenpunkte und Bindeglieder sinnvoll erscheinen. Je nach Lernprofil und Reifegrad sind Lernprozesse auszulösen und zu fördern. Wie in einem Netzwerk sind Veränderungen an verschiedenen Knotenpunkten notwendig.

Das Designprinzip, d. h. die Wahl der verschiedenen Bausteine, hängt von dem System selbst ab. Durch die Vorgabe des Ziels von organisationalem Lernen wird es zum Grundprinzip, daß die Bausteine in freier Wahl organisationsgerecht anzuwenden sind und so miteinander verbunden werden, daß sie in einem Netzwerk funktionieren und Sinn stiften. So wie Legosteine bei sinnvoller Anwendung einen Gegenstand produzieren, so sollen die organisationalen Bausteine das Ziel des Lernens der Organisation erreichen. Im Legoprinzip verbinden wir Instrumente, Fähigkeiten und Willen, schaffen die notwendigen Interaktionen und Bindeglieder. Aber immer entsteht ein Bezugsrahmen, ein Resultat der Lernprozesse nur aus dem System selbst heraus. Nur das System selbst kann handeln, offen und tolerant sein für neue Wege und darüber entscheiden, ob es ein Verhaltensmuster erlernen will.

Literaturverzeichnis (vgl. auch Weiterführende Literatur)

Argyris, C. (1985) Strategy, Change and Defensive Routines, Pitman Publishing, Massachusetts.

Argyris, C. (1990) Overcoming Organizational Defenses – Facilitating Organizational Learning, Allyn and Bacon, Boston.

Argyris, C./Schön, D. A. (1978) Organizational Learning: A Theory of Action Perspective, Addison-Wesley Publishing Company, Reading, Massachusetts.

Bandura, A. (1979) Sozial-kognitive Lerntheorie, Klettcotta, Stuttgart.

Bateson, Gregory (1981) Ökologie des Geistes, suhrkamp, Frankfurt am Main.

Berger, P. L./Luckmann, T. (1969) Die gesellschaftliche Konstruktion der Wirklichkeit: Eine Theorie des Wissensoziologie, suhrkamp, Frankfurt a. M.

Berkes, L. (1987) Leveraging Technology for Competitive Advantage: The Case for Organization Design, Undesign and Redesign, Netmap International Inc., New York.

Bloch, P./Hababou, R./Xarde, D. (1986) Service compris, L'expansion/Hachette/Jean-Claude Lattès, Paris.

Borer, C./Broggi, M. (1991) Unternehmensleitbild mit Mindmapping, In: IO Management Zeitschrift, Nr. 6, S. 27 – 30.

Bower, G. H./Hilgard, E. R. (1983) Theorie des Lernens I, Klettcotta, Stuttgart.

Burke (1992) Organization Development: A Process of Learning and Changing, Reading, Massachusetts: Addison-Wesley.

Buzan, T. (1993) Kopftraining: Anleitung zum kreativen Denken, Goldmann, München.

Cangelosi, V. E./Dill, W. R. (1965) Organizational Learning: Observations Toward a Theory, In: Administrative Science Quarterly, No. 10 , S. 175 – 203.

Cohen, W./Levinthal, D. (1990) Absorptive Capacity: A New Perspective on Learning and Innovation, In: Administrative Science Quarterly, 28, S. 223 – 244.

Cyert, R. M./March, J. G. (1963) A Behavioral Theory of the Firm, Englewood Cliffs, New Jersey.

Deiss, G./Dierolf, K. (1991) Strategische Planung und Frühwarnung durch Netzwerke, In: Probst/Gomez (Hrsg.) Vernetztes Denken, Gabler, Wiesbaden.

De Geus, A. P. (1988) Planning as Learning, In: Harvard Business Review, Vol. 66, S. 70 – 74.

Dörner, D. (1987) Memorandum No. 54, Bamberg (unveröffentlicht)

Dörner, D. (1989) Die Logik des Mißlingens: Strategisches Denken in komplexen Situationen, Rowohlt, Hamburg.

Drucker, P. (1980) Managing in Turbulent Times, Harper and Row, New York.

Duncan, R./Weiss, A. (1979) Organizational Learning: Implications for Organizational Design, In: Research in Organizational Behavior, Vol. 1, S. 75 – 123.

Erne, V. (1991) Die Angst des Managers vor dem Dialog: Innerbetriebliche Kommunikation als strategischer Erfolgsfaktor, Neue Zürcher Zeitung vom 3. Dezember, 1991.

Escher, F. (1993) Notizen aus der Schule der Komplexität, In: Managerie 2: Jahrbuch für systemisches Management, Karl Auer Verlag, Heidelberg.

Esser & Lindoerfer, James K. & Joanne S. (1989) Groupthink and the Space Shuttle Challenger Accident: Toward a Quantitative Case Analysis, In: Journal of Behavioral Decision Making, Vol. 2.

Etzioni, A. (1975) Die aktive Gesellschaft, Opladen.

Fankhauser, P./Probst, G. (1993) Die strategische Einheit „Geschäftsreisen", In: Gomez, P./Probst, G. (1993) Handbuch zur ganzheitlichen strategischen Führung, Schweizerische Kurse für Unternehmensführung, Zürich.

Fiol, C. M./Lyles, M. A. (1985) Organizational Learning, In: Academy of Management Review 10, S. 803 – 813.

Fiol, M. (1993) Consensus, Diversity, and Learning in Organizations, In: Organization Science (forthcoming).

Fuchs, J. (1990) Die Dienstleistungspyramide im Unternehmen, In: Little, A. (Hrsg.) Management der Hochleistungsorganisation, Gabler, Wiesbaden, S. 137 – 147.

Garelli, S. (1992) World Competitiveness Report, IMD, Lausanne.

Garratt, B. (1990) Creating a Learning Organization: A Guide to Leadership, Learning and Development, Cambridge.

Garvin, D. (1993) Building a Learning Organization, In: Harvard Business Review, July – August, S. 78 – 91.

Geißler, H. (1991) Organisations-Lernen: Gebot und Chance einer zukunftsweisenden Pädagogik, In: Grundlagen der Weiterbildung Zeitschrift 1, S. 72 – 79.

Gomez, P./Probst, G. (1993) Handbuch zur ganzheitlichen strategischen Führung, Schweizerische Kurse für Unternehmensführung, Zürich.

Hammer, M./Champy, J. (1993) Reengineering the Corporation: A Manifesto for Business Revolution, Harper Business, New York.

Harris, P. (1985) Management in Transition, Jossey-Bass, San Francisco.

Hedberg, B. (1981) How Organizations Learn and Unlearn, In: Nystrom, P. C./Starbuck, W. H. (Hrsg.) Handbook of Organizational Design, London, S. 8–27.

Hedlund, G. (1986) The Hypermodern MNC – A Heterarchy? In: Human Resource Management, Nr. 25, S. 9–35.

Hinterhuber, H. (1980) Strategische Unternehmensführung, Walter de Gruyter, Berlin.

Hof, v., G. (1991) Vernetztes Denken und Handeln bei der Führung von Arbeitsgruppen und eines Projektes – Dargestellt an Beispielen aus der Allianz Versicherung, In: Probst/Gomez (1991) Vernetztes Denken, Gabler, Wiesbaden, S. 249–273.

Hoffmann, V. (1993) Unternehmen als lernfähige Denkfabriken im Praxistext: Lernen in und mit Szenarien, In: Gabler's Magazin, Sonderdruck Nr. 10, Gabler, Wiesbaden, S. 25–28.

Hörrmann, G./Tiby, C. (1990) Projektmanagement richtig gemacht, In: Little, D. (Hrsg.) Management der Hochleistungsorganisation, Gabler, Wiesbaden, S. 73–91.

IBM Transformator (1993) – Das einmalige Magazin der neuen IBM, Zürich.

Iikubo, H. (1990) Innovation in Japan am Beispiel Honda, Bulletin der SKA (Schweizerische Kreditanstalt), Zürich, 2/90, S. 12–13.

Janis, I. L. (1972) Victims of Groupthink, Houghton Mifflin Co., Boston.

Jelinek, M. (1979) Institutionalizing Innovation: A Study of Organizational Learning, New York.

Kanter, R. M. (1983) The Change Master: Innovation & Entrepreneurship in the American Corporation, Simon & Schuster, New York.

Kelly, G. (1955) The Psychology of Personal Contructs, Norton, New York.

Kilmann, R. (1984) Beyond the Quick Fix, Jossey-Bass, San Francisco.

Klimecki, R./Probst, G. (1990) Entstehung und Entwicklung der Unternehmenskultur, In: C. Lattmann (Hrsg.) Unternehmenskultur, Physika, Heidelberg, S. 41–65.

Klimecki, R./Probst, G./Eberl, P. (1991) Systementwicklung als Managementproblem, In: Staehle, W. H./Sydow, J. (Hrsg.) Managementforschung 1, Berlin/New York, S. 103–162.

Klimecki, R./Probst, G./Eberl, P. (1994) Entwicklungsorientiertes Management, Poeschel, Stuttgart (Manuskript zur Publikation 1994).

Lawler III, E. (1992) The Ultimate Advantage: Creating the High-Involvement Organization, Jossey-Bass Publishers, San Francisco.

Lee, S./Courtney, J. F. Jr./O'Keefe R. M. (1992) A System for Organizational Learning Using Cognitive Maps, In: OMEGA International Journal of Management Science, Vol. 20, No. 1, S. 23–36.

Lessing, R. (1991) Strategische Planung als Lernprozeß – „Von mir aus nennt es Körper, Geist und Seele", In: Sattelberger (Hrsg.) Die lernende Organisation, Gabler, Wiesbaden.

Levitt, B./March, J. B. (1988) Organizational Learning, In: Annual Review of Sociology, Vol. 14, S. 319–340.

Lewis, R. S. (1988) Challenger: The Final Voyage, Columbia University Press, New York.

Little, A. (1990) Management der Hochleistungsorganisation, Gabler, Wiesbaden.

Lorange, P./Probst, G. (1987) Joint Ventures as Self-Organizing Systems: A Key to Successful Joint Venture Design and Implementation, In: Columbia Journal of World Business, Sommer, S. 71–77.

Lorange, P./Probst, G. (1990) Effective Strategic Planning Processes in the Multinational Corporation, In: Bartlett, C./Doz, Y./Hedlund, G., Managing the Global Firm, Routledge, London, S. 144–162.

Lorange, P./Roos, J. (1992) Strategic Alliances: Formation, Implementation and Evolution, Blackwell Business, Massachusetts.

Love, J. (1988) McDonald's: Behind the Arches, Bantam, Toronto.

Lutz, C. (1991) Kommunikation – Kern der Selbstorganisation: Unternehmensführung im Informationszeitalter, In: Sattelberger (Hrsg.) Die lernende Organisation, Gabler, Wiesbaden, S. 97–109.

March, J./Olsen, J. (1976) Organizational Learning and the Ambiguity of the Past, In: March, J./Olsen, J. Ambiguity and Choice of Organizations, Bergen, S. 54–67.

March, J. G. (1991) Exploration and Exploitation in Organizational Learning, In: Organizational Science, Vol. 2, No. 1, S. 71–87.

March, J. G./Simon, H. A. (1958) Organizations, J. Wiley & Sons, New York.

Maturana, A. (1982) Reflexionen: Lernen oder ontogenetischer Drift, In: Delfin II, Dezember, S. 60–71.

McCaskey, M. (1982) The Executive Challenge: Managing Change and Ambiguity, Pitman, Boston.

Meadows/Meadows (1992) Die neuen Grenzen des Wachstums, DVA, Stuttgart.

Megginson, D. (1988) Instructor, Coach, Mentor: Three Ways of Helping for Managers, In: Management Education and Development, Vol. 19, Part 1.

Mills, D. (1991) Rebirth of the Corporation, John Wiley & Sons, New York.

Morgan, G. (1986) Images of Organization, Sage, Newbury Park/London.

Nadler, D./Tushman, M. (1977) A Diagnostic Model for Organization Behavior, In: Hackman, J./Lawler, E./Porter, W. (eds.) Perspectives on Behavior in Organizations, New York: McGraw-Hill.

Naujoks, H. (1993) Autonomie in Organisationen: Perspektive und Handlungsleitlinie des Managements, Dissertation, St. Gallen.

Nelson, R./Winter, S. (1982) An Evolutionary Theory of Economic Change, Cambridge, Massachusetts: Harvard University Press.

NETMAP International (1988) Mimeo Manuskript.

Neuberger, O. (1991) Personalentwicklung, Ferdinand Enke Verlag, Stuttgart.

Nonaka, I. (1991) The Knowledge-Creating Company, In: Harvard Business Review, 69(6): 96–104.

Nonaka, I. (1994) A Dynamic Theory of Organizational Knowledge Creation, In: Organizational Science, 5(1): 14–37.

Nystrom, P./Starbuck, W. (1984) Managing Beliefs in Organizations, In: Journal of Applied Behavioral Science, 20, S. 277–287.

Ouchi, W. (1981) Theory Z., Addison-Wesley, Massachusetts.

Pautzke, G. (1989) Die Evolution der organisatorischen Wissensbasis: Bausteine zu einer Theorie des organisatorischen Lernens, Verlag Barbara Kirsch, Herrsching.

Pawlowsky, P. (1992) Betriebliche Qualifikationsstrategien und organisationales Lernen, In: Staehle, W. H./Conrad, P. (Hrsg.) Managementforschung 2, Walter de Gruyter, Berlin.

Peccei, A. (1979) Zukunftschance Lernen, Club of Rome Bericht über die 80er Jahre, Goldmann, Wien.

Postman, L./Underwood, B. (1973) „Critical Issues in Interference Theory", In: Memory and Cognition, Vol. 1, S. 19–40.

Prange, C. (1996) Organizational Learning, Paper presented at Symposium on Organizational Learning and the Learning Organization at the Management School of Lancaster, 3–9. September 1996 / Cahier de discussion, Universität Genf 1996.

Probst, G. (1983) Qualitätsmanagement – ein Erfolgspotential, Haupt, Bern.

Probst, G. (1987) Selbstorganisation, Parey, Berlin.

Probst, G. (1989) So haben wir ein Leitbild eingeführt, In: Management Zeitschrift io, Nr. 10, S. 36–41.

Probst, G. (1993) Organisation: Strukturen, Lenkungsinstrumente, Entwicklungsperspektiven, moderne industrie, Lech.

Probst, G./Gomez, P. (1991) Vernetztes Denken: Unternehmen ganzheitlich führen, Gabler, Wiesbaden.

Probst, G./Raub, S./Romhardt, K. (1997) Wissen managen: Wie Unternehmen Ihre wertvollste Ressource optimal Nutzen, Wiesbaden: Gabler/FAZ.

Pümpin, C./Geilinger, U. (1988) Strategische Führung, In: „Die Orientierung", Nr. 76, SVB, Bern.

Quinn-Mills, D. (1993) Rebirth of the Corporation, John Wiley & Sons, New York.

Rentenanstalt Leitbild (1993)

Sackmann, S. (1991) Cultural Knowledge in Organizations: Exploring the Collective Mind, Newburry Park.

Sackmann, S. (1992) Culture and Subcultures: An Analysis of Organizational Knowledge, In: Administrative Science Quarterly, S. 141 ff.

Sattelberger, T. (1991a) Die lernende Organisation, Gabler, Wiesbaden.

Sattelberger, T. (1991b) Personalentwicklung neuer Qualität durch Renaissance helfender Beziehungen, In: Sattelberger (Hrsg.) Die lernende Organisation, Gabler, Wiesbaden, S. 207–227.

Sattelberger, T. (1991c) Die lerndende Organisation im magischen Dreieck von Strategie-, Kultur- und Strukturentwicklung, In: Personalführung 4, S. 286–295.

Schmidt, S. J. (1991) Der Diskurs des Radikalen Konstruktivismus, Suhrkamp, Frankfurt.

Schwenk, C. R. (1988) The Cognitive Perspective on Strategic Decision Making, In: Journal of Management Studies, Vol. 25, No. 1, S. 41–55.

Senge, P. M. (1990a) The Fifth Discipline: The Art and Practice of the Learning Organization, Doubleday Currency, New York.

Senge, P. M. (1990b) The Leader's New Work: Building Learning Organizations, In: Sloan Management Review, Fall, S. 7–23.

Senge, P. M./Sterman, J. D. (1992) Systems Thinking and Organizational Learning: Acting Locally and Thinking Globally in the Organization of the Future, In: Kochan, T. A./Useem, M. (Hrsg.) Transforming Organizations, Oxford University Press, New York, S. 353–370.

Shrivastava, P. (1983) Typology of Organizational Learning Systems, In: Journal of Management Studies, 20, 1, S. 7–28.

Sommerlatte, T. (1990) Leistungsprozesse und Organisationsstruktur, In: Little, A. (Hrsg.) Hochleistungsorganisation, Gabler, Wiesbaden.

Staehle, W. (1991) Redundanz, Slack und lose Kopplung in Organisationen: Eine Verschwendung von Ressourcen, In: Staehle, W./Sydow, J. (Hrsg.) Managementforschung 1, Walter de Gruyter, Berlin, S. 313–345.

Steinmann, H./Schreyögg, G. (1991) Management, Gabler, Wiesbaden.

Svantesson, I. (1992) Mind Mapping und Gedächtnistraining, PLS Verlag, Bremen.

Sydow, J. (1992) Is the Single Firm Vanishing?: Inter-Enterprise Networks, Labour and Labour Institutions, Forum Series on Labour in a Changing World Economy, International Institute for Labour Studies, Geneva, S. 34–65.

Taylor, W. (1991) The Logic of Global Business: An Interview with ABB's Percy Barnevik, In: Harvard Business Review, March – April, S. 91–105.

Tichy, N. (1983) Managing Strategic Change: Technical, Political, and Cultural Dynamics, New York: John Wiley & Sons.

Top Consultancy (1987) Digital Equipment Corporation

Türk, K. (1989) Neuere Entwicklungen in der Organisationsforschung: Ein Trend Report, Ferdinand Enke Verlag, Stuttgart.

Ulrich, H./Probst, G. (1988) Anleitung zum ganzheitlichen Denken und Handeln: Ein Brevier für Führungskräfte, Haupt, Bern.

Watzlawick, P. (1988) Die erfundene Wirklichkeit, Piper, München.

Watzlawick, P/Weakland, J./Fisch, R. (1974) Change, Norton, New York.

Weick, K./Bougon, M. (1986) Organizations as Cognitive Maps – Chartin Ways to Success and Failure, In: Sims/Gioia and Associates (Hrsg.) The thinking Organization: Dynamics of Organizational Social Cognition, San Francisco, S. 102–135.

Weisbord, M. (1976) Organizational Diagnosis: Six Places to Look for Trouble with or without a Theory, In: Group and Organization Studies, 1: 430–447.

Whyte, G. (1989) Groupthink Reconsidered, Academy of Management Review, Vol. 14.

World Competitiveness Report (1992) IMD, Lausanne.

Willke, H. (1991) Systemtheorie, UTB, Stuttgart.

Weiterführende Literatur (vgl. auch Literaturverzeichnis)

Argyris, C. (1993) On Organizational Learning, Blackwell Business, Cambridge/Massachusetts.

Argyris, C. (1983) Reasoning, Learning and Action: Individual and Organizational. San Francisco: Jossey-Bass.

Argyris, C. (1993) Education for Leading-Learning, In: Organizational Dynamics, Vol. 21, No. 3, S. 5–17.

Bahlmann, T. (1990) The Learning Organization in a Turbulent Environment. Human Systems Management, 9, S. 249–256.

Beer, M./Eisenstat, R./Spector, B. (1989) The Critical Path to Corporate Renewal, New York.

Beer, M./Eisenstat, R./Spector, B. (1990) Rediscovering Competitiveness: Developing an Adaptive Organization, Boston.

Belasco, J. (1990) Teaching the Elephant to Dance: Empowering Change into Your Organization, Century Business, London.

Bergquist, W. (1993) The Post-modern Organization: Mastering the Art of Irreversible Change, Jossey-Bass Publishers, San Francisco.

Bolmann, L./Deal, T. (1991) Reframing Organizations, Jossey-Bass Publishers, San Francisco.

Bomers, G. (1990) Corporate Dialogue: Creating Learning Organizations, ISC, S. 17–23.

Bougon, M. G. (1992) Congregate Cognitive Maps: Unified Dynamic Theory of Organizing, In: Journal of Management Studies, Vol. 29, No. 3, S. 369–389.

Bougon, M. G./Weick, K./Binkhorst, D. (1977) Cognition in Organizations: An Analysis of the Utrecht Jazz Orchestra, In: Administrative Science Quarterly, Vol. 22, S. 606–639.

Bouwen, R./Fry, R. (1991) Innovation et Apprentissage Organisationnel, In: International Studies of Management and Organization, Vol. 21, No. 4, S. 129–155.

Brown, J. S./Duguid, P. (1991) Organizational Learning and Communities-of-Practice: Toward a Unified View of Working, Learning, and Innovation, In: Organization Science, Vol. 2, No. 1, February, S. 40–57.

Burgoyne, J. (1992) Creating a Learning Organisation, In: RSA Journal, April, S. 1–10.

Cannon, M. (1993) Motivation and Learning: A Paradox for Performance, Working Paper.

Cohen, M. D. (1991) Individual Learning and Organizational Routine: Emerging Connections, In: Organization Science, Vol. 2, No. 1, February, S. 135–139.

Daft, R./Huber G. (1987) How Organizations Learn: A Communication Network, In: Bacharach, S./Di Tomaso, N. (Hrsg) Research in the Sociology of Organizations, Vol. 5, Greenwich, S. 1–36.

Daft, R,/Weick, K. (1984) Toward a Model of Organizations as Interpretation Systems, In: Academy of Management Review, Vol. 9, S. 284–295.

Dixon, N. M. (1992) Organizational Learning: A Review of the Literature with Implications for HRD Professionals, In: Human Resource Development Quarterly, Vol. 3, No. 1, Spring, S. 29–49.

Dodgson, M. (1993) Organizational Learning: A Review of Some Literatures, In: Organization Studies, 14/3, S. 375–394.

Donnellon, A./Gray, B./Bougon, M. (1986) Communication, Meaning and Organized Action, In: Administrative Science Quarterly, 31, S. 43–55.

Easterby-Smith, M. (1990) Creating a Learning Organization, In: Personnel Review, 19(5), S. 24–28.

Epple, E./Argote, L./Devadas, R. (1991) Organizational Learning Curves: A Method for Investigating Intra-Plant Transfer of Knowledge Acquired Through Learning by Doing, In: Organization Science, Vol. 2, No. 1, February, S. 58–70.

Etheredge, L. S./Short, J. (1983) Thinking About Government Learning, In: Journal of Mangement Studies, Vol. 20, No. 1. S. 41–58.

Friedlander, F. (1983) Patterns of Individual and Organizational Learning, In: Shrivastava and Associates (Hrsg.) The Executive Mind: New Insights on Managerial Thought and Action, Jossey-Bass, San Francisco, S. 192–220.

Galer, G./van der Heijden, K. (1992) The Learning Organization: How Planners Create Organizational Learning. Marketing Intelligence and Planning, 10 (6), S. 5–12.

Geißler, H. (1992) Vom Lernen in der Organisation zum Lernen der Organisation, In: Sattelberger, T. (Hrsg.) Die lernende Organisation, Gabler, Wiesbaden, S. 81–96.

Glynn, M-A. (1988) Organizational Learning, Insight and Play, Working Paper, Yale University, New Haven.

Hauser, E. (1988) Lernen – eine strategische Aufgabe im Unternehmen, In: Management Zeitschrift 57, Nr. 10, S. 460–462.

Heidack, C. (Hrsg.) (1989) Lernen der Zukunft. München.

Henry, J/Walker, D. (1991) Managing Innovation, Sage Publications, London.

Huber, G. P. (1991) Organizational Learning: The Contributing Processes and the Literature, In: Organization Science, Vol. 2, No. 1, February, S. 88–115.

Huff, A./Chappell, D. (1993) Party Politics' Contribution to Organizational Learning. Academy of Management, Working Paper.

Hutchins, E. (1991) Organizing Work by Adaptation, In: Organization Science, Vol. 2, No. 1, February, S. 14–39.

Kiernan, M. (1993) The strategic architecture: learning to compete in the twenty-first century, In: Academy of Management Executive, Vol. 7, No. 1, S. 7–21.

Kim, D. (1993) The Link between Individual and Organizational Learning. Sloan Management Review, Fall, S. 37–50.

Klimecki, R./Lassleben, H./Riexinger-Li, B. (1994) Zur empirischen Analyse organisationeller Lernprozesse im öffentlichen Sektor: Modellbildung und Methodik, In: Bussmann, W. (Hrsg.) Lernen in Verwaltungen und Policy-Netzwerken, S. 9–38.

Knoepfel, P./Kissling-Näf, I. (1994) Politikorientierte Lernprozesse. Konzeptionelle Überlegungen, In: Bussmann, W. (Hrsg.) Lernen in Verwaltungen und Policy-Netzwerken, S. 101–132.

Kochan, T. A./Useem, M. (1992) Transforming Organizations, Oxford University Press, New York.

Kofman, F./Senge, P. M. (1993) The Heart of Learning Organization, In: Organizational Dynamics, Vol. 21, S. 5–22.

Lant, T./Mezias, S. (1988) A Learning Model of Organizational Convergence and Reorientation, Working Paper, New York University, New York.

Lawler, E. (1987) Changing Organizations: Strategic Choices, Working Paper No. 106, University of Southern California.

Lessen, R. (1991) Total Quality Learning: Building a Learning Organisation, Blackwell Business, Oxford.

Levinthal, D. A. (1991) Organizational Adaptation and Environmental Selection-Interrelated Processes of Change, In: Organization Science, Vol. 2, No. 1, February, S. 140–146.

Lorenz, C. (1992) Bending minds to a New Learning Circle, In: Financial Times, Februar, S. 9.

Lundberg, C. (1989) On Organizational Learning: Implications and Opportunities for Expanding Organizational Development. Research in Organizational Change and Development, 3 (6), S. 126–182.

March, J. G./Sproull, L. S./Tamuz, M. (1991) Learning From Samples of One or Fewer, In: Organization Science, Vol. 2, No. 1, February, S. 1–13.

Mills, D. Q./Friesen, B. (1992) The Learning Organization. European Management Journal, 10 (2), S. 146–156.

Nevis, E./DiBella, A./Gould, J. (1993) Organizations as Learning Systems. Sloan School Working Paper, No. 3567-93.

Nystrom, P./Starbuck, W. (1981) Handbook of Organizational Design, London.

Nystrom, P./Starbuck, W. (1984) To avoid Organizational Crisis, Unlearn, In: Organizational Dynamics, Spring, S. 53–65.

Pedler, M./Burgoyne, J./Boydell, T. (1991) The Learning Comany, McGraw-Hill, England.

Pucik, V. (1988) Strategic Alliances, Organizational Learning, and Competitive Advantage: The HRM Agenda, In: Human Resource Management, Spring, Vol. 27, No. 1, S. 77–93.

Quinn, J. (1992) The Intelligent Enterprise: A New Paradigm, Free Press, New York.

Reinhardt, R. (1993) Das Modell Organisationaler Lernfähigkeit und die Gestaltung Lernfähiger Organisationen, Peter Lang, Frankfurt am Main.

Rieckmann, H./Sievers, B. (1978) Lernende Organisation – Organisiertes Lernen. Systemveränderung und Lernen in sozialen Organisationen, In: Bartölke/Kappler (Hrsg.): Arbeitsqualität in Organisation, Wiesbaden, S. 259–277.

Schein, E. (1993) How can Organizations Learn Faster? Sloan Management Review, 34 (2), S. 85–92.

Senge, P. M. (1991) The Learning Organization Made Plain, In: Training and Development, Vol. 45, S. 37–44.

Simon, H. A. (1991) Bounded Rationality and Organizational Learning, In: Organization Science, Vol. 2, No. 1, February, S. 125–134.

Simonin, B./Helleloid, D. (1993) An Empirical Investigation of Double-loop Learning in International Collaborations, Working Paper, University of Washington, Seattle.

Simonin, B./Helleloid, D. (1993) Do Organizations Learn? An Empirical Test of Organizational Learning in International Strategic Alliances, In: Academy of Management Proceedings 1993.

Slepian, J. (1993) Learning, Belief & Action in Organizational Work Groups: A Conceptual Model of Work Group Learning, Working Paper.

Spender, J.-C. (1993) Competitive Advantage From Tacit Knowledge? Unpacking the Concept and its Strategic Implications, In: Academy of Management Proceedings, 1993.

Stata, R. (1989) Organizational Learning – The Key to Management Innovation. Sloan Management Review, Spring, S. 63–74.

Ventriss, C./Luke, J. (1988) Organizational Learning and Public Policy, In: American Review of Public Administration, 18 (4), S. 337–357.

Watkins, K./Marsick, V. (1993) Sculpting the Learning Organization, Jossey-Bass Publishers, San Francisco.

Weick, K. E./Bougon, M. (1986) Organizations as Cognitive Maps: Charting Ways to Success and Failure, In: Sims Jr., H./Gioia, D. (Hrsg.) The Thinking Organization, Jossey-Bass, San Francisco.

Weick, K. E. (1991) The Nontraditional Quality of Organizational Learning, In: Organization Science, Vol. 2, No. 1, February, S. 116–124.

Whyte, W. F. (1991) Social Theory for Action: How Individuals and Organizations Learn to Change, London, Sage Publications.

Whyte, W. F./Greenwood, D. J./Lazes, P. (1989) Participatory Action Research, In: American Behavioral Scientist, Vol. 32, No. 5, May/June, S. 513–551.

Wolff, R. (1982) Der Prozeß des Organisierens: Zu einer Theorie des organisationellen Lernens, Spardorf.

Stichwortverzeichnis

A

Aare-Emmenkanal Aktiengesellschaft   163
Abwehrmechanismen   80
Adaption   36
Akquisition   134
Allianz Versicherung   68
Allianzen   130
Annahmeanalyse   148, 149, 150
Anpassungslernen   35, 40, 44, 178
Anreiz- und Belohnungssysteme   160
Arbeitsgruppen   68
arbeitsplatznahe Interventionen   160
ascom   135
Asea Brown Boveri   11, 40, 112, 153, 169
Auslösefaktoren   87
−   des Lernens   58
−   von Lernprozessen   50
Autonomie   139

B

Bekenntnistheorie   24
−   offizielle   29, 177
beschränkte Lernsysteme   74 f.
Beziehungen, lernpartnerschaftliche   156
Beziehungswissen   25, 31

C

Challenger Unfall   80
Cluster-Organisation   129
Coaching   157 f.
COCOMAP   171
computersimulierte Mikrowelt   97
Customer Focus   11, 125, 153

D

defensive Routinen   37, 81, 167
Digital Equipment Corporation   42, 137, 159, 171
Diversität   21
double-loop learning   36 f.
Dutch Petroleum   110

E

Elite   63 f., 94
Entrepreneur   42

Entwicklungsallianzen   158 f.
−   personale   158
Entwicklungsmotivation   156
EPA   52
Espoused Theories   26
European Quality Alliance   136
evolutionäre Stukturformen   129
Experiment   101
experimentieren   95

F

Feedback   94, 101, 112, 114, 154, 162
Flexibilität   137 f.
flexibles Team   120
fluktuierende Hierarchien   120
Forbo   129
−   Forbo International   130
−   Forbo-Netzwerk   130
fördernde Kräfte   83 f.
Früherkennung   113, 116, 162
−   Früherkennungsindikatoren   55, 112
−   Früherkennungssystem   55, 115
Führungskompetenzen   138

G

ganzheitliche Betrachtung   100
ganzheitliche Theorie   19
Gebrauchstheorie   24 f., 30, 32, 74, 177
geschickte Unfähigkeit   75
Globalisierung   3
Group Think   80
Gruppen   63 f.
−   interdisziplinäre   19
Gruppenprozesse   65

H

Handlungs- oder Bekenntnistheorien, offizielle   177
Handlungsfähigkeit   9, 50
Handlungskompetenz   5, 9, 17, 19, 102, 156
Handlungsstrategien   26
Handlungstheorie   23 f., 29, 35, 73
−   offizielle   24 f., 31, 74, 177
hemmende Kräfte   83 f.
Heterarchie   127
Hewlett Packard   55, 153 f.

Hierarchien, fluktuierende   120
Hilfsmittel, organisatorische   119
Hilti AG   52

I
IBM   53
Identität   24
Image   152
– Imageanalyse   152
– Imagebarometer   152, 154
Implementierung des Leitbildes   147
individuelle Lernprozesse   17
individuelle Rationalität   21
individuelles Lernen   19, 22
Informationsdarlegung   36
Informationspathologien   74, 78 f.
Informationsverarbeitungskapazität   78
Instruktion   157
Instrumentarium, strategisches   94
Integration   22
interdisziplinäre Gruppen   19
Interpretationsfehler   168
Interventionen, arbeitsplatznahe   160

J
Jakob Schläpfer AG   27
Joint Venture   134, 136

K
Karten
– konzeptionelle   166 f.
– kognitive   171
Kartenzeichnen   166
Kerngruppen (Core Groups)   159
Koalition   64
kognitive Karte   171
kognitive Muster   26
kognitive Verzerrung   168
kollektive Rationalität   21
Kommunikation   22, 64, 68, 78, 148, 179
Kommunikationsforen   148
Komplexität   95, 99, 103
Konflikt   7, 49
Konstruktion der Wirklichkeit   65, 163
konzeptionelle Karte   166
Kooperationen   134
Kooperationsformen   134

Kräfte
– fördernde   89
– hemmende   89
Kräftefeldanalyse   82, 89
Kreativität   26
Krise   49, 53, 59
kultivieren   123
Kultur   92, 140
– Kulturentwicklung   140
– Kulturentwicklungsprozesse   93
Kundenzufriedenheit   152
Kuoni   105, 152 f.

L
Leadership-Foren   43
learning by doing   95
Leitbild   11, 141, 144, 163
– Leitbildentwicklung   140, 145 f.
Lernbedarf   13, 87 f.
Lernbegriff   21
Lernbereitschaft   179, 180f,
Lernen zu lernen   37
Lernen
– Auslösefaktoren   58
– Bereitschaft   180
– Definition   177
– individuelles   18, 21
– Machbarkeit   179
– organisationales   18, 21
– Träger   87
Lernfähigkeit   6, 9, 17, 180 ff.
Lernförderung   179, 183
– Instrumente   182
Lernformen   44, 87 f.
Lernhindernisse   77, 82, 177, 182
Lerninstrumente   180 ff.
Lernkräfte   87
Lernniveau   184
lernorientierte Projektarbeit   160
Lernpartnerschaftliche Beziehungen   156
Lernprofil   87 f., 90, 92
Lernprozesse   67
– Auslösen von   50
– individuelle   17
– Instrumente   181
– Träger   63, 70, 89
Lernsysteme, beschränkte   74 f.
Lerntheorien   17
Lernverhinderung   74

M

Maag Technic   115
Mapping (cognitive maps)   167, 171
McDonald   132
Mentorenverhalten   157
Mentoring   158
Mikrowelt, computersimulierte   97
Mindmapping   163, 169
Muster
−   kognitive   26
−   organisationale defensive   74 f., 77, 79, 160

N

Netzwerk   28, 105, 127, 132, 139
Netzwerkorganisation   127 f.
Netzwerkstrukturen   129
Nicht-Diskutierbarkeit   37
Normen   74, 78
Normenwissen   26, 31

O

offizielle Bekenntnistheorien   177
offizielle Handlungstheorie   24 f., 32, 74, 177
offizielles Bekenntnis   29
offizielle Theorie   24
Ordnung   184
Ordnungsmuster   184
organisationale defensive Muster   74 f., 77, 79, 160
Organisationale defensive Routinen   76
organisationales Lernen   19, 22
−   Definition   18
organisatorische Hilfsmittel   119
ORGMAP   171

P

Parallelorganisation   120
Personal   92
−   personale Entwicklungsallianzen   158
−   Personalentwicklung   156
−   Personalentwicklungsprozesse   93
−   Personalpolitik   41
phantasievolle Verrenkungen   76
Planungsseminar   97
Ploenzke Gruppe   52
Proaktiv   9
Projekt   68, 161
Projektarbeit   160
−   lernorientierte   160
Projektauftrag   125

Projektgruppen   123 f.
Projektmanagement   121, 125 f.
Projektorganisation   120
Projektteam   161 f.
Prozeß   177
−   Prozeßorientierung   179, 182
−   Prozeßlernen   35, 37 f., 43 f., 178
−   Prozeßmanagement   11

R

Rationalität
−   individuelle   21
−   kollektive   21
Redimensionierung   3
Redundanz   51, 138
Reengineerring   50
Reflexion   38
Reifegrad   180, 183
Reifegradfaktoren   181
Rentenanstalt   142
Reorganisationsprozeß   124
Ressourcenreichtum („slack")   49 ff., 56
Restrukturierung   11, 42, 53
Rotationsprinzip   160
Routine
−   defensive   37, 81
−   organisationale defensive   76
Royal Dutch Petroleum/Shell   110

S

Schattenwirtschaft   76
Schläpfer Stickereien   26, 129
Selbstprozeß   179
shared vision   141
Shell Simulationsspiele   99
single-loop-learning   35
Speichersysteme   63, 65
Spiele   94
Standardprozeduren   63
Strategie   92
−   Strategieentwicklungsprozesse   93
−   strategische Allianzen   3, 134, 136
−   strategische Planung   105
−   strategisches Controlling   112 f., 115
−   strategisches Instrumentarium   94
Streß   49
Struktur   92
−   Strukturentwicklung   119
−   Strukturentwicklungsprozesse   93
−   Strukturformen, evolutionäre   129

Swissair   122, 136
Swisscontrol   144
Systemtheorie   17
Szenario   55, 105, 109 f., 115
–   Szenariotechnik   102

T
Tabus   78
Teamarbeit   121
Team-Organisation   129
Teams, flexible   120
Theorie
–   ganzheitliche   19
–   offizielle   24
theories-in-use   24
Topmapping   171
Träger
–   des Lernens   87
–   des Lernprozesses   63, 70, 89
trainieren   123
Transformationsbedingungen   23
Transformationsbrücke   22
Transparenz   22, 179

U
Überforderung   180
Umweltszenarien   104
Unbehagen   76
Unternehmensphilosophie   27
Unternehmensspiele   95

V
Veränderungsgeschwindigkeit   93
Veränderungslernen   35 f., 41 f., 44, 178

Verhaltenspotential   21
Verhaltensregeln   38
Verhinderung von Verlernen   74
Verlernen   52, 73, 167
–   Verhinderung   74
vernetztes Denken   55, 105
Verrenkungen, phantasievolle   76
Volkswagen AG   150
Vorschlags-und Innovationswesen
   160
Vorschriftenwissen   26, 31

W
Wachstum   3, 55
Wahrnehmung   36, 73
Wahrnehmungsfilter   148
Wandel   6 f.
Weiterbildung   40, 157
Werte   37, 40, 65, 110, 136, 140
–   Wertewandel   7, 9
–   Wertvorstellungsprofil   118
Wettbewerbsfähigkeit   6
Winterthur Versicherungen   124
Wirklichkeitskonstruktion   21, 25, 141
Wirklichkeitswahrnehmungen   179
Wissen   6
–   Formen   26
–   Wissensbasis   17, 21, 127, 177, 180
–   Wissensreservoir   31, 87 f.
–   Wissenssysteme   19
Workshops   104, 126, 160
Wörterbuchwissen   25, 31

Z
Zeitfaktor als Ressource   6

Wilfried Krüger/Christian Homp

Kernkompetenz-Management

Steigerung von Flexibilität und Schlagkraft im Wettbewerb

1997, 323 Seiten, gebunden, DM 78,--
ISBN 3-409-13022-5

Viele Unternehmungen bemühen sich heute in wirtschaftlich schwierigen Zeiten um die Beseitigung von Wettbewerbsnachteilen und die Wiedererlangung der Wettbewerbsfähigkeit. Dabei steht zwar häufig die Konzentration auf Kernfähigkeiten und Kernkompetenzen im Mittelpunkt der Restrukturierungsprogramme, operationale Konzepte und praktische Umsetzungshilfen für den Stärkenaufbau fehlten bisher jedoch weitgehend.

In Kernkompetenz-Management entwickeln die Autoren daher ein gezieltes kompetenzorientiertes „Fitnessprogramm", das Sie als Manager bei der Identifikation, Entwicklung und Integration von Kernkompetenzen ebenso unterstützen wird, wie bei ihrer Nutzung und ihrem Transfer auf neue Produkte und Märkte. Verschiedene strategische Optionen werden erläutert, die Aufgaben des Managements bei der Umsetzung sowie die einsetzbaren Instrumente, einschließlich des Kernkompetenz-Controlling, werden beleuchtet. Die Auswirkungen des Kernkompetenz-Managements auf Prozesse und Strukturen innerhalb der Unternehmungen sowie personelle Auswirkungen werden diskutiert.

Im Mittelpunkt stehen dabei auf solidem theoretischem Fundament die praktische Umsetzung, deren Problemfelder sowie vielfältige Hinweise für die Durchführung von kompetenzorientierten Projekten. Zahlreiche Hintergrundgespräche und Interviews der Autoren mit Unternehmern, Topmanagern und Beratern in der Schweiz und in Deutschland zeigten, daß es keine „Modellunternehmung" gibt, die alle behandelten Probleme gelöst hat. Ausgewählte Praxisbeispiele, auch aus dem Mittelstand, demonstrieren daher bausteinartig, wie Lösungen aussehen können.

Die Schweizerische Gesellschaft für Organisation SGO unterstützte die Studie durch einen Forschungsauftrag.

Betriebswirtschaftlicher Verlag Dr. Th. Gabler GmbH, Abraham-Lincoln-Str. 46, 65189 Wiesbaden